i 17,50

PIA WEISCHE-ALEXA

SOZIAL - KULTURELLE PROBLEME JUNGER TÜRKINNEN IN DER BUNDESREPUBLIK DEUTSCHLAND

mit einer Studie zum Freizeitverhalten türkischer Mädchen in Köln

Diplomarbeit
an der PH Rheinland

Abteilung Köln
bei
Prof Dr. R. Nave-Herz

Köln Oktober 1977

2. Auflage September 1978

3. Auflage Mai 1980

4. Auflage Februar 1982

267 Seiten

ISBN 3-9800413-0-1

Bezug:

Pia Weische-Alexa

Arnulfstr. 7

5000 Köln 41

Tel. 0221/442597

18,- DM incl. Versandkosten

PSchKonto 139065-507 PSchA Köln

Stadtsparkasse Köln 121113179

Dieses Foto, das auf einer Türkenreise im Sommer 1976 entstand, zeigt die Autorin (3.v.l.) zusammen mit türkischen Frauen und Mädchen, die jahrelang in Deutschland gelebt haben und jetzt in ihre Heimat in der ländlichen Türkei zurückgekehrt sind.

Traum von einem Traumland

Komm mit mir in das Land der Träume.
Komm mit mir ich zeige dir
Menschen die glücklich sind,
Täler und Wälder die immer nur grünen,
klare Bäche und Flüsse,
saubere Seen und Meere.
Komm mit mir,
laß uns gleiten
über Sonnenstrahlen hin zum Himmel,
übers Wasser hin zu weiten Fernen.
Laß uns fliegen durch die Lüfte,
laß uns frei sein,
laß uns singen,
laß uns tanzen,
laß uns all das tun was wir sonst nicht machen.
Laß uns nach den Sternen greifen,
laß uns barfuß durch den Regen rennen,
laß uns leben,
laß uns sein.
Drum komm mit mir in das Land der Träume,
wo es keine Kriege gibt,
wo die Zeit es längst versäumt hat
uns zu sagen, wieviel Uhr es ist.
Wo die im Meer versinkende Sonne,
blutrot leuchtet,
wo die Möwen kreischend dem Tag
den Rücken kehren,
wo die Nächte klar sind wie das Wasser,
wo die Menschen Menschen sind.

Nurten

Gedicht eines türkischen Mädchens,
das in Deutschland aufgewachsen ist.

Vorwort zur 4. Auflage

Nachdem auch die dritte Auflage der vorliegenden Arbeit bereits vergriffen ist, und sich weiterhin reges Interesse an der behandelten Thematik zeigt, habe ich mich entschlossen, eine weitere Auflage folgen zu lassen. Bestärkt wurde ich dabei durch die vielfältigen Bestellungen von Bibliotheken, Buchhandlungen, Wissenschaftlern, Verbänden, Akademien, Sozialarbeitern, Lehrern, Journalisten, türkischen Mitbürgern, Politikern, Kommunalen und anderen Verwaltungsstellen. In zahlreichen Fällen haben sich in der Folge fruchtbare Gespräche und Kontakte ergeben.
Auch die vierte Auflage erscheint fast unverändert. Um den Charakter der Arbeit zu erhalten, wurden die im ersten Teil enthaltenen statistischen Angaben und rechtlichen Hinweise in der ursprünglichen Form übernommen. Es sei darum darauf hingewiesen, daß die Beschlüsse der Bund-Länder-Kommission inzwischen mit wenigen Änderungen als Verwaltungsvorschriften zur Ausführung des Ausländergesetzes vom Bundesrat am 2. Juni 1978 verabschiedet worden sind (BR-Drucksache 71/78). Auf die gesamten Einzelheiten kommt es aber für die wesentliche Thematik dieses Buches nicht an.
Als Ergänzung zum Literaturverzeichnis habe ich einige Neuerscheinungen und weiterführende Hinweise zum Thema "ausländische Frauen" zusammengestellt. Angefügt wurden auch eine Erklärung der Aussprache türkischer Buchstaben, die vom Deutschen abweichen und der türkische Feiertagskalender (s.S. 250).
Allgemein ist die Problematik der Ausländer in Deutschland in der letzten Zeit stark ins Blickfeld der Öffentlichkeit gerückt. Erfreulich ist vor allem, daß mehr und mehr die besonderen Probleme der Frauen und Mädchen erkannt und beachtet werden. Es ist zu hoffen, daß daraus auch praktische Verbesserungen ihrer Situation resultieren.

Köln, den 1. Februar 1982

Pia Weische-Alexa

Inhaltsverzeichnis

Seite

Seite

Seite

Einleitung

"Die anderen gehen abends etwas trinken, ins Kino usw. - ich kann nicht mit. Die anderen schimpfen und sagen: 'Was hast du denn für blöde Eltern! Komm doch einfach! Du bist doch 18, du bist doch volljährig. Die können dir doch nichts machen.' Aber die wissen nicht, wie das so richtig ist. Die können sich da nicht 'reinversetzen . Ich habe viele Freundinnen dadurch verloren. Erst sind sie noch zu mir gekommen, dann haben sie sich natürlich gelangweilt, und sie wollten lieber ausgehen; dann sind sie immer weggeblieben."

In dieser Aussage eines jungen türkischen Mädchens, die einer auf Tonband aufgezeichneten Diskussion entnommen ist, werden zentrale Problembereiche angesprochen, mit denen sich türkische Mädchen, die in der Bundesrepublik leben, konfrontiert sehen: Schwierigkeiten bei interethnischen Kontakten zu Gleichaltrigen, starke Bestimmung durch die Familie, Unverständnis der Deutschen in bezug auf andersartige Verhaltensweisen, Diskrepanz zwischen türkischer Kultur und deutschen Lebensweisen - Probleme, die sich in starkem Maße im Bereich der Freizeit entwickeln.

Obwohl die Literatur über ausländische Arbeitnehmer sowie deren Familien und deren Kinder inzwischen einen beachtlichen Umfang erreicht hat, ist dieser Bereich bisher so gut wie gar nicht behandelt worden. Ökonomische, gesellschaftspolitische, soziale und schulische Probleme bestimmen die Diskussion um die Ausländer in der Bundesrepublik. Die Freizeit, der man angeblich gerade in der heutigen Gesellschaft so zentrale Bedeutung beimißt, wird bestenfalls am Rande erwähnt. Das mag wohl damit zusammenhängen, daß man auch heute noch, zumindest unterschwellig, annimmt, Ausländer seien zum Arbeiten und nicht zum Zeitvertreib in Deutschland. Sicherlich spielt aber auch die Tatsache eine Rolle, daß Ausländer in ihrem Freizeitverhalten bisher nicht sonderlich aufgefallen sind. Ein Thema wird eben häufig erst dann aufgegriffen, wenn es zum offenkundigen Problem geworden ist. Das zeigt sich in letzter Zeit an der Fülle von Literatur, von Zeitungsmeldungen und von Statements seitens der Politiker und Sozialverbände über die zweite Ausländergeneration. Vor lauter Kindergarten- und Schulproblemen hat man kaum gemerkt, daß aus den Kindern allmählich Jugendliche geworden sind, deren Probleme man sich höchstens im Bereich der Berufsbildung bewußt wird, da sie dort am offenkundigsten sind. Die Freizeit ist bei den Jugendlichen bisher wenig beachtet worden. Schon gar nicht erforscht sind die besonderen Freizeitprobleme der Mädchen, eine Feststellung, die man nicht auf die Ausländerinnen zu beschränken braucht: Auch über das Freizeitverhalten deutscher Mädchen liegen weniger gesicherte Erkenntnisse vor als über das Freizeitverhalten der männlichen deutschen Jugend. Beide Geschlechtsgruppen einfach zusammenzufassen, bedeutet schon eine Verkürzung, wenn es um deutsche Jugendliche geht, bei den ausländischen Jugendlichen scheint dies gänzlich unangemessen. Die meisten ausländischen Arbeitnehmer, die gemeinhin als Gastarbeiter bezeichnet werden, stammen aus mittelmeerischen Ländern. Die Rollenunterschiede zwischen Mann und Frau sind dort noch viel stärker ausgeprägt als in der deutschen Gesellschaft, wodurch sich auch das Verhalten der Geschlechter in bezug auf Freizeit bedeutend unterscheidet. Dies gilt in besonderem Maße für die Türken, der größten Ausländergruppe in der Bundesrepublik, die zugleich die fremdartigste und unverstandenste ist. Die Türkei unterscheidet sich von der Bundesrepublik nicht nur durch die andersartige ökonomische Struktur des Landes, sondern auch - im Gegensatz zu den meisten übrigen Herkunftsländern der Gastarbeiter - durch eine gänzlich andere Kultur, die maßgeblich durch Religion und Tradition des Islams geprägt ist.

Da die Familienstruktur mit Rollenverteilung und -funktionen, Wertorientierungen und Erziehungspraktiken der Eltern in diesem kulturellen Milieu - und damit außerhalb unseres Kulturbereichs - geprägt worden sind, verlaufen die Sozialisierungsprozesse in den türkischen Familien in Deutschland stark heimatorientiert.[1)] Als die wichtigsten Determinanten sind darum die türkische Familie, die Stellung der Frau in der türkischen Gesellschaft und die geschlechtsspezifische Sozialisation der Mädchen für das Verständnis der gegenwärtigen Probleme türkischer Frauen und Mädchen in die Überlegungen einzubeziehen.[2)]
Es genügt keineswegs der Hinweis, daß die türkischen Mädchen in der Bundesrepublik in einer Minderheitensubkultur - einer türkischen Kultur mit deutschen Beeinflussungen - aufwachsen. Das Mischungsverhältnis dürfte so unterschiedlich sein, daß man es nicht in den Griff bekommen kann, wenn man nicht die "rein" türkische Kultur in ihren Wesenszügen kennt.

Da diese Kenntnis nicht vorausgesetzt werden kann, wird ihrer Vermittlung ein breiter Raum in dieser Arbeit gewidmet. Dieser Teil ist keinesfalls nur als Vorbereitung auf das "Eigentliche" gedacht, sondern er präsentiert dem deutschen Leser, der den Vergleich zur deutschen Kultur und Lebensweise ziehen kann, bereits die Problematik. Es soll deutlich werden, welchen divergierenden Anforderungen junge Mädchen ausgesetzt sind, die von den Eltern nach türkischen Normen erzogen werden, die sich aber in einer deutschen Umwelt behaupten müssen. Dadurch kann auch verständlich werden, warum Konflikte und Probleme nicht nur in der Schule und im Beruf, sondern vor allem auch im Freizeitbereich entstehen.

---

1) Vgl. Erich Renner: Erziehungs- und Sozialisationsbedingungen türkischer Kinder. Ein Vergleich zwischen Deutschland und der Türkei, Rheinstetten 1975, S. 137.

2) Vgl.Franz Brandt: Situationsanalyse nichterwerbstätiger Ehefrauen ausländischer Arbeitnehmer in der Bundesrepublik Deutschland, Hrsg. Der Bundesminister für Jugend, Familie und Gesundheit, Bonn 1977, S. 9.

Freizeit ist als bestimmter Begriff wie im Deutschen in der türkischen Sprache nicht vorhanden. Das Wort "Freizeit" wird mit dem Wortpaar "boş zaman" ("leere Zeit") übersetzt. Von der Tradition her wird diese Zeit als nicht sinnvoll zu nutzende, eben als "leere"Zeit angesehn. Nach unserem Verständnis steht die "Freizeit" im allgemeinen im Gegensatz zur "Arbeitszeit". Während man in der Arbeitszeit auf eine bestimmte Tätigkeit festgelegt ist, beschäftigt man sich in der Freizeit mit den Dingen, die man gerne tut und zu denen die Arbeit keine Zeit läßt.
Obwohl die Türkei nicht mehr als reines Agrarland, sondern eher als ökonomische Übergangsgesellschaft zu bezeichnen ist, hat sich dort die Trennung von Arbeitszeit und Freizeit noch nicht so stark durchgesetzt. Ein ausgeprägtes Freizeitverhalten, also ein Verhalten, das auf bestimmte Zeiten beschränkt ist, gibt es kaum. Mit dem Eintritt in die westlichen Industriegesellschaften müssen zwar viele Lebensgewohnheiten aufgegeben werden, die Veränderung ist aber mehr äußerlich als innerlich. Der Lebensstil und damit der Freizeitstil hängen von mehr ab als lediglich von den Produktionsbedingungen. Da ein bestimmtes Freizeitverhalten nicht als bloße Aktion oder Beschäftigung angesehen werden kann, sondern mit Normen, Sitten und Absichten in Verbindung steht, erlaubt die internalisierte Kultur keinen abrupten Wechsel der Verhaltensweisen. Die gesellschaftlichen Normen der Türken vertragen sich häufig nicht mit deutschem Freizeitverhalten, was insbesondere für die Rolle und die Stellung der türkischen Frauen und Mädchen zutrifft.

Aus diesen Zusammenhängen wird ersichtlich, wie schwierig es ist, die Freizeit türkischer Mädchen empirisch zu untersuchen. Im dritten Teil der Arbeit wird dieser Versuch unternommen. Nach Abgrenzung eines für die Situation der türkischen Mädchen in Deutschland brauchbaren Freizeitbegriffs wird versucht, Freizeitverhalten türkischer Mädchen in Köln darzustellen. Dazu dient in erster Linie eine Fragebogenuntersuchung, die bei hundert 13- bis 17jährigen Schülerinnen - Töchtern türkischer Arbeitnehmer aus unteren sozialen Schichten - durchgeführt wurde.

Unter Einbeziehung des oben erwähnten Tonbandprotokolls, von Erfahrungen aus eigener Gruppenarbeit mit türkischen Mädchen und von Sekundärliteratur zur zweiten Ausländergeneration werden die Ergebnisse untermauert und interpretiert. Besonders ins Blickfeld rücken dabei die Sozialisationsfelder Familie und Gleichaltrigengruppe; die Schule wird am Rande mit einbezogen.
Die Studie kann wegen des Auswahlverfahrens im statistischen Sinne nur bedingt als repräsentativ gelten. Es wurden aber etwa 10% der in Köln lebenden türkischen Mädchen zwischen 13 und 17 Jahren erfaßt. Auch Lösungsmöglichkeiten für die Probleme türkischer Mädchen können und sollen nur ansatzweise aufgezeigt werden. Die Arbeit kann aber einen hoffentlich informativen Beitrag leisten, durch den Probleme einer bisher vernachlässigten Gruppe dargestellt und bewußt gemacht werden. Dazu gehört nicht nur die empirische Analyse im dritten Teil und die Aufhellung des sozialkulturellen Hintergrundes im zweiten Teil der Arbeit, sondern auch die sozialpolitische Darstellung und Einschätzung der Situation türkischer Mädchen bzw. der Ausländer in Deutschland. Statistische Daten über die Entwicklung der ausländischen Bevölkerung, eine kritische Darstellung der Ausländerpolitik der Bundesrepublik und Erörterungen zum Integrationsproblem geben als Teil 1 den Einstieg in die Problematik.

1. Bedingungen und Auswirkungen der Migration in der Bundesrepublik Deutschland

Trotz zahlreicher wissenschaftlicher Untersuchungen und Stellungnahmen von Experten, trotz eines Berges von Literatur zum Thema "Ausländische Arbeitnehmer in westlichen Industrienationen" ist es bisher nicht gelungen, ein zufriedenstellendes Gesamtkonzept zum Umgang mit dieser Minderheit zu entwickeln.
Zumindest für die Vergangenheit wird dies auch von offizieller Seite bestätigt. Bodenbender vom Bundesministerium für Arbeit und Sozialordnung stellte im "Zwischenbericht der Ausländerpolitik"[1] fest, daß sich erstmals der Bund-Länder-Kommission eine reale Chance für die Erarbeitung eines Gesamtkonzepts bot.[2] Die Chance bestand darin, "eine zwischen Ausländerrecht auf der einen und Ausländerbeschäftigung auf der anderen Seite abgestimmtes ausländerpolitisches Gesamtkonzept zu erarbeiten, mit dem die bisherigen Fehlentwicklungen auf diesem Gebiet aufgefangen und für die Zukunft eine sozial verantwortliche Ausländerpolitik im ganzen ermöglicht wird."[3]
Die am 28.2.1977 veröffentlichten Vorschläge dieser Kommission[4] erheben nunmehr auch scheinbar den Anspruch einer umfassenden Konzeption. Aber schon die Bezeichnung Ausländer-"Beschäftigungs"-Politik als Kennzeichnung für den Umfang der Konzeption nimmt formal eine Eingrenzung innerhalb der Ausländerpolitik vor. Inwieweit trotzdem inhaltlich "eine sozial verantwortliche Ausländerpolitik im ganzen" ermöglicht wird, bleibt zu untersuchen. Vorab kann aber folgendes festgestellt werden:

---

1) Wolfgang Bodenbender (im Bundesministerium für Arbeit und Sozialordnung): Zwischenbilanz der Ausländerpolitik, Referat in der Akademie Tutzing am 16.11.1976.
2) Bodenbender, Zwischenbilanz, S. 25.
3) Bodenbender, Zwischenbilanz, S. 25.
4) Vorschläge der Bund-Länder-Kommission zur Fortentwicklung einer umfassenden Konzeption der Ausländerbeschäftigungspolitik, Der Bundesminister für Arbeit und Sozialordnung IIa 5 - 24 200/22, Bonn, 28.2.1977. Diese Vorschläge wurden auch von der 49.Arbeitsministerkonferenz am 25.4.77 in unwesentlich veränderter Form verabschiedet.

Die immer noch hohe Ausländerquote, lange Aufenthaltszeiten, Zuzug der Familienangehörigen, Wohnungsnot, Bildungsmisere, soziale Deklassierung und Rezession
und daraus resultierende Arbeitslosigkeit haben neben vielen weiteren Faktoren die Beschäftigung von Ausländern und ihr Zusammenleben mit der deutschen Bevölkerung zu einem außerordentlichen Problem werden lassen.
Anfangs waren die Interessen der Ausländer und der Bundesrepublik noch klar erkennbar. Die Ausländer wollten in möglichst kurzer Zeit möglichst viel Geld verdienen, um sich in ihrem Heimatland eine Existenz aufbauen zu können, und die Bundesrepublik hatte Bedarf an Arbeitskräften.
Infolge langer Aufenthaltsdauer seitens der Ausländer und der anhaltenden Arbeitslosigkeit in der Bundesrepublik haben sich die Interessen gewandelt und sind nicht immer eindeutig und global feststellbar. Um so schwerer ist es darum auch, eine sozial gerechte und für alle akzeptable Perspektive und Strategie der Ausländerpolitik zu entwickeln, ganz zu schweigen von der realen Möglichkeit ihrer Durchsetzung.

1.1. Ausländerpolitik der Bundesrepublik Deutschland

1.1.1. Entwicklung der ausländischen Wohnbevölkerung

Ursprünglich hatte man angenommen, ledige oder lediggehende ausländische Arbeitnehmer kämen für nur relativ kurze Zeit nach Deutschland. Die Aufnahmeländer hätten auf diese Weise variabel einsetzbare Arbeitskräfte, die bei Bedarf kommen und wieder gehen, die das Wirtschaftswachstum forcieren, die Steuern,Sozialabgaben und Rentenbeiträge zahlen, ohne die Gegenleistungen voll in Anspruch zu nehmen; Wohnungs-, Bildungs- und Sprachprobleme wären gering, und kulturellen Besonderheiten brauchte man aufgrund der wenigen Berührungspunkte nur geringe Beachtung zu schenken.

Die Erwartungen hinsichtlich einer solchen minimalen bzw. - wie Kurz es formuliert[1] - "partiellen Anpassung" in Ver-

---

1) Vgl. Ursula Kurz: Partielle Anpassung und Kulturkonflikt; in: Kölner Zeitschrift für Soziologie und Sozialpsychologie, 17. Jg., 1965, S. 814-832.

bindung mit einer freiwilligen Rotation[1] erfüllten sich aber in keiner Weise.
Nachdem sich die Ausländerzahlen zuvor von Jahr zu Jahr erhöht hatten, erreichte im September 1973 die Zahl der ausländischen Arbeitnehmer mit einem Anteil von 11,6% (2 600 000) an der Zahl der sozialversicherungspflichtigen beschäftigten Arbeitnehmer ihren Höchststand.[2]
Der im November 1973 von der Bundesregierung erlassene Anwerbestopp führte zu einer erheblichen Verringerung der Zahl ausländischer Arbeitnehmer insgesamt. Ihr Anteil ist bis Ende 1976 auf 9,4% (1 873 800) der Beschäftigten abgesunken.[3] Seit dem Jahresende 1975 liegt die Zahl unter der 2-Millionen-Grenze. Ihr Rückgang war im vierten Quartal 1976 allerdings nicht mehr so stark ausgeprägt wie im gleichen Zeitraum der vorangegangenen zwei Jahre. Im vierten Quartal 1974 hatte sich die Zahl der beschäftigten Ausländer um 136 000 und im vierten Quartal 1975 um 106 200 verringert. Deutlich geringer war der Rückgang im vierten Quartal 1976 mit 47 100.[4]
Von den Ende 1976 beschäftigten ausländischen Arbeitnehmern waren 515 800 (27,5%) Türken, 376 800 (20,1%) Jugoslawen, 266 900 (14,2%) Italiener, 169 300 (9,0%) Griechen, 104 000 (5,6%) Spanier und 61 200 (3,3%) Portugiesen.[5]

---

1) Zum Begriff der Rotation vgl. Eberhard de Haan: Aspekte der kulturellen Integration ausländischer Arbeitnehmer in der BRD; in: Arbeitnehmer im Ausland, Hrsg. Deutsche UNESCO-Kommission, Köln 1974, S. 57.
2) Presse- und Informationsamt der Bundesregierung: Sozialpolitische Umschau Nr. 32 v. 25.2.1977, S. 1.
Vgl. Bodenbender, Zwischenbilanz, S. 5; vgl. Kohl: Soziale Eingliederung ausländischer Arbeitnehmer und Konsolidierung der Ausländerbeschäftigung - ein Widerspruch? In: Bericht über die Fortbildungstagung der Revierarbeitsgemeinschaft für kulturelle Bergmannsbetreuung, Kronenburg/Eifel 1976, S. 30-45 (34).
3) Bundesanstalt für Arbeit: Presse Informationen Nr. 51/77 v. 4.8.1977, S. 2.
4) Bundesanstalt für Arbeit: Presse Informationen Nr. 51/77, S. 2.
5) Bundesanstalt für Arbeit: Presse Informationen Nr. 51/77, S. 2.

Bezüglich der gesamten ausländischen Wohnbevölkerung verläuft die Entwicklung anders.
Ihren Höchststand erreichte sie nicht im September 1973 (3 966 200), sondern erst im September 1974 mit 4 127 400.[1] Erstmals seit 1967 reduzierte sich anschließend diese Gesamtzahl bis zum 30.9.1975 um 37 800 (1%) auf 4 089 600. Diese Tendenz setzte sich vom 30.9.1975 bis zum 30.9.1976 mit einem Abgang von 141 300 (3,5%) verstärkt fort.[2]
Wie schon die geringer sinkende Ausländerbeschäftigungsquote im vierten Quartal 1976 zeigt, wird ein ähnlich starker Rückgang in der Zukunft nicht zu erwarten sein. Sogar eine erneute Zunahme der ausländischen Wohnbevölkerung wird aufgrund der demographischen Struktur, des generativen Verhaltens, des Familiennachzugs, der Heirat bisher lediger Ausländer und einer verbesserten Wirtschaftslage nicht ausgeschlossen.[3]
Bei den Türken ist sogar noch nie ein Rückgang der Wohnbevölkerung zu verzeichnen gewesen und ist aus den oben genannten Gründen für die Zukunft kaum zu erwarten. Ihre Zahl hat sich von 1974 bis 1975 um 49 300 (4,8%) von 1 027 800 (25% des Ausländeranteils) auf 1 077 100 (26,5%) und von 1975 bis 1976 noch um 2 200 (0,2%) auf 1 079 300 (27,5%) erhöht.[4] Der Anstieg dürfte hauptsächlich auf die hohen Geburtenzahlen zurückzuführen sein, da aus türkischen Ehen 1974 etwa 40 000 Kinder im Bundesgebiet zur Welt kamen.[5]
In der Zeit von April bis Juni 1976 hat sogar auch noch die Zahl der beschäftigten Türken zugenommen.[6]
Welches Potential nachwächst, wird durch folgende Zahlen deutlich: Am 30.9.1976 waren von 1 046 300 Türken 311 400 unter 15 Jahre alt, von denen allein 128 400 in NRW lebten; das sind 34,4% der gesamten türkischen Bevölkerung in NRW.

---

1) Statistisches Bundesamt Wiesbaden (Hrsg.): Ausländer 1976, Stuttgart/Mainz1977, S. 12/13.
2) Ausländer 1976, S. 12/13.
3) Vorschläge der Bund-Länder-Kommission (BLK), S. 36/37.
4) Ausländer 1976, S. 12/13.
5) Statistisches Bundesamt Wiesbaden: Ausländer im Bundesgebiet; in: Wirtschaft und Statistik, Heft 1, 1976, S. 20-25 (21).
6) Presse- und Informationsamt der Bundesregierung: Sozialpolitische Umschau Nr. 32 v. 4.8.1977, S. 2.

Der Anteil aller Ausländer unter 15 Jahren beträgt in NRW 25,7% der gesamten ausländischen Bevölkerung.[1]
Große Beachtung verdient ferner, daß sich die durchschnittliche Aufenthaltsdauer der ausländischen Arbeitnehmer von Jahr zu Jahr erhöht. Am 30.9.1976 waren 22,8% (20,3% am 30.9.1975) schon länger als 10 Jahre in der Bundesrepublik; von 1 046 300 (1 043 500) Türken waren es 9,9% (8,1%). Länger als 4 Jahre waren insgesamt 69,9% (64%) und von den Türken 58,5% (50,8%) in Deutschland.[2]
Immer häufiger werden die Familienangehörigen nachgeholt; hierbei bilden die Türken unter den Ausländern noch jene Gruppe, bei der der Anteil der verheirateten männlichen Arbeitnehmer, deren Ehefrauen in der Bundesrepublik leben, am geringsten ist.[3] Man kann davon ausgehen, daß viele nie wieder in ihre Heimat zurückkehren werden; schon 1972 wollten 20% von allen ausländischen Arbeitnehmern und 9% der Türken für dauernd in der Bundesrepublik bleiben.[4]
Dabei ist zu beachten, daß die Türken erst Ende der 60er Jahre in verstärktem Maße angeworben wurden und der Wunsch nach dauerndem Verbleib mit zunehmender Aufenthaltsdauer wächst.[5] Zu beachten ist ferner, daß dieser Wunsch bei ausländischen Arbeitnehmern mit im Bundesgebiet anwesenden Kindern auf 37% steigt [6] und sich mit wachsender Kinderzahl erhöht.[7] In bezug auf die Türken wird dies vor allem deshalb bedeutsam, weil allein der Anteil der unter 6jährigen Kinder auf 15,6% (1975: 14%) stieg; gehörte 1973 noch jeder 10. dieser Altersgruppe an, war es 1975 bereits jeder 7.[8] Da die Arbeitserlaubnis einen entscheidenden Faktor für den dauernden Verbleib darstellt, ist bemerkenswert, daß 1972 bereits 460 000 ausländische Arbeitnehmer

---

1) Ausländer 1976, S. 32 und 36/37.
2) Daten für 1976: Ausländer 1976, S. 25; Daten für 1975 in Klammern: Ausländer im Bundesgebiet; in: Wirtschaft und Statistik, Heft 1/76, S. 4x.
3) Vgl. Repräsentativuntersuchung '72 über die Beschäftigung ausländischer Arbeitnehmer im Bundesgebiet und ihre Familien- und Wohnverhältnisse, Hrsg. Bundesanstalt für Arbeit, Nürnberg 1973, S. 19.
4) Repräsentativuntersuchung '72, S. 37.
5) Repräsentativuntersuchung '72, S. 36.
6) Repräsentativuntersuchung '72, S. 39.
7) Repräsentativuntersuchung '72, S. 40.
8) Wirtschaft und Statistik, Heft 1/76, S. 24; Ausländer 1976, S. 38.

einen Rechtsanspruch auf Erteilung der Arbeitserlaubnis besaßen[1] und ca. 400 000 Arbeitnehmer aus EG-Mitgliedsstaaten[2] generell keine Arbeitserlaubnis benötigen.
Die Blickrichtung der Ausländer ist also nicht mehr ausschließlich auf das Heimatland gerichtet, sondern ihre Interessen verlagern sich mehr und mehr auf das Aufnahmeland, was zu Konsequenzen im wirtschaftlichen, rechtlichen, politischen und kulturellen Bereich führen muß.
Eine gewandelte Ausländerpolitik und eine intensivere Auseinandersetzung der einheimischen Bevölkerung mit ausländischen Bürgern ist also erforderlich.

1.1.2. Aktuelle Ausländerpolitik - Vorschläge der Bund-Länder-Kommission (BLK)

Infolge dieser Entwicklung wird darum als Ziel der Ausländerpolitik das Konzept der Integration und Assimilation für integrationsfähige und -willige Ausländer angegeben.[3]
Dieses Konzept verlangt eine Angleichung der Ausländer an deutsche Normen und Werte unter weitgehender Aufgabe der heimatlichen Lebensweise und Traditionen. Ob damit allein den ausländischen Mitbürgern gedient ist, muß bezweifelt werden. Ziel der Integration sollte in erster Linie sein, den Ausländern in ihrer Identität das Leben im fremden Land zu erleichtern und ihnen mehr soziale Anerkennung als Minderheit zu verschaffen.
Aufgrund der schwierigen Situation und eines fehlenden einheitlichen Konzepts zur Überwindung der Probleme wird mehr oder weniger eine Mangelverwaltung betrieben. Dies führt sowohl zu Widersprüchen innerhalb der angenommenen Grundpositionen, des Konzepts und der konkreten Maßnahmen zur Ausländerbeschäftigungspolitik als auch zu Widersprüchen der einzelnen Komponenten untereinander und verleiht der Ausländerpolitik insgesamt einen ambivalenten Charakter.

---

1) Repräsentativuntersuchung '72, S. 40.
2) Wirtschaft und Statistik, Heft 1/76, S. 4x.
3) Protokoll der Sitzung der Bund-Länder-Kommission vom 4.8.76; in: Materialien zum Projektbereich "Ausländische Arbeiter" Nr. 15/76, Hrsg. Arbeitsgemeinschaft katholischer Studenten- und Hochschulgemeinden (AGG), Bonn Januar 1977, S. 92 und 94.

1.1.2.1. Die Grundpositionen der Ausländerbeschäftigungspolitik

Die BLK geht von folgenden Grundpositionen aus:
"1. Die Bundesrepublik Deutschland ist kein Einwanderungsland. Sie versteht sich als ein Aufenthaltsland für Ausländer, die in der Regel nach einem mehr oder weniger langen Aufenthalt aus eigenem Entschluß in ihre Heimat zurückkehren.
2. Der Anwerbestopp für ausländische Arbeitnehmer muß auf lange Sicht uneingeschränkt aufrechterhalten werden.
3. In der Bundesrepublik Deutschland werden auf lange Sicht ausländische Arbeitnehmer beschäftigt werden. Allerdings nimmt die Aufnahmefähigkeit des Arbeitsmarktes für ausländische Arbeitnehmer tendenziell ab.
4. Die Rückkehrbereitschaft und Rückkehrfähigkeit der in der Bundesrepublik Deutschland lebenden ausländischen Arbeitnehmer und ihrer Familien sollte verstärkt werden. Die Heimatländer haben dabei eine wichtige eigene Verantwortung. Jeder ausländische Arbeitnehmer sollte selbst darüber entscheiden können, wann er in seine Heimat zurückkehren will. Zwangsmaßnahmen in diesem Zusammenhang werden abgelehnt.
5. Die in der Bundesrepublik Deutschland lebenden ausländischen Arbeitnehmer und ihre Familien sollen ein in ihrem sozialen und rechtlichen Status gesichertes und in die Gesellschaft integriertes Leben führen können.
6. Die Ausländerbeschäftigungspolitik sollte sich in Zukunft in besonderem Maße den Problemen der in der Bundesrepublik Deutschland heranwachsenden zweiten Generation annehmen. Eine Vernachlässigung dieser Aufgabe würde nicht nur eine schwere Beeinträchtigung der persönlichen Existenz dieser Menschen bedeuten, sondern auch eine Belastung der sozialen Stabilität der Bundesrepublik Deutschland sein."[1]

---

1) Vorschläge der Bund-Länder-Kommission (BLK), S. 3 und 4.

1.1.2.2. Kritik der Grundpositionen

Diese Prämissen sind schon in sich widersprüchlich: Einerseits wird noch strikt abgelehnt, die Bundesrepublik als Einwanderungsland anzuerkennen, was restriktive Regelungen der Einreise-, Aufenthalts- und Arbeitserlaubnis zur Folge hat. Andererseits wird die soziale Integration der ausländischen Arbeitnehmer - insbesondere der hier heranwachsenden Kinder und Jugendlichen - aufgrund der oben aufgezeigten einwanderungsähnlichen Entwicklung proklamiert. Diesem Ziel entsprechen auch Maßnahmen im Bereich der Wohnungsbauförderung, des Bildungswesens und der Sozialbetreuung.
Meistermann-Seeger hat diesen Widerspruch so formuliert: "Diese sozialen Hilfen sind wie eine allzu verwöhnende Mutter. Ihr aber steht gegenüber ein strenger kontrollierender Vater, der Machtmittel durch Gesetze hat. Die Ausländer sind die Kinder, die zwischen diesem ungleichen Elternpaar in Unsicherheit geraten."[1]
Die sozialen Maßnahmen werden zwar nicht gerade übertrieben - das Betreuungsnetz ist vielmehr äußerst lücken- und mangelhaft -, sie sind aber Ausdruck einer Förderung der sozialen Integration.
Indirekt bestätigt die Bund-Länder-Kommission aber auch selbst, daß der Bundesrepublik der Charakter eines Einwanderungslandes zukommt, wenn davon ausgegangen wird, daß man auch in Zukunft ausländischer Arbeitnehmer bedarf (Grundposition 3). So konnten z.B. im Juni 1977 die Kölner Fordwerke ihren Bedarf an 2 500 Arbeitskräften - trotz der insgesamt hohen Arbeitslosigkeit - aus den damals ca.

---

1) Edeltrud Meistermann-Seeger: Grundsätzliche Fragen und Probleme der Ausbildung und der kulturellen Integration ausländischer Arbeitnehmer in der Bundesrepublik Deutschland unter besonderer Berücksichtigung der Jugendlichen; in: Arbeitnehmer im Ausland, Deutsche UNESCO-Kommission, Köln 1974, S. 57. - Z.B. weist auch der DGB auf diese Widersprüche hin und erklärt die Doppelgleisigkeit der Ausländergesetzgebung für unhaltbar. Deutscher Gewerkschaftsbund (DGB): Die deutschen Gewerkschaften und die ausländischen Arbeitnehmer; in: Ausländische Arbeitnehmer, (Hrsg.) DGB-Bundesvorstand, Düsseldorf o.J., S. 2.

20 000 Arbeitslosen in Köln nur zu einem geringen Maße decken; hauptsächlich mußten darum arbeitslose Türken aus anderen Teilen der Bundesrepublik nach Köln kommen.[1)]

Außerdem führt Bodenbender vom Bundesministerium für Arbeit und Sozialordnung in halboffizieller Form in der "Zwischenbilanz der Ausländerpolitik" vom 16.11.76 die "ganz nüchterne Erkenntnis" in die Diskussion ein, "daß die deutsche Bevölkerung insgesamt schrumpft und sich diese Tatsache zum Ende der 80er Jahre auch auf dem Arbeitsmarkt auswirken wird, wenn die heutigen geburtenschwachen deutschen Jahrgänge erstmals ins Berufsleben eintreten werden."[2)]
Darum gibt er zu bedenken,"daß es langfristig keine andere Alternative gibt, als der im Lande heranwachsenden neuen Ausländergeneration ein faires Angebot zur Einbürgerung zu machen."[3)]
Angesichts solch "nüchterner Erkenntnisse" müßte eigentlich eine schlüssigere Politik erfolgen, als sie die jetzigen Vorschläge erkennen lassen.
Auch von anderen gesellschaftlich relevanten Organisationen wird bestätigt, daß die Bundesrepublik faktisch ein Einwanderungsland geworden ist.[4)]
Die Auswirkungen, welche die Anerkennung dieser Tatsache hätte, wird durch folgende Aussage der Gemeinsamen Synode der katholischen Bistümer deutlich: "Wenn z.B. die Tatsache, daß die Bundesrepublik Deutschland - zumindest für bestimmte Gruppen von Ausländern - faktisch Einwanderungsland geworden ist, nicht nur eine Erkenntnis von Spezialisten oder Eingeweihten bliebe, sondern Gemeingut der

---

1) Vgl. Winfried Honert und Michael Wesener: Band schreckt die Deutschen; in: Kölner Stadt-Anzeiger vom 7.6.77,S.15.
2) Bodenbender, Zwischenbilanz, S. 20.
3) Bodenbender, Zwischenbilanz, S. 20.
4) So z.B. die Gemeinsame Synode der katholischen Bistümer: Die ausländischen Arbeitnehmer - eine Frage an die Kirche und die Gesellschaft. Beschluß; in: Gemeinsame Synode der Bistümer der Bundesrepublik Deutschland. Beschlüsse der Vollversammlung, hrsg. im Auftrag des Präsidiums der Gemeinsamen Synode von L. Bertsch SJ/ Ph. Boonen/R.Hammerschmidt/J.Homeyer/F.Kronenberg/K. Lehmann, Freiburg/Basel,Wien 1976, S. 377, 382, 409. So auch der DGB: Forderungen des Deutschen Gewerkschaftsbundes zur Reform des Ausländerrechts (verabschiedet am 6.2.1973); in: Ausländische Arbeitnehmer,(Hrsg.) DGB-Bundesvorstand, Düsseldorf o.J., S. 8.

Bevölkerung, ihrer freien gesellschaftlichen Kräfte, der Parlamente, Verwaltungen und der Rechtsprechung würde, dann hätten sich die Voraussetzungen für ein geordnetes, störungsfreies und tolerantes Zusammenleben aller Beteiligten entscheidend geändert."[1)]
Ein weiterer Widerspruch ergibt sich auch aus der angestrebten Förderung der Rückkehrbereitschaft und -fähigkeit bei ausdrücklicher Ablehnung jeglicher Zwangsmaßnahmen; für diese werden nämlich zugleich - sofern die einzelnen Vorschläge in einer Gesetzesnovelle und in Verwaltungsvorschriften Eingang finden - die rechtlichen Grundlagen geschaffen.[2)]

1.1.2.3. Vorgesehene Maßnahmen der BLK

Die Änderungsvorschläge umfassen vor allem das Aufenthaltsrecht, das Arbeitserlaubnisrecht und den Familiennachzug. Wie der "Zwang" bzw. der "eigene Entschluß" ausgestaltet wird, soll am folgenden Beispiel aufgezeigt werden:
Für eine unbefristete Aufenthaltserlaubnis ist kein Rechtsanspruch vorgesehen, da deren Erteilung nur "in der Regel" nach 5 Jahren[3)] und nur bei Vorliegen folgender Voraussetzungen erfolgen soll[4)]: Besitz der besonderen Arbeitserlaubnis nach § 2 der Arbeitserlaubnisverordnung (AEVO)[5)], Nachweis einer angemessenen Wohnung, angemessene Sprachkenntnisse, Nachweis des Schulbesuchs der Kinder und Jugendlichen.

---

1) Gemeinsame Synode, S. 409.
2) So auch Berthold Huber: Zur neuen Konzeption des Ausländer- und Arbeitserlaubnisrechts; in: Zeitschrift für Rechtspolitik (ZRP), 10. Jg., 1977, Heft 5, S.112. Vgl. zu diesem Problemkreis im übrigen: Gastarbeiter in Gesellschaft und Recht, Hrsg. Tugrul Ansay und Volkmar Gessner, München 1974, und Ausländerstudie der Stadt Köln (Entwurf) vom Mai 1976, S. 30-60, wobei auch bezüglich der Rechtssituation die speziellen kommunalen Aspekte eingearbeitet wurden.
3) Vorschläge der BLK, S. 8.
4) Vorschläge der BLK, S. 6 und 7.
5) Die besondere Arbeitserlaubnis ist unabhängig von der Arbeitsmarktlage und ohne Beschränkung zu erteilen, wenn der Arbeitnehmer bereits 5 Jahre ununterbrochen rechtmäßig eine unselbständige Tätigkeit in der Bundesrepublik ausgeübt hat oder mit einem Deutschen mit gewöhnlichem Aufenthalt in der Bundesrepublik Deutschland verheiratet ist oder als Asylberechtigter bzw. ausländischer Flüchtling sich rechtmäßig in der Bundesrepublik aufhält.

Allein im Bereich der Sprache ist u.a. zu berücksichtigen, daß auch Ausländer mit langer Aufenthaltsdauer bisher nur sehr unzureichend Deutsch sprechen, weil im industriellen Produktionsprozeß Sprache tendenziell überflüssig und häufig sogar unerwünscht ist[1] und somit eine wesentliche Motivation zum Erlernen der deutschen Sprache fehlt. Hinzu kommt, daß die Ungewißheit über die Länge der Aufenthaltsdauer während der gesamten Zeit die Bereitschaft, sich intensiv mit der deutschen Sprache zu beschäftigen,negativ beeinflußt. Ein gesicherter Aufenthalt würde darum eine wesentliche Motivation zur Erlernung der deutschen Sprache bilden. In der Praxis soll nun aber genau umgekehrt verfahren werden: Um die Motivation zum Erlernen der deutschen Sprache zu erhöhen, macht man sie zur Voraussetzung für einen gesicherten Aufenthalt. Unberücksichtigt bleibt dabei außerdem, daß weder die technischen noch die qualitativen Voraussetzungen dafür bestehen, alle Ausländer an Sprachkursen teilnehmen zu lassen.
In bezug auf die Wohnungen ist zu beachten, daß ein hoher Prozentsatz der ausländischen Arbeitnehmer in sanierungsbedürftigen Unterkünften lebt, die den aufgestellten Kriterien wohl kaum genügen.[2] Zwar ist vorgesehen, die vorhandenen Wohnungsbauförderungsmittel vorrangig zugunsten der Altbausanierung einzusetzen, was aber selbst bei schnellster Umsetzung dieses Vorhabens Jahre oder gar Jahrzehnte in Anspruch nehmen wird. Hinzu kommt, daß sich für sanierte Altbauwohnungen wieder verstärkt Deutsche interessieren und es die Vermieter nicht mehr nötig haben, an

---

1) Vgl. Maria Borris: Ausländische Arbeiter in einer Großstadt, Frankfurt/M. 1974, S. 178 ff. Zu beachten ist jedoch das Verhältnis von Sprachkenntnissen und Unfallhäufigkeit im Betrieb, S. 96.
2) Borris, S. 150 f.; vgl. Ernst Zieris: Ausländischer Arbeitnehmer - Sozialer Außenseiter auf dem Wohnungsmarkt; in: Das Düsseldorfer Reformprogramm zum Ausländerrecht, hrsg. v. Georg Albrecht, Düsseldorf 1976, S. 113 ff. - Im übrigen ist geplant, die Wohnungen durch verschärfte Kontrollen auf ihre "Angemessenheit" zu prüfen und die dadurch entstehenden zusätzlichen Personalkosten durch eine Erhöhung der Gebühren für die Aufenthaltserlaubnis aufzufangen, vgl. Huber ZRP 1977, S. 113, Fußnote 10.

Ausländer zu vermieten. Das könnte zwar einerseits die Ghettobildung vermindern helfen, birgt aber auch die Gefahr, daß die ohnehin nicht bevorzugten Ausländer noch schwerer eine Wohnung finden.
Das Erfordernis einer guten Wohnung als Voraussetzung zur unbefristeten Aufenthaltserlaubnis wirkt darum nur bedingt motivierend für das Verschaffen einer besseren Wohnung; es entpuppt sich vielmehr als Möglichkeit, die Aufenthaltsdauer der Ausländer zu beschränken.
Aus den Regelungsvorschlägen der BLK folgert Huber:
"Indem sie den potentiellen Adressatenkreis einschränken, stellen die für die Erteilung einer unbefristeten Aufenthaltserlaubnis vorgesehenen Voraussetzungen eine massive Verschärfung des rechtlichen Status ausländischer Arbeitnehmer in der Bundesrepublik dar. Viele Arbeitsemigranten werden auch nach langjährigem Aufenthalt angesichts der aufgezeigten Umstände lediglich die befristete Aufenthaltserlaubnis erhalten. Dies bedeutet zugleich Unberechenbarwerden der individuellen Zukunft, Vereitelung vernünftiger Lebensplanung und schließlich - wie erwünscht - erhöhte Rückkehrbereitschaft."[1]

1.1.2.4. Regelungsvorschläge der BLK in bezug auf Familienangehörige

Bezüglich des aufenthaltsrechtlichen Status der Familienangehörigen kommt die BLK zu folgender Empfehlung:
"Wenn auch die Familie als Einheit zu betrachten ist, sollten dennoch für die eingereisten Familienangehörigen grundsätzlich die gleichen Voraussetzungen und Fristen gelten wie für die Arbeitnehmer; ein Eintritt in den von dem Arbeitnehmer bereits erworbenen Aufenthaltsstatus wird nicht empfohlen. Die Fristen sollten jedoch verkürzt werden, wenn die Familienangehörigen ausreichende Sprachkenntnisse nachweisen. Der Besitz der Arbeitserlaubnis sollte auch künftig für nichterwerbstätige Familienangehörige nicht Voraussetzung für die Verfestigung des aufenthaltsrechtlichen Status sein."[2]

---

1) Huber, ZRP 1977, S. 113.
2) Vorschläge der BLK, S. 8.

Abgelehnt wird somit eine Bindung an den bereits erworbenen Aufenthaltsstatus des schon länger in der Bundesrepublik lebenden Ausländers. Huber hält diese Regelung verfassungsrechtlich für bedenklich, da Artikel 6 Abs. 1 Grundgesetz (GG) den Familienmitgliedern ein Recht auf Zusammenleben zuerkennt und damit zugleich die Schaffung der Voraussetzungen zur Verwirklichung dieses Rechts fordert.[1)]

Bei der Arbeitserlaubnis für nachgereiste Familienangehörige gilt derzeit folgende Regelung:
"Nach § 2 Abs. 3 AEVO ist Ehegatten und minderjährigen Kindern von ausländischen Arbeitnehmern, die bereits einen Rechtsanspruch auf Erteilung der Arbeitserlaubnis besitzen, die besondere Arbeitserlaubnis zu erteilen, wenn jene sich ununterbrochen im Bundesgebiet aufgehalten haben.
Nach dem derzeit praktizierten Arbeitserlaubnisverfahren werden aus arbeitsmarktpolitischen Gründen Arbeitserlaubnisse für eine erstmalige Beschäftigung an nachgereiste Ehegatten nicht erteilt. Der Rechtsanspruch nach § 2 Abs.3 AEVO eröffnet diesen Personen nach fünf Jahren jedoch einen ungehinderten Zutritt zum Arbeitsmarkt."[2)]

In Zukunft soll der abgeleitete Rechtsanspruch nachgereister Ehegatten auf Erteilung der besonderen Arbeitserlaubnis beseitigt werden.[3)]
Warum dieser Anspruch beseitigt wird, ist aus dem unmittelbaren Zusammenhang der BLK-Vorschläge nicht ersichtlich, sondern wird erst verständlich, wenn unter dem Komplex "Probleme des Familiennachzugs" ausgeführt wird:
"- Familiennachzug
Derzeit leben noch rund 1,1 Millionen Kinder von ausländischen Arbeitnehmern in den Heimatländern. Hinzu kommen noch viele Ehegatten - insbesondere Ehefrauen - von ausländischen Arbeitnehmern.
Soweit diese überwiegend jüngeren Frauen zuziehen, wäre mit einer weiteren Zunahme der Ausländergeburten im Bundesgebiet zu rechnen.

1) Huber, ZRP 1977, S. 113 und 114.
2) Vorschläge der BLK, S. 29.
3) Vorschläge der BLK, S. 29.

- Nachzugseffekte lediger Ausländer
  Am 30. September 1975 lebten rund 807.000 ledige Ausländer zwischen 18 und 45 Jahren im Bundesgebiet. Manche von ihnen werden in absehbarer Zeit heiraten und den Ehepartner aus dem Ausland nachholen. Dadurch entsteht ein latentes, in keiner Statistik sichtbar werdendes sekundäres Zuzugspotential. Außerdem wären die zu erwartenden Geburten in Rechnung zu stellen."[1]

Es besteht also die Gefahr, daß sich durch die Kombination dieser Komponenten bei intensiver Nutzung der Nachzugsmöglichkeiten der Ausländerbestand potenziert und sich die Arbeitslosigkeit erhöht.

Aber gerade dieser Regelungsvorschlag bezüglich des nachgereisten Ehegatten könnte die Ausländer besonders hart treffen und darum nicht unbedenklich sein.

Als erstes könnte dem wiederum Artikel 6 Abs. 1 GG entgegenstehen, da die Schaffung der Voraussetzungen zur Verwirklichung des Rechts auf Zusammenleben der Ehepartner gehindert wird. Denn die meisten ausländischen Arbeitnehmer werden nach niedrigen Lohnstufen bezahlt, so daß sie auf die Mitarbeit des Ehepartners angewiesen sind, um ihre Sparziele zu erreichen.[2]

Da diese Regelung die nachgereisten Jugendlichen nicht betrifft, müssen ("dürfen") darum diese verstärkt - soweit es der Arbeitsmarkt erlaubt - zum Unterhalt der Familie beitragen.

Wenn zu wenig Geld da ist, führt das weiter dazu, daß man sich keine angemessene Wohnung leisten kann, deren Nachweis wiederum Voraussetzung für eine unbefristete Aufenthaltserlaubnis ist.

Hinzu kommt, daß sich die Aufenthaltsdauer der ausländischen Familien entgegen den Zielen der BLK erhöht, da die Sparziele nicht so schnell erreicht werden können.

Für die Frauen bedeuten die gesamten Arbeitserlaubnisregelungen noch eine besondere Erschwernis.

Eine Situationsanalyse des Bundesministeriums für Jugend, Familie und Gesundheit über nichterwerbstätige Ehefrauen

---

1) Vorschläge der BLK, S. 37.
2) Vgl. Huber, ZRP 1977, S. 114, Fußnote 25.

ausländischer Arbeitnehmer in der Bundesrepublik Deutschland gibt in diesem Zusammenhang zu bedenken:
"Eine größere ökonomische Unabhängigkeit scheint eine Grundvoraussetzung oder auch ein auslösendes Moment für ein Ausbrechen der Frau aus ihrem eingeengten Verhaltensspielraum, für eigene emanzipatorische Schritte zu sein. Diese größere Unabhängigkeit wäre durch eine Berufstätigkeit der Frau und damit durch einen Beitrag zum Familieneinkommen gegeben. ... Berücksichtigt man, daß in vielen Fällen der Aufenthalt in der Bundesrepublik zeitlich begrenzt sein sollte, daß in dieser Zeit durch die Berufstätigkeit beider Ehepartner die angestrebten Sparziele erreicht werden sollten, so werden Schuldgefühle auf seiten der Frau verständlich."[1)]
Zusätzlich treten aber auch noch erhöhte Sprachschwierigkeiten auf:
"Im Hinblick auf die nichterwerbstätigen Frauen ist ... von Bedeutung, daß sie seltener Möglichkeiten und Chancen zum Deutschlernen haben - wenn auch das in den Betrieben erlernte und verwendete 'Pidgin-Deutsch' wegen der ... nachteiligen Auswirkungen kritisch beurteilt werden muß."[2)]
"Nach einigen Jahren in Deutschland lernen die meisten Frauen immerhin 'ein wenig' deutsch. Aber noch jede sechste Frau kann auch nach einem Aufenthalt von 5 bis 10 Jahren 'gar nicht' deutsch sprechen, und hierbei handelt es sich fast ausschließlich um Frauen, die hier in der Bundesrepublik noch nicht berufstätig waren."[3)]
Und an anderer Stelle werden die Folgen erläutert:
"Als ein Faktor, der die 'Unterlegenheit' der Frauen gegenüber ihren Kindern mitverursacht, wurden die relativ geringen Deutschkenntnisse bezeichnet. Gering sind die deutschen Sprachkenntnisse der nichterwerbstätigen Frauen einmal - gleiche Anwesenheitsdauer vorausgesetzt - im Vergleich zu ihrem Ehemann und zu ihren Kindern. Ein Zurechtfinden

---

1) Franz Brandt: Situationsanalyse nichterwerbstätiger Ehefrauen ausländischer Arbeitnehmer in der Bundesrepublik Deutschland, Hrsg. Der Bundesminister für Jugend, Familie und Gesundheit, Bonn 1977, S. 201.
2) Brandt, Situationsanalyse, S. 103.
3) Brandt, Situationsanalyse, S. 106.

in der fremden Umwelt, in der fremdsprachigen Gesellschaft fällt ihr damit zumindest schwerer als den älteren Kindern und als dem Ehemann. Letzterer hat darüber hinaus den Vorteil eines weiteren Verhaltensspielraumes, größerer Rechte und Freiheiten, und diese nimmt er sich gemäß seiner heimatlichen Gewohnheiten und seines erlernten Rollenverständnisses. Die fehlenden Sprachkenntnisse stellen sich somit als ein Grundproblem der ausländischen Frauen dar."[1)]
Wie wichtig deutsche Sprachkenntnisse insbesondere für Frauen sind, erkennt auch die BLK, indem sie feststellt, daß "die ausländischen Frauen ohne deutsche Sprachkenntnisse ihre Aufgabe als wichtigstes Bindeglied innerhalb der Familie nicht voll erfüllen können."[2)]
Letztlich bleibt wiederum zu berücksichtigen, daß angemessene Sprachkenntnisse zur Voraussetzung einer unbefristeten Aufenthaltserlaubnis gemacht werden sollen.
Durch die geplante Regelung dürfte darum nur eines gefördert werden - die Rückkehrbereitschaft.

1.1.2.5. Die Förderung der zweiten Ausländergeneration als Schwerpunktaufgabe der Integrationspolitik

"In der Bundesrepublik Deutschland wachsen zur Zeit rund 1 Million ausländische Kinder auf. Zur Zeit kommen jährlich 45.000 von ihnen ins erwerbsfähige Alter. Fast zwei Drittel davon haben keinen Hauptschulabschluß. Für sie sind darum berufliche Qualifikationen sehr eingeschränkt. Diese Tatsache kann für die Zukunft große soziale Konflikte heraufbeschwören. Die Verbesserung der schulischen und beruflichen Chancen der zweiten Ausländergeneration muß daher in den nächsten Jahren ein Schwerpunkt der Integrationspolitik sein."[3)]
Diese Schwerpunktaufgabe wird von der BLK im folgenden für den schulischen und beruflichen Bereich ausführlich erläutert.[4)] Warum die BLK dringend Maßnahmen zum Abbau der Bildungsdefizite ausländischer Jugendlicher und zur beruflichen Integration für notwendig erachtet, wird vor allem

---

1) Brandt, Situationsanalyse, S. 205.
2) Vorschläge der BLK, S. 11.
3) Vorschläge der BLK, S. 13.
4) Vorschläge der BLK, S. 13 ff.

am Ende der folgenden Ausführungen deutlich:
Der fehlende Schulabschluß "hat nicht nur ein großes Gewicht für das Schicksal der ausländischen Jugendlichen selbst, sondern stellt auch eine Beeinträchtigung der Zukunftsinteressen der Bundesrepublik Deutschland dar, die als hochentwickelte Industrienation in zunehmendem Maße Facharbeiter braucht."[1)]
Hierdurch wird auch deutlich, warum - im Gegensatz zu Ehegatten - in bezug auf die Erteilung der besonderen Arbeitserlaubnis für die nachgereisten Kinder auch weiterhin ein abgeleiteter Rechtsanspruch beibehalten wird und warum schließlich - neben juristischen Argumenten[2)] - die 49. Arbeitsministerkonferenz von dem ursprünglichen Vorhaben der Bund-Länder-Arbeitsgruppe Abstand nahm, Jugendlichen im erwerbsfähigen Alter (16- und 17jährigen) generell die Nachreise zu verweigern.[3)]
Damit für diese Altersstufe als dominierendes Einreisemotiv nicht die Erwerbstätigkeit, sondern die Familienvereinigung in Betracht kommt, wird auch weiterhin an einer Stichtagregelung festgehalten. Der Stichtag ist vom 30.9.74 auf den 31.12.76 verschoben worden und bedeutet, daß alle später einreisenden Jugendlichen keine Arbeitserlaubnis erhalten können.
Alle Förderungsmaßnahmen sollen in ein "gemeinsam mit den Ländern und der Bundesanstalt für Arbeit getragenes, bundesweit angelegtes 'Jugendprogramm' einmünden und damit einen neuen Schwerpunkt der sozialen Integrationspolitik zugunsten der Ausländerkinder bilden."[4)]
Außerschulische Maßnahmen werden zwar angesprochen, aber leider zu einseitig unter dem Gesichtspunkt der Förderung von Schule und beruflicher Bildung betrachtet.[5)]
Gerade weil im schulischen und beruflichen Bereich große Schwierigkeiten für ausländische Jugendliche liegen, kommt dem Freizeitbereich ebenfalls entscheidende Bedeutung für das Gelingen von integrativen Maßnahmen zu.

---

1) Vorschläge der BLK, S. 16.
2) Vgl. Huber, ZRP 1977, S. 114.
3) Vgl. BLK-Arbeitsgruppe S. 57; zitiert nach ZRP 1977, S. 113.
4) Vorschläge der BLK, S. 17.
5) Vorschläge der BLK, S. 15/16.

Die kulturellen Unterschiede von Elternhaus und Schule erschweren die Identitätsfindung der Jugendlichen, wobei jeder Bereich für sich allein zur Lösung dieses Problems kaum wirksame Hilfestellung leisten kann. Darum betont z.B. auch die sog. Duisburger Studie[1], wie wichtig es ist, die Freizeit in jeglichen Ansatz von bildungs- und arbeits/berufsorientierter Arbeit einzubeziehen: "Alle ... angestellten Überlegungen und Maßnahmen werden darauf angewiesen sein, daß sie eine spürbare Koordination und Verbindung mit Freizeitmaßnahmen zustande bringen."[2] Die Autoren schlagen deshalb die Erprobung eines Ausbildungs- und Freizeitzentrums vor.
Da bei Ausländern die Familienfreizeit vor der individuellen Freizeit rangiert[3] und da der Bereich der freien disponiblen Zeit durch die Situation der Kurzarbeit oder Arbeitslosigkeit in vielen ausländischen Familien einen ganz neuen Aspekt und Stellenwert gewinnt[4], sollten viele Maßnahmen in diesem Bereich auch familienorientierten Charakter haben. "Organisierte Freizeit könnte die Familien aus ihrer ... Isolation und ihren inneren Konflikten herausführen."[5]
Schließlich ist bedauerlich, daß weder die Vorschläge der BLK noch die Duisburger Studie geschlechtsspezifische Differenzierungen in bezug auf Jugendliche enthalten und somit die besonderen Probleme der ausländischen Mädchen - und das trifft insbesondere auf die türkischen Mädchen zu - keine Berücksichtigung finden.
Aufgrund der traditionellen Rolle der Frau in den Entsendeländern ist es für die ausländischen Mädchen viel schwerer als für Jungen, eine Identität in einer freizügigen westlichen Industriegesellschaft aufzubauen.

---

1) Angelika Langenohl-Weyer/Friedemann Tiedt/Renate Wennekes: Situation der Familien ausländischer Arbeitnehmer in Nordrhein-Westfalen am Beispiel Duisburgs. Maßnahmenkatalog, hrsg. v. Ministerium für Arbeit, Gesundheit und Soziales Nordrhein-Westfalen, Düsseldorf 1977.
2) Duisburger Studie, S. 99.
3) Duisburger Studie, S. 64.
4) Duisburger Studie, S. 64.
5) Duisburger Studie, S. 64.

1.1.3. Schlußbemerkungen

Zur Ausländerpolitik läßt sich abschließend sagen:
Der prinzipielle Anwerbestopp für ausländische Arbeitnehmer erweist sich im Interesse der deutschen und der in der Bundesrepublik lebenden Ausländer als richtig.
Insbesondere ist der BLK zuzustimmen, wenn sie eine Auflockerung des Anwerbestopps aus folgenden Gründen ablehnt: "Eine der Ursachen für die Schwierigkeiten in manchen Branchen, inländische Arbeitskräfte zu gewinnen, liegt darin, daß ihre Beschäftigungskonditionen (Bezahlung, Arbeitsbedingungen, Ausbildung, sozialer Status) nicht schnell und flexibel genug den Bedingungen in der übrigen Wirtschaft angepaßt worden sind. In diesen Fällen kann ein geschlossener Arbeitsmarkt einen heilsamen Druck ausüben, langfristig unerläßliche Umstellungen des Produktionsapparates vorzunehmen und die Arbeitsbedingungen humaner zu gestalten. Nur so wird es gelingen, die Arbeitsplätze der betroffenen Betriebe wieder attraktiver zu machen."[1) Nicht zuletzt würden dadurch auch deutsche Frauen größere Chancen haben,einen ansprechenden Arbeitsplatz zu finden.
Dagegen erweisen sich aber alle Beschränkungen und Verunsicherungen der bereits in der Bundesrepublik lebenden Ausländer zum einen als inhuman und zum anderen als politisch kurzsichtig. Dies vor allem aufgrund der "nüchternen" Erkenntnis, daß ab Ende der 80er Jahre sich die gesamte Beschäftigungslage in der Bundesrepublik durch den Eintritt der geburtenschwachen deutschen Jahrgänge ins Berufsleben ändern wird.[2) Diese Erkenntnis ist wohl deshalb nicht im Konzept der Bund-Länder-Kommission verwertet, weil die derzeitige Arbeitslosenproblematik alle langfristigen Problemstellungen überlagert.
In bezug auf die zweite Generation haben Überlegungen dieser Art aber zumindest schon insoweit Eingang in die aktuelle Politik gefunden, als man - ausgehend von einem steigenden Bedarf an Facharbeitern und der Erhaltung des sozialen Friedens - die Förderung der zweiten Generation als Schwerpunktaufgabe ansieht.

---

1) Vorschläge der BLK, S. 26.
2) Bodenbender, Zwischenbilanz,S. 20.

Da aber vor allem arbeitsmarktpolitische Gesichtspunkte im Vordergrund stehen und die einwanderungsähnliche Entwicklung der Bundesrepublik noch ignoriert wird, finden die vielen menschlichen und kulturellen Integrationsprobleme kaum Berücksichtigung.
Wenn aber die Fehler anderer Länder mit ähnlichen subkulturellen Problemen nicht im gleichen Umfang wiederholt werden sollen, wird man das Konzept der Ausländer-"Beschäftigungs"-Politik ändern und erweitern müssen, um mit einem umfassenden und langfristigen Konzept der Ausländerpolitik die sicher nicht geringer werdenden Probleme meistern zu können.

1.2. Das Integrationsproblem

1.2.1. Integrationstheorien

Das Problem der Fremdarbeiter versucht Hoffmann-Nowotny im Rahmen einer umfassenden soziologischen Theorie der strukturellen und anomischen Spannungen zu erfassen, die er mit Hilfe einer empirischen Untersuchung bei italienischen Arbeitern in der Schweiz überprüft hat.[1)]
Aufgrund der langen Aufenthaltszeiten bezeichnet er die Ausländer als Immigranten und das Aufnahmeland als Einwanderungsland.
Er versteht Integration als Partizipation an gesellschaftlichen Werten des Einwanderungslandes (berufliche Stellung, Einkommen, Mitgliedschaft in Vereinen und Gewerkschaften etc.). Assimilation bedeutet nach seiner Definition Partizipation an der Kultur (Sprache, Normen). Beide Komponenten bedingen sich gegenseitig; jedoch determiniert die Integration stärker die Assimilation als umgekehrt.
Daraus folgt: "Je größer die Chancen der Einwanderer bzw. ihrer Kinder sind, an den Werten der Gesellschaft zu partizipieren, desto größer ist die Wahrscheinlichkeit für eine Assimilation."[2)] Je besser also die Integration funktio-

1) Hans-Joachim Hoffmann-Nowotny: Soziologie des Fremdarbeiterproblems, Stuttgart 1973 und: Migration. Ein Beitrag zu einer soziologischen Erklärung, Stuttgart 1970.
2) Hoffmann-Nowotny, Soziologie, S. 173.

niert, um so größer werden die Chancen der Assimilation. Da nach Hoffmann-Nowotny den Kindern der ausländischen Arbeitnehmer seitens der Einheimischen weniger Widerstand beim Zugang zu den zentralen Statuslinien der Gesellschaft entgegengebracht wird, ist Assimilation bei ihnen eher möglich als bei den Eltern. Die Bereitschaft dazu wird gestärkt durch vorherige Integration, durch die Teilnahme am Erziehungs- und Ausbildungssystem.
Wie formal der Begriff der Integration bei Hoffmann-Nowotny gefaßt ist, wird am selben Beispiel deutlich: Die Ausländerkinder gehen zwar zur Schule, aber im Schuljahr 1972/73 haben z.B. in Köln 71,6% der ausländischen Schüler den Hauptschulabschluß nicht erreicht[1]; auch heute noch schaffen ca. 65% der ausländischen Hauptschulabgänger den Hauptschulabschluß nicht.[2] Das führt nicht nur unter den derzeitigen Bedingungen der Jugendarbeitslosigkeit dazu, daß ihnen genau wie den Eltern der Zugang zu den zentralen Statuslinien der Gesellschaft verwehrt wird; ihnen steht damit in der Regel nur die "Karriere als Hilfsarbeiter" offen.
Ob daher eine solche Definition von Integration ausreicht, ob die Begriffsinhalte von Integration und Assimilation eine solche Gegenüberstellung rechtfertigen und ob das so benannte Integrations- und Assimilationsziel anstrebenswert ist, kann bestritten werden.

So definieren Bingemer und Meistermann-Seeger Integration vom Ansatz der Psychoanalyse aus als "Vereinheitlichung der elementaren Strebungen der Person"[3] und gehen davon aus, daß alle sozialen Integrationsprozesse nach dem Vorbild der integrativen Prozesse der Person ablaufen.[4]

---

1) Vgl. Ausländische Schüler und Lehrer an deutschen Schulen in der Stadt Köln, Der Regierungspräsident Köln (Hrsg.), Schriftenreihe des Regierungspräsidenten Köln Nr. 13, S. 56.
2) Duisburger Studie, S. 215.
3) Karl Bingemer/Edeltrud Meistermann-Seeger/Edgar Neubert (Hrsg.): Leben als Gastarbeiter. Geglückte und mißglückte Integration, 2. Aufl., Opladen 1972.
4) Bingemer/Meistermann-Seeger, S. 18.

Um die Möglichkeiten der sozialen Integration zu gliedern, werden drei Formen von Integration unterschieden:

"Monistische Integration

Damit ist gemeint eine Integration durch Assimilation, durch Unterwerfung. Eine Minderheit gibt ihre Eigenart so gut wie vollständig auf und paßt sich einer Mehrheit an, deren soziale Kontrolle anerkannt wird, während die Mehrheit unverändert bleibt. Eine solche unilaterale oder monistische Vorstellung von Integration herrscht in allen totalitären Gesellschaften. Ein extremer Fall ist die 'Gleichschaltung', bei der die Anpassung[1] nur scheinbar ist. In der monistischen Integration ändert sich nur ein Partner, der andere hat eine starre, unelastische Gesellschaftsstruktur.

Pluralistische Integration

Hier wird die Integration durch Assimilation erreicht, ein Mindestmaß von beiderseitiger Veränderung ist das Ziel. Die Partner behalten ihre Eigenart und leben im Sinne einer Koexistenz mit Notlösungen zusammen. Das Ghetto ist das Beispiel einer dissimilierten Integration. Bei ihr ändert sich keiner der Partner, sie beeinflussen sich nicht; wir finden bei beiden Partnern eine starre und unelastische Struktur.

Interaktionistische Integration

Hier wird durch Anpassung im oben beschriebenen Sinne eine wechselseitige Beeinflussung erreicht. Minderheit und Mehrheit stehen in einem Prozeß ständiger und gegenseitiger Interaktionen. Die Partner finden im günstigsten Fall zu

---

1) Der Begriff "Anpassung" wird meist so verstanden, als ob es sich bei der Anpassung um einen Vorgang der Unterwerfung, der Assimilation handele. Tatsächlich ist Anpassung eine Interaktion zwischen zwei Partnern. Anpassung heißt "sozial reagieren", ein stabiles Muster der Reaktion bilden; es heißt, nicht in einer festen Ordnung zu einer Sache, zu einer Person zu sein. Anpassung ist das einzigartige Agens der Person, mit dessen Hilfe alle veränderten äußeren Bedingungen aktiv und passiv bewältigt werden können. In jedem Anpassungsvorgang steckt neben der Änderung der eigenen Person eine Bewältigung und Veränderung der Umwelt, die anfänglich die Anpassung hervorgerufen hat und Unterwerfung erzwingen wollte. So Bingemer/Meistermann-Seeger, S. 20, Fußnote 4.

einer gemeinsamen Lebensform, sie ist in wesentlichen Punkten oder auch in Nebensächlichkeiten von der früheren der beiden einzelnen Lebensformen unterschieden. Die interaktionistische Integration ist relativ stabil. Beide Partner können sich mit Hilfe ihrer elastischen Struktur miteinander ändern."[1)]

Eine solche Einteilung erlaubt eine sachgerechtere Differenzierung als bei Hoffmann-Nowotny und weist den Begriffen Integration und Assimilation die richtigere Wechselbeziehung zu.

In jedem Fall ist aber Integration und Assimilation schichtgebunden. Da die kulturelle der sozialen Schicht entspricht, kommt für das Gros der ausländischen Arbeitnehmer - wenn überhaupt - als Partner nur die Unterschicht in Frage; bei den gegebenen Voraussetzungen kann mehr nur in Ausnahmefällen erwartet werden. Meistermann-Seeger macht bezüglich der Haltung der Deutschen folgende Aussagen: "In den uns zugänglichen Meinungsbefragungen anderer Stellen und in der Sekundärliteratur kehrt ständig das gleiche Bild wieder, das wir uns ursprünglich in Köln von dem primären Zweck der Deutschen im Unternehmen Gastarbeiter machten...: 'Dieses Übel ist zur Aufrechterhaltung unserer Wirtschaftskapazität notwendig, finden wir uns also damit ab' (Benutzen, ohne sich stören zu lassen). Es hat sich jedoch im Laufe der Befragung gezeigt, daß der primäre Zweck des Unternehmens Gastarbeiter die Bildung einer unter der unteren Unterschicht existierenden Gruppe ist. Durch die Verbannung in diese Gruppe wird der Fremde als Mann unschädlich und bleibt als Arbeiter brauchbar. Die unbewußte Motivation der affektiven Einstellung zu dem Gastarbeiter erklärt sich aber noch aus einem anderen Bereich,

---

1) Bingemer/Meistermann-Seeger, S. 19 f.
Von dem Begriff der interaktionistischen Integration geht z.B. auch die Gemeinsame Synode der katholischen Bistümer aus, wenn sie formuliert: "Dabei wird unter dem Begriff 'Integration' nicht eine Absorption der Minderheit und Verzicht auf deren eigene kulturelle Substanz verstanden, sondern ein gegenseitiger Kommunikationsprozeß, der für beide Seiten ein Geben und Nehmen und eine beiderseitige Bereicherung bedeutet." Gemeinsame Synode, S. 382.

nämlich aus der absoluten Vermeidung des historischen Kapitels der Zwangsarbeiter im Zweiten Weltkrieg. Die Abwertung der Gastarbeiter hilft, die Schuldgefühle aus der Vergangenheit abzubauen oder zum mindesten zu verleugnen."[1]

Hoffmann-Nowotny beobachtet dieselben Phänomene aus einem etwas anderen Blickwinkel.
Obwohl als Voraussetzungen für einen Daueraufenthalt und eine Einbürgerung der Ausländer seitens der maßgebenden Stellen die Fähigkeit und Bereitschaft zu Integration und Assimilation gefordert werden, sind sie nur bei einem geringen Teil derjenigen, die bleiben wollen, vorhanden. Seinen Grund hat dies nach Hoffmann-Nowotny in der Neofeudalisierung der Gesellschaft.
Während die Einheimischen sich als bessere Menschen im umfassenden Sinne bezeichnen und sich damit neofeudal nach oben absetzen, kompensieren viele Gastarbeiter die Frustration, die mit der Erkenntnis entsteht, daß ein sozialer Aufstieg und die damit verbundene Anerkennung aufgrund der fremden Nationalitätszugehörigkeit nicht erreicht werden kann, mit neofeudaler Absetzung nach unten, d.h. "die Einwanderer schreiben den Einheimischen auf verschiedenen Eigenschaftsdimensionen Überlegenheit gegenüber sich selbst zu."[2] Dadurch wird die Diskriminierung nicht mehr empfunden und die Notwendigkeit der Rückwanderung entfällt; die lang gehegte "Heimkehrillusion" kann aufgegeben werden. Die neofeudale Anpassung fördert also nicht die Integration, sondern verhindert sie; die betreffenden Ausländer werden aber dadurch ruhig gehalten.
Daraus folgt, daß der Entschluß zum Bleiben im Einwanderungsland nicht Assimilation voraussetzt oder fördert. Andererseits passen sich die teilweise Integrierten seltener neofeudal an und empfinden darum stärker die Diskriminierung. Um die Spannungen zu lösen, wandern sie zurück ins Heimatland, wo sie indes unter Umständen noch größere Spannungen erwarten. Die neofeudale Gesellschaftsstruktur führt zwar vorübergehend zurSpannungsreduktion, kann aber - wie Beispiele aus den USA zeigen - schnell in hohes Kon-

---

1) Meistermann-Seeger, S. 38.
2) Hoffmann-Nowotny, Soziologie,S. 267.
Goffman bezeichnet solche Verhaltensweisen mit "Stigma-Management"; vgl. Erving Goffmann: Stigma. Über Techniken der Bewältigung beschädigter Identität, Frankfurt/M. 1967, S. 68 ff.

fliktpotential umschlagen.[1] Außerdem widerspricht sie den modernen demokratischen Gesellschaftstheorien und kann auf Dauer keine Lösung des Ausländerproblems bedeuten. Hoffmann-Nowotny empfiehlt, die Integration so weit wie möglich zu fördern, auf die Assimilation aber keinen Druck auszuüben, sondern kulturelle Besonderheiten zu tolerieren.[2]
Ungeklärt bleibt die Situation der zweiten Generation. Wenn es zutrifft, daß ihre Integrationschancen größer sind, so ist zu erwarten, daß viele von ihnen im Aufnahmeland bleiben, ohne die neofeudale Absetzung nach unten zu vollziehen. Ebensoviele - oder eher noch mehr - werden aber die völlige Integration nicht schaffen und sind andererseits zu integriert, um Diskriminierungen nicht zu empfinden und sich neofeudal anzupassen. Von diesen dürfte eine verstärkte Rückwanderung zu erwarten sein, was wieder zu neuen Spannungen im Heimatland führt.
Hoffmann-Nowotny selbst rechnet aber weder mit einer hohen Assimilierungsmöglichkeit noch mit verstärkter Rückwanderung der Ausländerkinder. Vielmehr erwartet er eine zweite Generation des Subproletariats, die zwar die Ziele der Industriegesellschaft voll internalisiert hat, aber dennoch keine gleichberechtigten Aufstiegschancen hat. Den "Lösungsweg" ihrer Probleme sieht Hoffmann-Nowotny in verstärkter Kriminalität, wie es bei steigender Jugendarbeitslosigkeit auch insgesamt von vielen befürchtet wird.[3]

Hoffmann-Nowotnys soziologische Untersuchungen zeigen also wenig ermutigende Ergebnisse. Eine Lösung des Ausländerproblems wird auch nur am Rande diskutiert, da vor allem eine strukturelle Analyse vorgenommen wurde.

Bingemer/Meistermann-Seeger/Neubert behandeln die Problematik vor allem vom psycho- und sozialanalytischen Ansatz her. Auf ihre Ausführungen wird noch ausführlich in bezug auf die speziellen Kölner Integrationsvoraussetzungen eingegangen.

---

1) Hans-Joachim Hoffmann-Nowotny: Gastarbeiterwanderungen und soziale Spannungen; in: Gastarbeiter, hrsg. v. Helga und Horst Reimann, München 1976, S. 60.
2) Hoffmann-Nowotny, Gastarbeiterwanderungen, S. 58.
3) Hoffmann-Nowotny, Gastarbeiterwanderungen, S. 54.

Eine strukturelle Analyse kann aber auch ergänzend und individueller anhand der Theorie des Kulturkonflikts vorgenommen werden.

1.2.2. Kulturkonflikt und Möglichkeiten der Bewältigung

Durch die Einreise einer Vielzahl von ausländischen Arbeitnehmern und ihren Familien treffen verschiedene ausländische Kulturen mit der deutschen oder westeuropäischen Kultur aufeinander. Welche Auswirkungen dies hat - insbesondere für die zweite Generation - wird im folgenden erörtert. Der Begriff "Kulturkonflikt" wurde in der amerikanischen Soziologie entwickelt als Kennzeichnung einiger Prozesse, die sich bei bzw. nach der Einwanderung verschiedener ethnischer Gruppen vollzogen.[1]
Hollander unterscheidet drei Variationen des Kulturkonfliktes:

- Konflikte zwischen Kulturen,
- Konflikte innerhalb einer Kultur und
- Konflikte in den Menschen selbst als Folge von Kulturprozessen.[2]

Als Kultur bezeichnet Hollander "die Lebensart einer Gruppe, ein in sich geschlossenes funktionelles Ganzes von Sachen, die von der Gruppe als selbstverständlich angenommen werden."[3] Darin sind materielle und geistige Güter enthalten wie Umgangsformen, Haltungen, Ideen und Normen einer Menschengruppe.

1.2.2.1. Konflikte zwischen Kulturen

Wenn zwei verschiedene Kulturen miteinander in Kontakt kommen, treten Spannungen auf, die sich in Verwunderung, Belächelung, Konkurrenz, Abneigung, Ärgernis etc. ausdrücken können und die sich bei harten Gegensätzen der Kulturinhalte und je nach Aggressivität der beiden Gruppen

---

1) A.N.J. den Hollander: Der Kulturkonflikt als soziologischer Begriff und als Erscheinung; in: Kölner Zeitschrift für Soziologie und Sozialpsychologie, 7. Jg., 1955, S. 161.
2) Hollander, S. 162.
3) Hollander, S. 162.

zum Konflikt ausweiten können, d.h. zu einer Auseinandersetzung, in der jede Gruppe danach strebt, Antagonismen durch Durchsetzung ihrer eigenen Vorstellungen aus dem Wege zu räumen. Die Vernichtung des anderen ist dabei nicht ausgeschlossen. Bei der Einwanderung ethnisch kleiner Gruppen - der Ausländeranteil betrug am 30.9.75 etwa 6,6 bis 6,7% in der Bundesrepublik[1)] - braucht es nicht zum offenen Konflikt zu kommen. Die Minderheit hat keine Chance, ihrer Kultur eine beherrschende Stellung zu verschaffen; sie wird entweder assimiliert oder an den Rand der Gesellschaft abgedrängt.
Seitens der dominierenden Gruppe treten die oben genannten Vorformen des Konflikts auf (Belächelung, Befremden, Ärgernis usw.) und die Minderheitengruppe muß ihr niedriges Prestige kompensieren. Als Mittel dazu nennt Hollander Kunst, Humor und Folklore.
Oft ist die Frage erörtert worden, ob nicht ein gleichberechtigtes Nebeneinander verschiedener Kulturen ohne Diskriminierung möglich sei. Als Exponent eines solchen Staates galt immer die Schweiz. Spätestens nach den Untersuchungen zum Fremdarbeiterproblem ist diese Ansicht - zumindest bezüglich dieser Gruppe - widerlegt. Dabei ist zu berücksichtigen, daß die Kultur als solche nicht die einzig entscheidende Komponente ist. Auch die Schichtzugehörigkeit der Einwanderer in ihrem Heimatland spielt eine wichtige Rolle; denn mit der Einwanderung einer bestimmten Schicht von Menschen kommt auch eine bestimmte Schicht der Kultur ins Land. Wie stark eine Minderheit von der Mehrheit diskriminiert wird, hängt außerdem mit dem Verwandtschaftsgrad beider Kulturen zusammen. Je weniger Gemeinsamkeiten in zwei Kulturen zu finden sind, desto stärker ist die Abneigung und um so geringer die Chance für gegenseitige Toleranz und Kompromisse. Dies ist auch ein Grund dafür, warum die Türken von den Deutschen am stärksten abgelehnt werden.[2)]

---

1) Wirtschaft und Statistik, Heft 1/76, S. 21; im Vergleich dazu liegt die Schweiz mit einem Ausländeranteil von 17% wesentlich höher.
2) Vgl. Maria Borris: Ausländische Arbeiter in einer Großstadt, S. 208 ff., 212 und 226.

1.2.2.2. Konflikte innerhalb einer Kultur

Die zweite Gruppe von Kulturkonflikten bezeichnet Störungen innerhalb einer Kultur, die entweder von außen herangetragen werden (exogen) oder durch innere Entwicklungen entstehen (endogen). Für das Ausländerproblem in der Bundesrepublik spielen diese Formen zwar eine geringere Rolle, wohl aber bekommen sie für das Entsendeland Bedeutung, das uns hier interessiert, für die Türkei:
Die Revolution Atatürks hat dem orientalisch-islamischen Land westeuropäische Lebensweisen verordnet, und beide Kulturprinzipien liegen noch heute in heftigem Streit. Die politischen Verhältnisse in der Türkei geraten zur Zeit wieder ungemein in Bewegung; während sich die bisherige Entwicklung vorwiegend an Westeuropa orientierte, nehmen traditionalistische Bestrebungen - und zwar rechtsextremer islamischer Prägung - verstärkt zu. Die unterschiedlichen Strömungen sind auch regional verschieden stark ausgeprägt.

1.2.2.3. Konflikte in den Menschen selbst als Folge von Kulturkonflikten

Je nachdem wie stark der einzelne mit Konflikten innerhalb seiner Kultur oder zwischen zwei Kulturen in Berührung kommt, entsteht der dritte Fall: der Konflikt innerhalb einer Person. Hollander nennt ihn auch den "verinnerlichten Aspekt" des Kulturkonflikts.[1)]
Dieser tritt auf, wenn ein Individuum sich zwischen gegensätzlichen kulturellen Werten entscheiden muß und sich bei jeder Entscheidung der Kritik der einen oder anderen Ethnie sicher weiß. Wenn es auch sehr unterschiedliche Möglichkeiten der Konfliktverminderung oder sogar -bewältigung gibt, so kann doch kein Ausländer diesem Konflikt völlig ausweichen. Die beiden Extrempunkte hierbei bilden die größtmögliche Abkapselung gegen Einflüsse der Fremdkultur und die völlige Aufgabe der eigenen Kultur. Kurz hat in ihrer Untersuchung an italienischen Gastarbeitern im Jahre 1962/63 das erste Extrem nachgewiesen.[2)]

---

1) Hollander, S. 121.
2) Vgl. Ursula Kurz: Partielle Anpassung und Kulturkonflikt; in: Kölner Zeitschrift für Soziologie und Sozialpsychologie, 17. Jg., 1965, S. 814-832.

Durch ein Zusammenleben in einem ethnisch homogenen Lager (Ghetto), das nur selten zu anderen Zwecken als zur Arbeit verlassen wurde, konnten die Fremdeinflüsse auf ein Minimum reduziert werden, nämlich genau auf den Bereich, um dessentwillen die Arbeiter hergekommen waren: Arbeit und Geld. Diese "partielle Anpassung" konnte sich deshalb nicht zum Kulturkonflikt ausweiten, weil im Lager ein Subsystem mit strengen, der Heimatkultur entsprechenden Normen entstand, deren Einhaltung durch intensive gegenseitige Kontrolle garantiert wurde. Da die Orientierung sehr einseitig auf die Heimat und speziell auf die Familie gerichtet war, gab es keine Schichtung innerhalb der Gruppe; die Verbindungen waren lose, aber freundschaftlich. Allerdings ist Fremden der Zugang zu internen, persönlichen Problemen weitgehend verwehrt. Man kann annehmen, daß die isolierte Situation zu genügend Konflikten persönlicher Art Anlaß gab, die ebenfalls größtenteils als kulturell bedingt betrachtet werden müssen und als Kulturdefizit in Erscheinung treten, z.B. das Fehlen der Familie und Verwandtschaft, das Italiener besonders schmerzlich empfinden. Konflikte dieser Art konnten nur durch die Gewißheit kompensiert werden, daß der Deutschlandaufenthalt nur wenige Jahre dauern würde.
Die Bedingungen, die Kurz für das Ausbleiben des Kulturkonflikts voraussetzt, liegen heute kaum noch vor, da sich die Verhältnisse durch die nachfolgenden Entwicklungen grundlegend gewandelt haben. Daraus ist zu schließen, daß die Gefahr des Kulturkonflikts größer geworden ist. Motivation und Ziele werden nicht mehr ausschließlich durch das Heimatland bestimmt, denn die Ausländer sind häufig nicht mehr bereit, auf jeglichen Komfort der westlichen Industriegesellschaft zugunsten von Geldzahlungen an die Zuhausgebliebenen zu verzichten. Da die räumliche Nähe zum Heimatland nur selten gegeben ist, haben mehr und mehr ausländische Arbeitnehmer ihre Familien in die Bundesrepublik nachgeholt, was als ein Zeichen für die Umorientierung zu werten ist und einen Versuch darstellt, das Kulturdefizit zu verringern.

Diese Entwicklung nahm auch Einfluß auf die Wohnverhältnisse. Schon 1972 verfügten knapp 60% der ausländischen Arbeitnehmer über eine abgeschlossene Wohnung.[1] Je länger die Aufenthaltsdauer, desto geringer ist der Anteil der in Gemeinschaftsunterkünften und desto höher der Anteil der in abgeschlossenen Wohnungen lebenden Ausländer.[2] Wer für dauernd in der Bundesrepublik bleiben wollte, lebt überdurchschnittlich häufig in abgeschlossenen Wohnungen.[3]

Damit ist noch nichts über die Qualität der Wohnungen ausgesagt. Wie Zieris aufzeigt, ist es in dieser Beziehung noch sehr schlecht bestellt.[4] Insbesondere die Türken verfügen z.B. überproportional häufig nur in Mitbenutzung über Bad und Toilette und zahlen überproportional hohe Mieten.[5]

Durch das Zusammenleben in Familien kann aber das Kulturdefizit nur zum geringen Teil kompensiert werden. Es bedarf größerer Anstrengungen, damit der "Kulturschock"[6] verkraftet werden kann, den ein Mensch dadurch erleidet, daß er, sprachlich, beruflich und sozial-kulturell völlig unvorbereitet und nur mit Klischeevorstellungen, hochgeschraubten Erwartungen und leicht verwundbaren Hoffnungen versehen, in wenigen Stunden aus einer Welt in eine andere verpflanzt wird.

Die deutsche Bevölkerung - vor allem die Arbeitskollegen der ausländischen Arbeiter - sind ebensowenig auf den Umgang mit fremden Ethnien vorbereitet. Je fremder die Kultur ist, um so ablehnender verhalten sie sich gegenüber ihren Ver-

---

1) Repräsentativuntersuchung '72, S. 102.
2) Repräsentativuntersuchung '72, S. 105.
3) Repräsentativuntersuchung '72, S. 106.
4) Vgl. Ernst Zieris: So wohnen unsere ausländischen Mitbürger. Bericht zur Wohnungssituation ausländischer Arbeitnehmerfamilien in Nordrhein-Westfalen, Hrsg. Der Minister für Arbeit, Gesundheit und Soziales des Landes Nordrhein-Westfalen, 3. Aufl., Düsseldorf 1972; Ernst Zieris, Betriebsunterkünfte für ausländische Mitbürger in Nordrhein-Westfalen, Hrsg. Der Minister für Arbeit, Gesundheit und Soziales des Landes Nordrhein-Westfalen, 2. Aufl., Opladen 1974.
5) Ernst Zieris, So wohnen..., S. 73.
6) Yüksel Pazarkaya: Der Kulturschock - Die Begegnung des ausländischen Arbeitnehmers mit einer ihm fremden Kultur; in: Zeitschrift für Kulturaustausch, 24. Jg., 1974, 3. Vj., S. 22-26.

tretern; sie meiden den Kontakt und damit den offenen Kulturkonflikt. Um Anerkennung zu erzielen oder um wenigstens nicht aufzufallen, passen sich die Ausländer dem an, was sie von den Deutschen, mit denen sie zusammenkommen, vorgelebt bekommen: Sie übernehmen vor allem deren Konsumverhalten und deren Konsumgewohnheiten. Mit dem Versuch, durch Konsum das Kulturdefizit auszugleichen, lösen die neu angenommenen Konsumgewohnheiten wiederum den inneren Kulturkonflikt aus, da sie Verhaltensvorschriften der eigenen Kultur häufig widersprechen. Verhaltensunsicherheit und ein Lavieren zwischen der äußeren Umgebung und der inneren Überzeugung ist die Folge. Es ist schwer, eine stabile Persönlichkeit zu bleiben, wenn man nicht innerhalb einer stabilen Kultur lebt.[1)]

Zusammenfassend läßt sich sagen:
Zur Überwindung des Kulturschocks, der durch den plötzlichen, unvorbereiteten Zusammenprall zweier verschiedener kultureller Welten ausgelöst wird, und zur Vermeidung eines inneren Kulturkonflikts, der durch konkurrierende Normen und Wertanforderungen an die eigene Person entsteht, eignet sich am besten die Ghettosituation in Verbindung mit dem Rotationsprinzip (baldige Rückkehr in die Heimat) und dem Konzept der partiellen Anpassung nach Kurz (nur soviel Kontakt und Anpassung wie unbedingt nötig).

Diese Situation läßt sich bei längerem Aufenthalt nicht konsequent durchhalten und wäre zudem höchst unmenschlich und unbefriedigend für die Ausländer wie für die deutsche Bevölkerung. Die mit Ausländerarbeit befaßten Verbände plädieren darum völlig zu Recht dafür, der Ghettobildung entgegenzuwirken.
Das andere Extrem, durch das Konflikte vermieden werden könnten, ist die Assimilation, d.h. die Internalisierung deutscher Normen und Wertvorstellungen und eine Aufgabe der Heimatkultur. Als erster Schritt dahin werden häufig äußere Anpassungen an das deutsche Konsumverhalten angesehen. Diese auch schichtadäquate Anpassung erfolgt je nach Herkunft der Ausländer mehr oder weniger. Der Schritt

---

1) Hollander, S. 171.

zur Verinnerlichung kann aber, zumindest bei Erwachsenen, nicht folgen, da einmal verfestigte kulturelle Normen nie ganz aufgegeben werden.[1]
Das aber verlangen viele Vertreter der deutschen Kultur. Dies ist ein Ausdruck des äußeren Kulturkonflikts, bei dem die Mehrheit ihre Kultur als höher und wertvoller einschätzt als die der Minderheiten und sie aufgrund ihrer stärkeren Position kleinzuhalten trachtet. Die Minderheit wird den Assimilationsbestrebungen aus ihrem Selbsterhaltungstrieb Widerstand leisten; Spannungen und Konflikte erscheinen also unausweichlich. Die Situation für Deutsche und Ausländer zufriedenstellend zu gestalten, stellt sich als fast unlösbare Aufgabe dar.

1.2.3. Spezielle Integrationsvoraussetzungen in Köln

Im Auftrag der Stadt Köln haben Bingemer/Meistermann-Seeger/ Neubert in den Jahren 1966-68 eine Studie über geglückte und mißglückte Integration von Gastarbeitern in Köln erstellt.[2]
Als ein Ergebnis leiten sie aus dem"Exkurs über die speziellen Voraussetzungen der Kölner zur Aufnahme von Fremden"[3] die Einsicht ab, "daß Gastarbeiter je nach ihrer Nationalität für einige Gegenden Deutschlands besonders geeignet oder ungeeignet sind".[4] Sie empfehlen daher ähnliche Untersuchungen an allen Ballungszentren der Gastarbeiter.[5] Nach der Sekundärliteratur ergebe sich, daß der deutsche Partner wegen seiner nationalen und historischen Entwicklung Integrationswünschen gegenüber um so stärker eingeschränkt sei, je patriarchalischer die Gegend seiner Herkunft sei.[6] Anhand historischer Grundlagen und einer

---

1) Hollander, S. 171.
2) Karl Bingemer/Edeltrud Meistermann-Seeger/Edgar Neubert (Hrsg.): Leben als Gastarbeiter. Geglückte und mißglückte Integration, 2. Aufl., Opladen 1972.
3) Bingemer/Meistermann-Seeger/Neubert, S. 29 ff. Da sich alle weiteren Zitate und Fußnoten des Kapitels 1.2.3. ebenfalls auf dieses Buch beziehen, werden im folgenden für dieses Kapitel nur noch die Seitenzahlen angegeben.
4) S. 190.
5) S. 190.
6) S. 35.

sozialanalytischen Interpretation stellt Meistermann-Seeger fest: "Mutter Colonia ist nicht patriarchalisch orientiert, und so könnten die spezifischen Voraussetzungen für die Aufnahme von Fremden besonders günstig sein."[1] Ein ambivalentes Bild von Sperrung und Öffnung gegenüber den Einflüssen von außen zeige die Stadtgeschichte Kölns: "Die Stadt verdankt ihre Gründung und ihr Wachstum der Fähigkeit des Öffnens und Annehmens in guten Zeiten und der des sich Zusammenziehens in schlechten."[2] Während Sitten und Gebräuche streng und bindend gewesen seien, seien Gesetze stets abgelehnt, umgangen, mißachtet und ihre Erfüllung mit beharrlicher Passivität vermieden worden.[3]
Schon um die Jahrhundertwende sei es den Kölnern gelungen, die aus fremden Gebieten zugereisten Industriearbeiter zu integrieren, wobei das "Kölsche", die Sprache der Kölner, zu dieser Integration beigetragen haben soll.[4] "Es leuchtet ein, daß eine Stadt mit solch festgeprägten Mustern gegenüber Fremden ihre eigenen Probleme haben wird. Die mediterranen Gastarbeiter können in Köln wahrscheinlich integriert werden, da sie als Vertreter der eigenen römisch-romanischen und katholischen Tradition ankommen. Auch die Griechen haben nicht nur wegen ihrer Geschichte eine positive Aufnahme zu erwarten. Diesen Partnern ist gemeinsam, daß sie wissen, wie man Gesetze umgeht, und daß sie auf Schwierigkeiten mit Arrangements oder 'Klüngel' reagieren. Das wirkt verständigend und befriedigend.

Dagegen sind für die türkischen Gastarbeiter in Köln die spezifisch kölnischen Verhaltensformen nicht günstig. Sie sind nicht christlich, ihre Heimat ist der Orient. Sie bringen von zu Hause aus ein patriarchalisches, gesetzesorientiertes Verhalten mit, das sie in Köln wiederzufinden hoffen. Sie haben keine Einübung in das in Köln übliche Verfahren der immer Distanz bewahrenden Vertrautheit."[5]

---

1) S. 35.
2) S. 30.
3) S. 32.
4) S. 34.
5) S. 34 f.

Gerade die Türken sind aber die größte Gruppe der in Köln lebenden Gastarbeiter. Die Autoren stellen heraus, daß bei keiner anderen Gastarbeiter-Nation die gegenseitige Information so stark differiert wie bei den Türken. In ihrer Befragung, in den Veröffentlichungen der Behörden und Instanzen sowie in den Äußerungen anderer Gastarbeiter-Vertreter fanden sie nirgends so wenig reales Wissen und so viele Vorurteile, Stereotypien und Fehleinstellungen wie gegenüber den Türken.[1]
Insgesamt gesehen erwies sich das Sozialamt der Stadt Köln als zur Integration sehr viel aktiver und positiver eingestellt als das übrige Bundesgebiet.[2] "Die Mehrheit der offiziellen städtischen Beschlüsse im Hinblick auf die Gastarbeiter zielte (schon ab 1963, Anm.d.Verf.) ausdrücklich auf Integration. Bei Ämtern und öffentlichen Einrichtungen war das anders. Ihre latenten Widerstände gegen Integration zeigen sich in Äußerungen folgender Art: 'Eine Gefahr ist, daß Gastarbeiter sich integrieren und dann in Deutschland bleiben wollen'. Die Haltung des Sozialamtes der Stadt Köln und des Rates aber blieb stets positiv gegenüber dem Gedanken der Integration. Das ist um so bemerkenswerter, als in dieser Zeit die Haltung des Bundes entgegengesetzt war."[3]
Bei der Zusammenfassung ihrer Ergebnisse haben sich die Autoren 1968[4] auf nur wenige Hinweise beschränkt, die jedoch die spätere Gastarbeiterpolitik entscheidend geprägt zu haben und auch weiter zu beeinflussen scheinen: "Es hat sich in unserer Arbeit immer wieder gezeigt, daß vorsichtiges Abwarten bei der Bearbeitung auftauchender Probleme das Feld der Wahrnehmung möglicher Lösungen erweitert - etwa bei der Frage der Arbeitsplatzverdrängung -, während schnelle Regelungen zur Erstarrung der Fronten führen würde. Geduld und Vorsicht empfehlen sich.
Nur nicht bei einem Problem: Die Familien sollten so großzügig und so schnell wie möglich zusammengeführt werden.

---

1) S. 57.
2) S. 20.
3) S. 21.
4) Datierung des Vorworts der 1. Auflage.

Nachreisen der Familie erspart manches Leid, auch Kosten und Ärger. Die Familie ist das integrativste Mittel überhaupt. Für bestimmte Zwecke der Wirtschaft und Behörden ist die pluralistische, für andere die interaktionistische Integration erstrebenswert.
Wir wissen nicht, ob alle Behörden eine ebenso integrationsfreudige Grundhaltung einnehmen wie das Sozialamt der Stadt Köln. Nach unserer Studie und den uns vorliegenden Unterlagen anderer Forscher ist aber diese Haltung die einzige Möglichkeit, das Arbeitsproblem der fortschreitenden industriellen Entwicklung zu bewältigen."[1)]

1.2.4. Überlegungen zu einem emanzipatorischen Konzept

Einen Ansatzpunkt zur Bewältigung der aufgezeigten Probleme könnte ein emanzipatorisches Konzept bieten, das die folgenden Überlegungen berücksichtigt:
Die kulturellen Werte der Ausländer, zu denen Kleidung, Nahrungsgewohnheiten, religiöse Normen und profane Verhaltensweisen zählen, müssen respektiert und als wertvoll und erhaltenswert anerkannt werden. Für den alltäglichen Umgang mit Ausländern würde das z.B. bedeuten, daß man nicht über das Kopftuch einer Türkin lächelt oder daß man nicht verständnislos mit dem Kopf schüttelt, wenn ein Türke sich weigert, Fleisch zu essen, das vom Schwein sein könnte.

Selbst diese Kleinigkeiten fordern ein Wissen um die Kultur von Minoritäten. Wenn man nicht weiß, wie der andere zu leben und zu handeln gewohnt ist, wie kann man ihn dann als gleichwertigen Partner anerkennen und ihm nicht eigenes Denken und Verhalten aufdrängen wollen? Sicher wäre es zuviel verlangt, wenn jeder Deutsche ethnologische Bücher über mindestens fünf verschiedene Kulturen lesen sollte, mit deren Vertretern er zusammentrifft. Aber es wäre Aufgabe der Experten, also derjenigen, die die riesige Zahl der Gastarbeiterliteratur produziert haben, und der Verbände, die sich täglich um die Ausländer bemühen, die deutsche Bevölkerung anhand von Broschüren und Zeitschriften,

---

1) S. 191. Indem die Stadt Köln ab dem 15.Juli 1977 die Ausländerbetreuung weitgehend von der Ausländerstelle auf die neun Bezirksverwaltungsstellen übertragen hat, unternahm sie einen weiteren Schritt in Richtung Integration. Vgl. Ute Kaltwasser: Lächeln versteht jeder, Kölner Stadtanzeiger vom 29.8.77.

durch Radio und Fernsehen über die Lebensgewohnheiten im Heimatland der in Deutschland lebenden Ausländer aufzuklären und diese zu erklären. Der Floskel "die Kultur der und der ausländischen Gruppe ist sehr verschieden von der unsrigen" folgt selten eine inhaltliche Ausführung der Andersartigkeit und erst recht keine Erklärung. Es wird zwar immer wieder festgestellt, daß Vorurteile bestehen und wie schlimm, ablehnenswürdig und gefährlich das sei, es wird aber wenig getan, um diese Vorurteile zu beseitigen. Für die Ausländer gibt es inzwischen eine Reihe Broschüren oder Hefte zur Information über das Leben in Deutschland. Für Deutsche gibt es nur ganz vereinzelt Hinweise über den Umgang mit Ausländern. Gründe dafür mögen die eigene Unkenntnis der Informationsträger sein und die Hybris, daß nur die Ausländer sich anzupassen hätten. Auch bei den meisten Autoren, die von Integration sprechen, ist es im Grunde nicht anders.
Deutlich wird das auch bezüglich der Sprache, die immer wieder als Haupthandicap für die Integration angesehen wird.[1] Von den Ausländern wird selbstverständlich verlangt, daß sie Deutsch lernen; aber von welchem Deutschen, der mit der Ausländerarbeit zu tun hat, wird schon verlangt, daß er sich um die Erlernung der Sprache seines Gegenübers bemüht?[2]
Die Akzeptierung des Ausländers als gleichwertigem Gesellschaftsmitglied ist also Voraussetzung für eine Verständigung, Grundlage für den Austausch - und nicht der einseitigen Anpassung - und zur Verbesserung der Lage der Ausländer. Merkt der Ausländer, daß er so akzeptiert wird, wie er ist, muß er nicht fürchten, sich lächerlich zu machen, und gewinnt seine Verhaltenssicherheit zurück. Erst dann kann er offen sein für neue Ideen, neue Lebensformen, die er durch Interaktion mit Deutschen kennen und schätzen lernt; ebenso müßten die Deutschen stärker bereit sein, Neues aufzunehmen. Das wäre für beide Seiten eine

---

1) Vgl. Maria Borris, S. 178.
2) Das fordern aber auch Ursula Neumann und Hans H. Reich für deutsche Lehrer in: Türkische Kinder - deutsche Lehrer, Düsseldorf 1977, S. 24.

Chance zur Emanzipation, zu selbständigem und selbstbestimmtem Handeln und nicht zu fremdbestimmtem bzw. selbstherrlichem und willkürlichem Handeln.
Einem solchen Konzept entsprechen auch die Vorstellungen von Bingemer und Meistermann-Seeger hinsichtlich der interaktionistischen Integration. Als ein Ergebnis ihrer Studie halten sie fest: "Die interaktionistische Integrationsform ist nach unseren Erfahrungen und Untersuchungen die einzige, in der die Gastarbeiter in Deutschland und die Deutschen mit ihnen ein befriedigendes und effizientes Zusammenleben finden können. Alle an dem Unternehmen "Ausländische Arbeitnehmer" beteiligten Partner können von einer solchen Integration nur profitieren."[1]
Wichtigste Voraussetzung dazu ist aber die gegenseitige Information. Und da, wie schon oben erwähnt wurde[2], "nirgends so wenig reales Wissen und so viele Vorurteile, Stereotypien und Fehleinstellungen wie gegenüber den Türken zu finden sind", wird im folgenden versucht, diese Lücke unter besonderer Berücksichtigung der türkischen Frauen und Mädchen in einer breiteren Darstellung zu schließen.

---

1) Bingemer/Meistermann-Seeger, S. 22.
2) S.o. S. 39.

2. Sozialisation und Sozialisationsbedingungen der Mädchen in der Türkei

2.1. Rahmenbedingungen

Die sozial-kulturellen Grundlagen für die Lebensgestaltung türkischer Frauen und Mädchen festzustellen, erfordert wegen der heterogenen Gesellschaftsstruktur eine differenzierte und komplexe Betrachtungsweise. Geographische Region, Größe des Wohnorts, soziale Schicht und ethnische Gruppe spielen in diesem Zusammenhang eine wichtige Rolle. Weiterhin werden die sozial-kulturellen Grundlagen geprägt durch die Umbruchsituation, in der sich das Land seit Beginn des 20. Jahrhunderts befindet. Alttürkische Sitten und islamische Tradition stehen neben oder gegen westeuropäisch orientierte Lebensweise, die durch Gesetzgebung sanktioniert und deren Ausbreitung durch fortschreitende Industrialisierung, Verstädterung und Ausbau des Bildungswesens forciert wird. Die Gesellschaft der Türkei kann nicht mehr als Agrargesellschaft bezeichnet werden, wie es häufig geschieht, sondern eher als Übergangsgesellschaft.[1)]

Ganz entscheidend für die Sozialisation türkischer Mädchen und damit auch für ihre Lebens- und Freizeitgestaltung sind im übrigen das Prinzip der Geschlechtertrennung, die sehr divergierende Rollenzuweisung von Mann und Frau, die Bindung an Familie und Verwandte und die Bildungsmöglichkeiten, mit denen das Mädchen in Berührung kommt. Auf diese Sozialisationsbedingungen wird an späterer Stelle eingegangen.
In der Gesellschaftsstruktur der Türkei fallen drei Abstufungen immer wieder ins Auge: Das West-Ost-Gefälle, das Stadt-Land-Gefälle und die Benachteiligung der Frau gegenüber dem Mann.

---

1) Ünal Akpınar: Sozialisationsbedingungen in der Türkei; in: Materialien zum Projektbereich 'Ausländische Arbeiter', Sonderheft 1, Hrsg. Arbeitsgemeinschaft katholischer Studenten- und Hochschulgemeinden (AGG), Bonn 1976, S. 5.

2.1.1. West-Ost-Gefälle

Im allgemeinen wird der Westen der Türkei (Marmaragebiet, Ägäische Region[1]) als entwickelteres Gebiet angesehen, im Gegensatz zur Schwarzmeerregion und dem westlichen Teil Zentralanatoliens, die als mäßig entwickelt gelten; der Osten Zentralanatoliens sowie Ost- und Südostanatolien sind als kaum entwickelte Gebiete zu bezeichnen.[2] Das bedeutet eine Verschlechterung der Infrastruktur von Westen nach Osten; die Zahl der großen Städte nimmt ab, die Industrie ist weniger entwickelt, moderne landwirtschaftliche Geräte kommen in geringerem Maße zum Einsatz, die Verkehrsverbindungen werden mangelhafter. Der Bevölkerung des Ostens fehlt die Zufuhr qualitativer Nahrungsmittel und eine ausreichende medizinische Versorgung. Radios und Fernseher - wie auch andere technische Geräte - sind im Osten selten. Die Bildungsmöglichkeiten sind gering.

2.1.2. Stadt-Land-Gefälle

Etwa das gleiche trifft auf den Unterschied zwischen Stadt und Land zu. Das Leben in den Städten ist mehr an die westeuropäische Kultur angeglichen als das auf dem Land. Die Infrastruktur der Städte, vor allem der drei Metropolen Ankara, Istanbul und Izmir, ist wesentlich besser entwickelt als die der übrigen Gebiete. Da aufgrund von steigenden Bevölkerungszahlen und vermehrtem Einsatz landwirtschaftlicher Maschinen das bebaubare Land für weniger Personen ausreicht als früher, hat eine Landflucht eingesetzt. Die Menschen strömen in die Städte in der Hoffnung, dort einen Arbeitsplatz in der aufstrebenden Industrie zu bekommen und an den Annehmlichkeiten, die die Städte bieten, teilnehmen zu können. Die Leute, die aus ihrem Dorf auswandern, lassen sich meistens am Stadtrand in den sog. Gecekondus nieder, in Hütten, die auf staatlichem Boden

---

1) Leider wird die Bezeichnung der Regionen nicht einheitlich gehandhabt, so daß man immer nur ungefähre Angaben machen kann. Marmara und Ägäische Region umfassen auch das westliche anatolische Hochland.

2) Akpınar, S. 9.

in einer Nacht erbaut werden und denen häufig ein Wasser- und Stromanschluß fehlt. Auf diese Weise entwickelt sich eine breite städtische Unterschicht, die sich aber keineswegs nur aus Arbeitern zusammensetzt. In den Gecekondus von Ankara z.B., in denen 65% der Gesamtbevölkerung leben, sind 38,5% Arbeiter, 29,5% Angestellte und Beamte , 17% kleine Geschäftsleute, 1% Bauern und Viehzüchter, 3,5% Arbeitslose und 10% andere Personen angesiedelt.[1)]

2.1.3. Benachteiligung der Frau gegenüber dem Mann

Die Benachteiligung der Frau gegenüber dem Mann bezieht sich auf die ihr faktisch zugestandenen Rechte, das Auftreten in der Öffentlichkeit, Bildungsniveau, Berufsausbildung und Berufsausübung, Verdienstmöglichkeiten usw. Lediglich die Frauen der städtischen Oberschicht haben gute Aussichten auf höhere Schulbildung, auf einen akademischen Beruf und auf freie Entfaltung ihrer Persönlichkeit. Insgesamt betrachtet sind aber die Chancen der Frauen gegenüber denen der Männer geringer, wobei festgestellt werden muß, daß das Leben der Frauen und Mädchen um so traditioneller verläuft, je weiter man nach Osten kommt und je ländlicher die Gegend wird.

2.1.4. Gesellschaftliche Gruppierungen in der kulturellen Umbruchsituation

Um die Gesellschaft in der kulturellen Umbruchsituation charakterisieren zu können, teilt Abadan sie in drei Gruppen ein: "die Modernen als fortschrittlich gesinnte Pioniere einer neuen sozialen Ordnung, die im Übergangsstadium sich befindenden transitionellen Schichten und die Konservativen."[2)]
Malaschofsky unterscheidet ebenfalls drei Entwicklungsstufen:
- Die "traditionalistischen Gruppen": Bauern, kleine Handwerker und Händler (esnaf) in den kleinen und großen

---

1) Akpınar, S. 20 f.
2) Nermin Abadan: Verhaltenskonflikte des türkischen akademischen Nachwuchses; in: Soziale Welt, Göttingen 1972, S. 289.

Städten und sog. "Wechselgruppenarbeiter", die ihren Wohnsitz in den Dörfern behalten, deren Familien dort die kleine Landwirtschaft betreiben, während sie selbst Arbeit in den Betrieben der Zentren suchen.

- Die "Übergangsgruppe": Familien, die den angestammten Wohnsitz verlassen, um in den Randzonen der regionalen und überregionalen Metropolen zu siedeln.
- Die "modernistischen Gruppen": Stadtbewohner, da Urbanisierung zur Abkehr von Traditionen führt, die alte Oberschicht, neue Führungskräfte in der Wirtschaft, Akademiker, Fachschulabsolventen.[1)]

Problematisch ist in diesem Modell die Einordnung der Gruppe der "esnaf" und die offen gebliebene Frage, wo die Kleinstädter einzuordnen sind. Hinzu kommt, daß die Gruppe der Transitionellen inhaltlich am schwersten festzulegen ist, da sie alle diejenigen umfaßt, die mit europäischen Lebensweisen in Verbindung gekommen sind, diese mehr oder weniger übernommen haben, aber teilweise an alten Traditionen festhalten. An dieser Übergangsgruppe treten auch die innerkulturellen Gegensätze am stärksten hervor, die Robert Spencer als einen typischen Fall dafür bezeichnet, wie der gesamtkulturelle Hintergrund einer Gesellschaft sich gewandelt hat, während die mit ihm verknüpfte soziale Struktur unverändert weiter funktioniert, deren Kern die türkische Familie bildet.[2)]

Die kulturellen Unterschiede sind oft so groß, daß das gegenseitige Verständnis und Zusammengehörigkeitsgefühl verlorengeht. Die Bewohner reicherer und entwickelterer Gebiete, die der Gruppe der Modernen zugerechnet werden können, schämen sich ihrer unterentwickelten Landsleute. Wie tief die Entfremdung bereits geworden ist, zeigt der Ausruf eines türkischen Studenten auf einer Reise in die Osttürkei: "Das ist mein Land, aber nicht mein Volk!"[3)]

---

1) Alfred Malaschofsky: Probleme der Alphabetisierung in der Türkei; in: IBB-Bulletin, Hrsg. Institut für Bildungs- und Beratungsforschung, Wien 1969, S. 27 ff. Zitiert nach Erich Renner: Erziehungs- und Sozialisationsbedingungen türkischer Kinder. Ein Vergleich zwischen Deutschland und der Türkei, Rheinstetten 1975, S.113 ff.

2) Robert F.Spencer: Aspects of Turkish Kinship and Social Structure; in: Anthropological Quarterly, 33, S. 40-50, S. 40; zitiert nach Renner, S. 115.

3) Werner Kündig-Steiner: Die Türkei, Tübingen/Basel 1974, S. 112.

Die Schichten sind streng voneinander getrennt, so daß man zum Teil von einem "Kastenwesen" sprechen kann.
Auf einer eigenen Reise durch die Türkei wurde mir von den Türken immer wieder empfohlen, an die touristisch erschlossenen Gebiete der Mittelmeerküste zu fahren und das weniger entwickelte innere Anatolien zu meiden. Ebenso habe ich des öfteren in Deutschland lebende Türken darüber klagen hören, daß im Fernsehen über ihr Land so oft die "schlechten Seiten" gezeigt würden, anstatt daß über die Schönheiten berichtet wird. Das alles sind Zeichen dafür, daß man sich der Armut schämt. Hinzukommen mag, daß Armut als Zeichen von Trägheit gilt und Reichtum als Belohnung für Fleiß und ehrenhaften Lebenswandel angesehen wird.[1)]

2.1.5. Bedeutung der Rahmenbedingungen in bezug auf die Türken in der Bundesrepublik

Die in der Bundesrepublik lebenden türkischen Arbeitnehmer sind fast ausschließlich den traditionalistischen und transitionellen Gruppen zuzurechnen. Von den in einer Duisburger Untersuchung befragten Türken stammen fast die Hälfte aus Städten - bei ca. 70% Landbevölkerung in der Türkei ein sehr hoher Anteil.[2)] Es ist anzunehmen, daß die meisten von ihnen ehemalige Gecekondubewohner sind, von denen viele schon eine Land-Stadt-Wanderung hinter sich haben. Jedoch kann man die meisten nicht zum Subproletariat des eigenen Landes rechnen. Schrader u.a. schreiben dem Gros der ausländischen Arbeitnehmer in ihrer Heimat eher einen Mittelschichtstatus zu, da sie trotz hoher Arbeitslosigkeit nicht resignieren, sondern Aufstiegswillen und Mobilität beweisen.[3)]
Auch Schrader u.a. bestätigen die Ergebnisse von Mehrländer,[4)] die folgende Aussagen macht: "Die Mehrzahl der Be-

---

1) Ulrich Planck: Die ländliche Türkei. Soziologie und Entwicklungstendenzen, Frankfurt/M. 1972, S. 144. Vgl. auch Mahmut Makal: Mein Dorf in Anatolien, Frankfurt/M. 1971, S. 111.
2) Heiner Holtbrügge: Türkische Familien in der Bundesrepublik. Erziehungsvorstellungen und familiale Rollen- und Autoritätsstruktur, Duisburg 1975, S. 73.
3) Achim Schrader/Bruno W.Nikles/Hartmut M.Griese: Die Zweite Generation. Sozialisation und Akkulturation ausländischer Kinder in der Bundesrepublik, Kronberg 1976, S. 77.
4) Schrader u.a., S. 77.

fragten weist dieselben sozialstatistischen und sozialökonomischen Ausgangsdaten auf. Die meisten ausländischen Arbeitnehmer sind jünger als 45 Jahre ... Die Mehrzahl hat nur die Volksschule und keine weiterführenden oder berufsbildenden Schulen besucht. Drei Viertel der Männer und 30 v.H. der Frauen waren vor ihrer Ausreise im Heimatland berufstätig. Die meisten Männer waren als Bauern, Landarbeiter, ungelernte oder angelernte Arbeiter beschäftigt, während die überwiegende Anzahl der berufstätigen Frauen als Ungelernte einzustufen war."[1)]
Renner geht davon aus, daß 80-90% der türkischen Bevölkerung aufgrund ihrer Berufsgruppenzugehörigkeit zu den traditionalistischen Gruppen gerechnet werden müssen, wobei aber mit dem "Generationswechsel", mit zunehmendem Informationsfluß und mit der Rückwanderung aus Deutschland Tendenzen zur Umorientierung stärker hervortreten.[2)]
In bezug auf das West-Ost-Gefälle ist festzuhalten:
Die Bevölkerung der westlichen Gebiete ist tendenziell eher als transitionell anzusehen, die der östlichen eher traditionalistisch. Für das Stadt-Land-Gefälle wiederum bedeutet das, daß die Stadtbewohner im Osten tendenziell noch der traditionalistischen Gruppe zuzurechnen sind, während die Landbewohner des Westens sich bereits der transitionellen Gruppe annähern.
Da es unmöglich ist, immer alle Nuancen in die Situationsbeschreibung aufzunehmen, werden im folgenden stärker die Extrempunkte berücksichtigt. Bedeutsamer als die Gruppe der Modernen ist in diesem Zusammenhang die traditionalistische Gruppe, auf die darum am stärksten Bezug genommen wird.

---

1) Ursula Mehrländer: Soziale Aspekte der Ausländerbeschäftigung, Schriftenreihe des Forschungsinstituts der Friedrich-Ebert-Stiftung, Bd. 103, Bonn-Bad Godesberg 1974, S. 48.
2) Renner, S. 114, 115.
Unter "traditionell" sind im folgenden überlieferte und den Bräuchen entsprechende Verhaltensweisen zu verstehen, während "traditionalistisch" eine geistige Haltung meint, die bewußt an Überkommenem festhält und allem Neuen skeptisch gegenübersteht.

2.2. Rechtliche Stellung der Frau in der Türkei

2.2.1. Stellung der türkischen Frau in vorislamischer Zeit

Über die Organisation der Familie und den Status der türkischen Frau in vorislamischer Zeit geben hauptsächlich drei Quellen Auskunft.[1)]

- Chinesische Dokumente aus dem 6. Jahrhundert, von Julien ins Französische übersetzt.[2)]
- Sittengesetze der Turkvölker Zentral- und Westasiens, die Ende des 19., Anfang des 20. Jahrhunderts von Grenard und Levchine aufgezeichnet wurden.[3)]
- Rein türkische Dokumente, besonders die Inschriften des Orkon aus dem 8. Jahrhundert, entziffert durch Thomson.[4)]

Aus diesen Quellen läßt sich entnehmen, daß die Sozialstruktur der frühen Turkvölker zwar insgesamt patriarchalisch organisiert war, aber auch starke egalitäre Züge aufwies. Die Frau war ziemlich autonom; sie hatte bisweilen eine beherrschende Stellung, vor allem im familiären, aber auch im sozialen und politischen Bereich inne. Die Kinder wurden früh selbständig. Mit Einsetzen der Geschlechtsreife, etwa im Alter von 10-12 Jahren, hatten sie das Recht, ihren Gemahl zu wählen.[5)] Die Heirat vor der Pubertät war nicht erlaubt. Nie wurden die Kinder gegen ihren Willen verheiratet; die Kontaktaufnahme der zukünftigen Ehepartner geschah allerdings schon damals durch einen Mittelsmann.

---

1) Sabine Dirks: La famille musulmane turque, Paris 1969, S. 17.
2) S. Julien: Documents historiques sur les Tou-Kioue, extrait du Journal Asiatique, Paris 1877; und E.Chavanne: Documents sur les Tou-kiue occidentaux, Paris 1941; zitiert nach Dirks, S. 17.
3) F. Grenard: Mission scientifique en Haute-Asie: le Turkestan et le Tibet, Paris 1898; zitiert nach Dirks, S. 17; A. de Levchine: Déscription des hordes et des steppes de Kirghiz-Kazak, Paris 1940; siehe auch L. Cahun: Introduction à l'histoire de l'Asie, Paris 1896; zitiert nach Dirks, S. 17.
4) W. Thomson: Inscriptions de l'Orkhon déchiffrées, Helsingfors 1895; zitiert nach Dirks, S. 17.
5) Dirks, S. 14.

Akzeptierten die Eltern die Braut das Angebot des Bräutigams bzw. seiner Eltern, dann wurde der erste Teil der Morgengabe (Kalin) - meist in der Form von Vieh - überreicht; damit waren die jungen Leute verlobt.
Nach der Hochzeit zog die Frau zu ihrem Gatten. Sie behielt aber ihren bisherigen Namen und ihren Besitz; außerdem konnte sie sich in der Öffentlichkeit frei bewegen.[1)]
Beide Ehepartner hatten das Recht auf Scheidung, für die man keine besonderen Gründe angeben mußte. Die Bestrafung für moralische und andere Vergehen fiel für beide Geschlechter gleich aus.[2)] Nach einstimmiger Aussage aller Orientalisten kannte das damalige "türkische" Recht nur die Einehe.[3)]
Auch Afetinan betont die Gleichstellung der türkischen Frau in vorislamischer Zeit. Allerdings gibt sie zu bedenken, daß es in vielen alten Völkern Freie und Sklaven gab. Die Sklavinnen besaßen weitaus weniger Rechte als die Frauen der Freien.[4)] Ferner war die Familienorganisation der Seßhaften anders als die der Nomaden. Während es bei den ersteren eher eine geschlechtsspezifische Verteilung der Arbeit gab - die Männer gingen zur Jagd, die Frauen sammelten Früchte bzw. bestellten später die Felder und kümmerten sich um die Kinder[5)] - unterschied sich das Leben der Nomadenfrauen nicht sehr von dem der Männer. Sie waren sogar in der Lage, sich selbst mit Waffen zu verteidigen.[6)]

Dieser kurze Überblick muß notgedrungen sehr vereinfachen.[7)] Er darf nicht darüber hinwegtäuschen, daß es in verschiedenen Punkten Benachteiligungen der Frauen gab, die vor allem mit der patriarchalischen Struktur der Gesellschaft zusammenhingen.[8)] Insgesamt gesehen besaß die Frau der alten

---

1) Nihat Y. Gürpınar: Die Entwicklung des Türkischen Eherechts seit der Rezeption des Schweizerischen Zivilgesetzbuches, Dissertation, Göttingen 1966, S. 4.
2) Dirks, S.14.
3) So Dirks, S. 16 und Gürpınar, S. 3.
4) A. Afetinan: The Emanicaption of the Turkish Woman, Hrsg. UNESCO, 1962, S. 13 ff. (17).
5) Afetinan, S. 11 f.
6) Afetinan, S. 19.
7) Genauere zeitliche, geographische und ethnische Differenzierung siehe Afetinan, S. 11 ff.
8) Afetinan, S. 14 und S. 21 ff.

türkischen Völker aber mehr Freiheiten und Rechte als die vorislamische arabische Frau. Viele dieser Rechte konnten sich in islamischer Zeit erhalten und spielen auch heute noch eine Rolle.[1] Dies wird vor allem deutlich an der hohen Stellung der "alten Dame", der Urgroßmutter oder Großmutter in der türkischen Familie.
Die nationalen Reformer des 19. und 20. Jahrhunderts - wie der Soziologe Ziya Gökalp - knüpften an die alten Traditionen an.[2]
Die Stellung der Frau in der heutigen Türkei wird wesentlich geprägt durch die islamische Tradition. Die in der Türkei lebenden Menschen sind zu über 90% Moslems sunnitischer Richtung. Die religiösen Sitten der Kurden unterscheiden sich zum Teil von den herrschenden Auffassungen, obwohl nur wenige von ihnen der schiitischen Richtung angehören. Außerdem gibt es noch Minderheitengruppen wie christliche Armenier und Syrer, Griechisch-Orthodoxe und Juden.[3]
Da diese Gruppen aber relativ klein sind und sich in bezug auf die zu untersuchende Problematik keine wesentlichen Unterschiede ergeben, finden sie im folgenden keine besondere Beachtung.

2.2.2. Stellung der Frau im Koran

"Der Islam hat unbestreitbar die Stellung der Frau in Arabien entscheidend verbessert. Darin sind sich heute die Fachleute - auch die europäischen - einig." Dies schreibt der Repräsentant des islamischen Weltkongresses in Deutschland Abdullah.[4] Nach seiner Auffassung hat Mohammed ein großes Reformwerk begonnen, das geeignet war, die Frau von der Bevormundung des Mannes zu befreien; nur wurde dieses Werk von keinem seiner Nachfolger vollendet.[5]
Im Gegenteil: Unter dem Einfluß persischer Sitten[6] entwickelten sich Schleierzwang und Absperrung der Frau im

1) Dirks, S.16.
2) Gotthard Jäschke: Die Frauenfrage in der Türkei, in: Saeculum X, 1959, S. 363.
3) Kündig-Steiner, S.93 ff.
4) Muhammad S. Abdullah: Die islamische Frau zwischen Tradition und Emanzipation; in: Mensch,Welt,Staat im Islam, hrsg.v.M.Fitzgerald/A.Th.Khoury/W.Wanzura, Graz/Wien/Köln 1977, S.38.
5) Abdullah, S.32; Mohammed(Muhammad),Begründer des Islam, lebte von etwa 570 bis 632 n.Chr. in Saudi-Arabien.
6) Afetinan, S. 21.

Harem ebenso wie die Polygynie[1] und willkürliche Verstoßung der Frau, Instrumente, die die Frau ihrer Rechte beraubten, ihr die Bewegungsfreiheit nahmen und ihr eine minderwertige Stellung zuordneten. An vielen Stellen läßt sich beweisen, daß dies vom Koran her nicht beabsichtigt war.

In bezug auf den Glauben und die Erlangung des Paradieses macht der Koran keinen Unterschied zwischen Mann und Frau (Sure 9,71 und9,72).[2] Im profanen Leben, im sozialen und gesellschaftlichen Bereich gibt er aber dem Mann eine Vorrangstellung. In Sure 4,34 heißt es:

"Die Männer stehen über den Frauen, weil Gott sie (von Natur vor diesen) ausgezeichnet hat und wegen der Ausgaben, die sie von ihrem Vermögen (als Morgengabe für die Frauen?) gemacht haben. Und die rechtschaffenen Frauen sind (Gott) demütig ergeben und geben acht auf das, was (den Außenstehenden) verborgen ist, weil Gott (darauf) acht gibt. Und wenn ihr fürchtet, daß (irgendwelche) Frauen sich auflehnen, dann vermahnt sie, meidet sie im Ehebett und schlagt sie! Wenn sie euch (daraufhin wieder) gehorchen, dann unternehmt (weiter) nichts gegen sie! Gott ist erhaben und groß."[3]

Es steht aber nirgends im Koran geschrieben, daß die Frau ihr Gesicht mit einem Schleier verhüllen soll, auch wohl nicht in der Sure 33,59, in der es heißt: "Prophet! Sag deinen Gattinnen und Töchtern und den Frauen der Gläubigen, sie sollen (wenn sie austreten) sich etwas von ihrem Gewand (über den Kopf) herunterziehen. So ist es am ehesten gewährleistet, daß sie (als ehrbare Frauen) erkannt und daraufhin nicht belästigt werden."[4] Diese Koranstelle wird so interpretiert, daß hierdurch den Frauen des Propheten aus 'Gründen der Ehre' die Verschleierung vorgeschrieben wird und daß von einer Verschleierung des Gesichtes dabei nicht die Rede sei.[5] Aus der Sure 24,31 läßt

1) Im allgemeinen wird in diesem Zusammenhang immer von Poly"gamie" (Mehrehe) gesprochen; der genauere Ausdruck ist aber Polygynie (Ehe eines Mannes mit mehreren Frauen), da die Polyandrie (Ehe einer Frau mit mehreren Männern) ausgeschlossen war.
2) Der Koran. Übersetzung von Rudi Paret, Stuttgart/Berlin/Köln/Mainz 1966, Sure 9,71 und 9,72, S. 158/159.
3) Der Koran, Sure 4,34; nach Paret, S. 69.
4) Der Koran, Sure 33,59; nach Paret, S. 350.
5) Louis Gardet: Islam, Köln 1968, S. 277; Abdullah, S.39.

sich sogar eher ableiten, daß sich die Verhüllungsvorschrift auf den Oberkörper bezieht.[1] Zur Zeit Mohammeds trugen die Frauen nämlich keinen Schleier, dafür aber viele Tücher, so wie es bei den Beduinenfrauen heute noch üblich ist.[2]
Auch von einer Absperrung der Frau in besonderen Gemächern ist im Koran nicht die Rede, und dies war auch kein Brauch bei den Frauen der jungen moslemischen Gemeinde.
Die Polygynie wurde erlaubt, um Witwen und Waisen nicht ohne Schutz zu lassen, ist aber nicht als religiöses Gebot zu verstehen; sie sollte aber durch strenge Vorschriften eingeschränkt werden. Mohammed erlaubte vier Frauen ausschließlich der Sklavinnen (Sure 4,3); er betonte aber gleichzeitig, daß jede gleich behandelt werden müßte. Schon im 19. Jahrhundert hat der islamische Reformtheologe Abduh (gestorben 1905) daraus geschlossen, daß dies praktisch einer Ablehnung der Polygynie gleichkommt, da die Gleichbehandlung mehrerer Frauen unmöglich ist.[3]
Ähnlich verhält es sich mit der Verstoßung. Auch hierbei sollten die genauen Regeln der Willkür vorbeugen und nach Möglichkeit die Entlassung der Frau verhindern.[4]

Koranstellen wie Sure 4,34 haben aber sicherlich dazu beigetragen, der Unterdrückung der Frau den Weg zu ebnen; patriarchalische Traditionen taten dann ihr übriges. Dennoch sagt Abdullah: "Vom Koran, der Urquelle des Glaubens, und von der sunnat al-Nabiyy, der auf den Propheten zurückgehenden Tradition her, bestehen kaum Schwierigkeiten für durchgreifende Reformen zugunsten der Stellung der moslemischen Frau. Schwierigkeiten wird immer nur die Gesellschaft machen und das sie stützende Gewohnheitsrecht."[5]

Bezogen auf die moslemischen Frauen und Mädchen in der Bundesrepublik führt Abdullah weiter aus: "Weil nun aber das Gesetz des Korans einer Emanzipation, richtiger gesagt, einer gleichberechtigten Integration der Frau in die isla-

---

1) Der Koran, Sure 24,31; nach Paret, S. 289.
2) Monika Weber: Die Stellung der Frau in der traditionellen islamischen Familie Algeriens; Referat, gehalten auf dem Seminar "Frau im Islam", Bendorf Mai 1976.
3) Vgl.Abdullah, S.34 f.Vgl. auch Heribert Busse: Tradition und Akkulturation im islamischen Modernismus; in:Saeculum, Bd.26, 1975, S.164. Ebenso: Lexikon der Islamischen Welt, Bd.2, Stuttgart 1974, S. 193.
4) Vgl.dazu: Der Koran, Sure 65,1 ff.;nach Paret, S.470 ff.
5) Abdullah, S. 52.

mische Gesellschaft nicht entgegensteht, hat die in der Bundesrepublik lebende Moslemin eine doppelte Chance: Die Chance nämlich, sich frei von den Zwängen der traditionellen Umwelt am Koran zu orientieren und damit gleichzeitig zum Motor für die Umwandlung jener traditionellen Gesellschaft zu werden, aus der sie sich durch den Aufenthalt in einer nicht-islamischen Umgebung zeitweilig gelöst hat."[1)]
Dabei muß aber wohl bedacht werden, daß die Chance zwar besteht, daß die Schwierigkeiten sehr groß sind.

2.2.3. Rechtliche Stellung der Frau nach dem geltenden türkischen Gesetz im Vergleich zur islamischen Rechtstradition

2.2.3.1. Der Konflikt zwischen traditionellem und modernem Rechtssystem

Mit der Gründung der türkischen Republik im Jahre 1923 durch Mustafa Kemal Atatürk[2)] begann die Umwandlung des alten osmanischen Reiches in einen modernen, nach europäischem Vorbild ausgerichteten, laizistischen Staat.[3)]

Atatürk betrieb die Trennung zwischen Religion und Staat mit großer Konsequenz. Es war nicht sein Ziel, den Islam als Religion des Volkes zu zerstören, wohl aber, den Islam als Staatsreligion abzuschaffen.[4)]
Am gravierendsten wirkte sich dieses Bemühen im Familienrecht aus,das - allen Reformen in anderen Rechtsbereichen zum Trotz - immer in der Gewalt der religiösen Gerichte (Sharia-Gerichte) geblieben war. Ein Reformversuch im Jahre 1917 war gescheitert; eine weitere Neufassung des türkischen Familienrechts, das die alten islamischen Regeln modifizieren sollte, wurde 1924 von der Großen Türkischen Nationalversammlung abgelehnt. Da alle Versuche mißlangen, ein neues Recht durchzusetzen, das mit dem religiösen in Einklang zu bringen war, wendete man sich von diesem Gedanken ab und rezipierte das Schweizer Zivilgesetzbuch,

1) Abdullah, S. 53.
2) Näheres über Atatürk s. Jäschke, Zeitschrift für Kulturaustausch 2/3 1962, S. 129 ff.
3) Näheres dazu siehe Kurt Steinhaus: Politische und soziale Grundlagen der türkischen Revolution, Dissertation, Marburg 1968.
4) Vgl. dazu die Kritik von Busse, S. 159.

das selbst in der Schweiz erst 14 Jahre in Gebrauch war und als das modernste in Europa galt.
Mit dem Inkrafttreten dieses Gesetzes in leicht modifizierter Form am 4. Oktober 1926 wurde auf eine islamisch-orientalische Kultur ein römisch-germanisches Rechtssystem gepflanzt.
Das Türkische Zivilgesetzbuch (Türk ZGB) enthält u.a. eine völlige Neuordnung des Familien- und Erbrechts. Die dadurch erlangte nahezu gleiche Stellung von Frau und Mann auf zivilrechtlicher Ebene wurde ergänzt durch Verordnungen und Gesetze in anderen Rechtsgebieten. Auf diese Weise sollte die Gleichberechtigung der Frau in allen sozialen und politischen Bereichen durchgesetzt werden. Der von Atatürk eingeschlagene Weg erwies sich aber nur scheinbar als der leichteste.
Da der Islam keine Trennung zwischen Religiösem und Profanem kennt und das religiöse Gesetz alle Lebensbereiche des Menschen regelt[1], läßt sich eine Trennung beider Bereiche schwerlich vollziehen, ohne sich den Vorwurf eines Religionsfeindes einzuhandeln.[2] Noch heute zeigt sich dieser Vorwurf in einem gebrochenen Verhältnis großer Teile der Bevölkerung zum Staat.[3] Im Volk lebt nicht nur der Glaube weiter, sondern auch die alten religiösen Gesetze, die nur zu häufig mit denen des Staates in Konflikt geraten.
Um den sozial-kulturellen Hintergrund der türkischen Frau erfassen zu können, muß man die alten wie die neuen Gesetze kennen und sich bewußt sein, daß sich das tatsächliche Leben irgendwo dazwischen abspielt.

---

1) Adel Th. Khoury: Zum Islamischen Gesellschaftssystem; in: M. Fitzgerald u.a. (Hrsg.), Moslems und Christen - Partner? Graz/Wien/Köln 1976, S. 83; Busse, S. 158.
2) So Busse, S. 159 und Berthold Spuler: Der Islam in der Gegenwart; in: Saeculum Weltgeschichte, Bd. 7, 1975, S. 320-333.
3) Vgl. Smail Balic: Der Islam; in: Christen und Moslems in Deutschland, Hrsg. Ständige Arbeitsgruppe für christlich-islamische Beziehungen und für Kontakte zu anderen Weltreligionen, Essen 1977, S. 39.

2.2.3.2. Rechtsgrundlagen des Islams

Als die vier maßgeblichen Grundlagen des islamischen Rechts werden angesehen:

- Der Koran, das heilige Buch des Islams, das die Offenbarung an den Propheten Mohammed, etwa zwischen 610 und 630 n.Chr., in Mekka und Medina beinhaltet.
- Die Sunna, die mündliche Überlieferung des Lebens und der Worte des Propheten.
  Die Sunna wurde im Laufe der ersten drei Jahrhunderte von Rechtsgelehrten gesammelt und in kritischer Auswahl niedergeschrieben. Diese Niederschriften, die die theologische Diskussion der ersten drei Jahrhunderte widerspiegeln, nennt man "Hadith".
- Der Idjma, die Übereinstimmung der gesamten islamischen Welt in bezug auf einen Gegenstand des Glaubens oder der religiösen Übung. Maßgebend ist die Übereinstimmung der Gelehrten einer Generation oder auch der Oberhäupter der vier sunnitischen Rechtsschulen.
- Die Qias, ursprünglich eine Methode der vier sunnitischen Rechtsschulen, mit der durch Analogieschlüsse zu Koran, Sunna und Idjma Recht gesprochen wurde. Besonders die hanefitische Schule, die die Rechtsgrundlage des osmanischen Reiches bildete, wandte diese, an der ratio orientierte Methode an, wobei sie sich bisweilen stark vom Koran entfernte.[1)]
  Die Qias verselbständigte sich mit der Zeit und wurde zu einem kodifizierten Gewohnheitsrecht.

Alle vier Faktoren zusammen bilden die Grundlage des islamischen Rechts, der Sharia.
Wie schon erwähnt, bilden religiöse und weltliche Gesetze eine Einheit; sie haben nach islamischer Lehre ihren Ursprung in Gott, dem höchsten Gesetzgeber (shari).[2)]

---

1) Vgl.Busse, S. 159; ebenso Steinhaus, S. 118.
Durch dieses Verfahren konnte lokales Recht Anwendung finden; alte Sitten konnten sich erhalten; vgl. auch unter 2.2.1.

2) Zu den Grundlagen des Islamischen Rechts vergleiche: a) Klaus Kreiser/Werner Diem/Hans Georg Majer (Hrsg.): Lexikon der Islamischen Welt, Bd.1-3, Stuttgart/Berlin/Köln/Mainz 1974; b) Albrecht Noth: Zum Verhältnis von Recht und Geschichte im Islam; in: Saeculum, Bd. 26, 1975, S. 341-347; c) Ulrich Haarmann: Die Pflichten des Muslims - Dogma und geschichtliche Wirklichkeit; in: Saeculum, Bd. 26,1, 1975, S. 95-111.

2.2.3.3. Die wichtigsten familienrechtlichen Regelungen im Türk ZGB in Gegenüberstellung zum islamischen Recht[1)]

2.2.3.3.1. Verlobung

Im Islamischen Recht

Anstelle der Verlobung ist es im Islam üblich, daß die Eltern des Bräutigams (oder ein anderer Vermittler) bei den Eltern der Braut um die Hand der Tochter anhalten. Sind die Eltern einverstanden, wird dem Bräutigam das Recht gewährt, die Braut unverschleiert zu sehen; je nach Sitte öffentlich oder heimlich. Oft geht mit der "Verlobung" die Überreichung von Brautgeschenken einher. Aus der "Verlobung" folgen für beide Seiten keine Rechte und Pflichten.

Im Türk ZGB

Die Verlobung nach dem Zivilrecht erfolgt formlos. Niemand darf ohne Wissen und Einwilligung verlobt werden. Der Partner verpflichtet sich zur Treue und späteren Heirat. Das Verlöbnis kann im gegenseitigen Einverständnis gelöst werden. Bricht ein Partner das Verlöbnis, dann kann der andere Schadenersatz fordern.

2.2.3.3.2. Eheschließung

Im Islamischen Recht

Die Eheschließung im islamischen Recht ist ein zivilrechtlicher Vertrag, der zwischen den Vertretern des Bräutigams und der Braut in Anwesenheit von zwei Zeugen unter Aufsicht der Obrigkeit abgeschlossen wird. Die Zeugen müssen normalerweise männlich, volljährig und geistig zurechnungsfähig sein; einer der männlichen Zeugen kann durch zwei Frauen ersetzt werden.[2)]
Häufig fungiert der Imam, der Leiter der islamischen Gemeinde, als Vertreter der Obrigkeit, d.h. des Richters (qadi), der die Rolle des Geschlechtsvormundes (wali) zu übernehmen hat, wenn die Braut keinen eigenen mehr besitzt.

---

1) Soweit nicht durch Anmerkungen anderweitig gekennzeichnet, beziehen sich die Ausführungen über islamisches Recht und Türk ZGB auf Gürpınar, s.o. S.50 FN. 1).

2) Dirks, S. 22.

Damit obliegt ihm die Aufgabe, mit dem Vertreter des Bräutigams über die Morgengabe (mehr, mahr, ṣadaq) zu verhandeln, die die Grundlage des Ehevertrages bildet. Erst in zweiter Linie ist der Imam dazu da, ein religiöses Gebet zu sprechen.[1] Ehehindernisse sind hauptsächlich Verwandtschaftsverhältnisse, aber auch die Religionszugehörigkeit. Während der Mann eine Jüdin oder Christin heiraten darf, verliert die Frau bei der Heirat mit einem Juden oder Christen die Zugehörigkeit zur Moslemgemeinde. Heiden dürfen weder vom Mann noch von der Frau geheiratet werden.[2]

Die Ehefähigkeit beginnt mit der Geschlechtsreife. Beim Mann wurde das Mindestalter auf 15, bei der "Frau" auf 9 Jahre festgesetzt.[3] Die Eheschließung zieht Mündigkeit nach sich.

Trotz dieser schon sehr niedrig liegenden Altersgrenzen wurden manchmal noch jüngere Kinder von den Eltern verheiratet. Da nach hanefitischem Ritus eine Jungfrau nicht zur Ehe gezwungen werden durfte, hatte sie - wie auch ihr Mann - das Recht, nach Erlangung der Pubertät die Ehe auflösen zu lassen, falls sie nicht durch ihren Vater oder Großvater verheiratet wurde; dann fiel auch diese Chance weg.[4] Der Mann ist berechtigt, mehrere Frauen zu heiraten, höchstens jedoch vier. Früher waren ihm zusätzlich seine Sklavinnen erlaubt. In der Türkei war die Polygynie nie weit verbreitet, was in den vorislamischen Sitten eine Ursache findet.

Im Türk ZGB

Bevor eine Ehe geschlossen werden kann, müssen Braut und Bräutigam, persönlich oder in beglaubigter schriftlicher Form, dem Bürgermeister oder seinem Vertreter die Heiratsabsicht unter Vorlage bestimmter Papiere kundtun. Daraufhin wird das Aufgebot am Geburts- und Wohnort von Braut und Bräutigam öffentlich ausgehängt. Erfolgt innerhalb von 14 Tagen kein Einspruch wegen Ehehindernissen, kann die Trauung vollzogen werden.

---

1) Vgl.Gotthard Jäschke: Die Imam-Ehe in der Türkei; in: Die Welt des Islam, N.S. Jg.4, 1956, S. 164-201.
2) Der Koran, Sure 2,221 und Sure 5,5; nach Paret, S. 32 und S. 87. Anmerkung: Hier kann ein Hinderungsgrund für eine Türkin liegen, einen deutschen Freund zu haben.
3) Gürpınar, S. 35.
4) Dirks, S. 22.

Sie muß in der Regel an einem öffentlichen Ort stattfinden. Der Standesbeamte nimmt das Eheversprechen in Gegenwart zweier männlicher oder weiblicher Zeugen ab. Die Brautleute können sich nicht vertreten lassen.
Die Eheschließung muß im Eheregister eingetragen werden, ebenso im Personalausweis, der auch die sonstigen amtlichen Eintragungen enthält.
Eine zusätzliche Trauung durch den Imam ist erlaubt, sie darf aber erst nach der staatlichen Eheschließung stattfinden. Gegen diese Vorschrift wird sehr häufig verstoßen.
Die Ehemündigkeit wurde anfangs auf mindestens 18 Jahre für Männer und mindestens 17 Jahre für Frauen festgelegt. Da diese Regelung den anatolischen Hochzeitssitten widersprach und man das Alter auf Umwegen zu drücken suchte, wurde das Mindestheiratsalter bei Männern auf 17 Jahre, bei Frauen auf 15 Jahre herabgesetzt. In Ausnahmefällen gelten bei Männern 15 Jahre, bei Frauen 14 Jahre als Grenze.
Ein türkischer Jugendlicher wird mit 18 Jahren volljährig. Nur wenn er vorher heiraten will, benötigt er die Einwilligung der Eltern. Die Eheschließung zieht die Mündigkeit nach sich. Um die Ehe schließen zu können, muß außerdem Ehefähigkeit, d.h. Urteilsfähigkeit, vorliegen, und es dürfen keine Ehehindernisse bestehen. Als solche gelten:

- Verwandtschaft
  Hierbei gelten etwa die gleichen Bestimmungen wie im islamischen Recht. Die Heirat zwischen Vetter und Cousine ist erlaubt und wird häufig praktiziert.[1)]
  Eine Ehe zwischen "Milchgeschwistern", also Kindern, die von derselben Frau gestillt wurden, ist verboten.[2)]
- eine bestehende Ehe
- Wartefristen
  Zwischen der Auflösung einer Ehe und der Eingehung einer neuen müssen bestimmte Fristen eingehalten werden.
- Krankheit
  Neben Geisteskrankheiten dürfen auch keine epidemischen Krankheiten vorliegen; ihre Ausbreitung soll verhindert werden.

---

1) Allerdings gibt es auch hierbei genaue Bestimmungen; vgl. Altan Gökalp: Böle, "la soeur aînée"; in: Turcia 7, 1975, S. 65-72.
2) Das ist auch heute noch von großer Bedeutung in der Türkei. Vgl. Bousquet: L'éthique sexuelle de l'Islam, Paris 1966, S. 197 ff.

- Ausbildung auf einer Militärakademie
  Nach dem Militärstrafgesetzbuch dürfen Auszubildende der Militärakademie nicht heiraten; bereits Verheiratete werden nicht aufgenommen. Außerdem darf kein Militärangehöriger eine Person mit unsittlichem Lebenswandel heiraten.
- Ausländer(innen)
  Sie bilden ein Ehehindernis für Militärangehörige und Beamte des auswärtigen Dienstes.

2.2.3.3.3. Rechte und Pflichten in der Ehe

Im Islamischen Recht

- In bezug auf den Mann

Der Mann ist verpflichtet, für den gesamten Unterhalt seiner Frau bzw. seiner Frauen zu sorgen. Jede muß gleich gut behandelt werden. Er darf sie nicht ohne Grund schlagen oder dazu zwingen, für den Unterhalt der Familie zu arbeiten. Ist der Mann nur mit einer Frau verheiratet, dann ist es seine Pflicht, mindestens jede vierte Nacht bei ihr zu verbringen; hat er mehrere, dann muß er bei jeder gleich viele Nächte verbringen. Mindestens alle vier Monate hat die Frau Anspruch auf Geschlechtsverkehr.
Hält der Ehemann seine Pflichten nicht ein, so kann sich die Frau beim qadi beschweren.

- In bezug auf die Frau

Die Frau hat die Kinder zu erziehen, den Haushalt zu führen und dafür zu sorgen, daß das Vermögen der Familie erhalten bleibt. Ohne Erlaubnis des Mannes darf sie aber keine Verträge abschließen. Die Frau muß dem Mann Gehorsam leisten, seine Anordnungen widerspruchslos hinnehmen und alles vermeiden, was den Mann erzürnen könnte.
Sie darf das Haus nicht ohne zwingenden Grund verlassen, normalerweise auch nicht zum Einkaufen, was Sache der Männer ist.[1] Der Besuch von Verwandten im eigenen Haus ist ihr zwar gestattet, kann aber vom Ehemann eingeschränkt werden.
Bei Verletzung ihrer Pflichten darf der Mann sie schlagen und ihr den Unterhalt verweigern.

---

1) Dirks, S. 56.

Im Türk ZGB

Die Ehegatten sind verpflichtet, sich gegenseitig Beistand in jeglicher Hinsicht zu gewähren und die Treue zu halten.

- In bezug auf den Mann

Der Mann ist das Oberhaupt der Familie. Bei Streitigkeiten gilt seine Entscheidung. Er kann grundsätzlich den gemeinsamen Wohnsitz bestimmen. Zum Unterhalt von Frau und Kindern ist er selbst dann verpflichtet, wenn die Scheidung durch Verschulden der Frau erfolgte. Andererseits kann er die Frau verpflichten, zum Unterhalt der Familie beizutragen, oder ihr unter bestimmten Voraussetzungen die Ausübung eines Berufes verbieten.
Der Mann vertritt die Familie in der Öffentlichkeit. Für Schäden, die von einem Mitglied der Familie verursacht werden, muß er aufkommen; bei einem Rechtsstreit vertritt er die Familie.
Alles soll in Ab- und Übereinstimmung mit der Frau geschehen und dem Wohle der Familie dienen.

- In bezug auf die Frau

Mit der Eheschließung erwirbt die Frau den Namen des Mannes. Eine Türkin, die einen Ausländer heiratet, verliert ihre Staatsangehörigkeit nicht, während eine Ausländerin mit Wohnsitz in der Türkei bei einer Heirat mit einem Türken ihre Staatsangehörigkeit verliert; in der Türkei ist also keine Doppelstaatlichkeit möglich.[1)]
Die Frau muß in der Regel an den vom Mann gewählten Wohnort ziehen. Sie ist für den Haushalt verantwortlich und besitzt die Schlüsselgewalt; d.h. sie kann Rechtsgeschäfte und Rechtshandlungen tätigen, die den häuslichen Wirkungskreis betreffen, z.B. Haushaltsgegenstände, Kleider, Ausgaben für Kindererziehung, und die den Mann zur Zahlung verpflichten.[2)] Durch Heirat erlangt eine minderjährige Frau die Volljährigkeit; sie wird also voll geschäftsfähig. Zum Wohle der Familie kann der Mann die Geschäftsfähigkeit der Frau einschränken. Dagegen kann die Frau zwar klagen, aber

---

1) Dies ist im Staatszugehörigkeitsgesetz und nicht im Türk ZGB geregelt; vgl. dazu die Merkblätter für Auslandstätige und Auswanderer, Türkei, Nr.38, 2.Beilage, Ergänzung S. 3, Hrsg. Bundesverwaltungsamt.
2) Vgl. Urhan Narlıoğlu: Spannungen im Verhältnis des türkischen zum deutschen Familienrecht, Dissertation, München 1965, S. 60 ff. (61).

begründet ist eine Klage bei einem Berufsausübungsverbot erst dann, wenn die Frau nachweisen kann, daß ihre Arbeit dem Wohle der Familie dient.
Die Erziehung der Kinder ist gemeinsame Aufgabe beider Ehegatten. Jedoch gibt auch hierbei die Meinung des Mannes im Zweifel den Ausschlag.

2.2.3.3.4. Güterrecht der Ehegatten

Im Islamischen Recht

In der Türkei bestand zu jeder Zeit Gütertrennung. Auch nach islamischem Recht behält die Frau ihr Eigentum nach der Eheschließung. Sie ist nicht verpflichtet, eine Mitgift in die Ehe einzubringen; im Gegenteil, der Bräutigam muß die Kosten für die Aussteuer übernehmen.[1] Der erste Teil der Brautgabe (mehr) wird bei der Eheschließung übergeben, der zweite Teil dient dem Schutz der Frau. Er wird bei einer eventuellen Scheidung oder beim Tod des Mannes der Frau ausgehändigt.

Im Türk ZGB

Im Gegensatz zum Schweizer Zivilgesetzbuch behielt man im Türk ZGB die Gütertrennung bei, es sei denn, die Ehegatten vereinbaren etwas anderes. In bezug auf materielle Güter bleibt die Frau also insoweit unabhängig. Obwohl sie das Recht hat, ihr Vermögen selbst zu verwalten, überläßt sie es meist dem Mann. Während der Mann für die Ausgaben der Familie haften muß, braucht die Frau für die von ihrem Mann eingegangenen Verpflichtungen nicht einzustehen.

2.2.3.3.5. Ehescheidung

Im Islamischen Recht

Eine Beendigung der Ehe tritt unter folgenden Voraussetzungen ein:[2]

a) Zwangsläufig durch Tod oder durch Abfall eines Ehegatten vom Islam.
b) Bei fehlerhaften Ehen durch einfache Lossagung oder

---

1) Irrtümlich oft als Kaufpreis angesehen; Gürpınar, S. 115.
2) Vgl. Abdullah, S. 37.

durch richterliche Aufhebung.
c) Durch richterliche Aufhebung auf Antrag der Frau, wenn der Ehemann jahrelang unbekannt ausbleibt[1], seine Unterhaltspflicht verletzt, zu einer langjährigen Freiheitsstrafe verurteilt wurde, impotent, geisteskrank oder von Aussatz oder einer schweren Geschlechtskrankheit befallen ist, oder wenn er grausam zu seiner Frau ist.
Hierbei muß angemerkt werden, daß die Rechtsschulen in diesen Fragen durchaus divergieren.
Auf Antrag des Mannes kann eine Ehe auch aufgehoben werden, wenn er beschwört, seine Frau habe Ehebruch begangen, und die Frau das Gegenteil beschwört.
Ebenso kann die Ehe auf beiderseitiges Einverständnis hin beendet werden.
d) Bei einseitiger Verstoßung (taláq) durch den Ehemann.[2]
Man unterscheidet die widerrufliche und die unwiderrufliche Verstoßungsformel. Im ersten Fall kann die Frau nach drei Menstruationen wieder aufgenommen werden; sie hebt also die eheliche Gemeinschaft nicht auf. Wird die unwiderrufliche Verstoßung nur ein- oder zweimal ausgesprochen, dann kann der Ehevertrag in Gegenwart von zwei Zeugen wieder erneuert werden. Wird sie jedoch dreimal wiederholt, so ist eine Fortsetzung der Ehe nur dann möglich, wenn die Frau zwischenzeitlich einen anderen Mann geheiratet hatte und diese Ehe wieder geschieden wurde. Diese Regelung sollte vor leichtfertigem Umgang mit dem Verstoßungsrecht schützen.

Als wichtige Folgen der Scheidung ergeben sich:
Die geschiedene Frau behält ihr Eigentum. Außerdem muß sie vom Mann angemessen versorgt werden. Sie bekommt das Scheidungsgeld, den zweiten Teil der 'mehr' ausbezahlt.
Die Kinder gehören nach schiitischer Lehre immer, nach anderen Lehren meistens dem Mann. Bei einer abweichenden Regelung kann die Frau die Söhne höchstens bis zum 7. Lebensjahr, die Töchter bis zur ersten Menstruation behalten.

---

1) Das kann bei einem Türken, der als Gastarbeiter im Ausland arbeitet, leicht vorkommen.
2) Vgl. zur taláq auch Gürpınar, S. 121 f.

Im Türk ZGB

Beide Eheleute sind in gleicher Weise berechtigt, die Scheidung zu beantragen, wenn ein gesetzlich anerkannter Scheidungsgrund vorliegt. Ein solcher Grund liegt vor bei Ehebruch, Nachstellung hinsichtlich des Lebens, Mißhandlung und Ehrkränkung, Verbrechen und unehrenhaftem Lebenswandel, Verlassung, Geisteskrankheit und Zerrüttung des ehelichen Verhältnisses. Das letztere ist der häufigste Scheidungsgrund.

Während ein Ehebruch seitens der Frau schon bei einmaligem Beischlaf mit einem anderen Mann vorliegt, gilt dies für den Mann erst, wenn er mit einer anderen Frau in eheähnlicher Verbindung zusammenlebt.

Bei der Verlassung kann ein Ehegatte auf Scheidung klagen, wenn der andere drei Monate ohne ersichtlichen Grund vom ehelichen Wohnsitz abwesend ist und der Partner ihn einen Monat zuvor durch den Richter aufgefordert hat zurückzukehren.

Wichtige Folgen der Scheidung:

Die eheliche Gemeinschaft wird aufgelöst,und es erlöschen alle Rechte und Pflichten, u.a. auch das Erbrecht.

Ein schuldlos Geschiedener kann bei Bedürftigkeit zwar Unterhaltszahlungen verlangen, dies jedoch höchstens für ein Jahr.[1)]

Nach 300 Tagen Wartefrist und/oder ein-bis zweijähriger Straffrist für Mann und Frau dürfen die Geschiedenen wieder heiraten.

Die Frau nimmt nach der Scheidung ihren früheren Namen wieder an. Ausländerinnen verlieren die türkische Staatsangehörigkeit nur auf Antrag. Die Kinder können dem Mann oder der Frau zugesprochen werden; das Wohl des Kindes muß bei der Entscheidung im Vordergrund stehen. Es ist möglich, daß zunächst der Mutter die elterliche Gewalt übertragen wird und nach Erreichen eines bestimmten Alters - meist des 7. Lebensjahres - dem Vater.[2)]

---

1) Das kann sich vor allem für die Frau katastrophal auswirken; viele sind praktisch gezwungen, schnell wieder zu heiraten. Früher konnten sie in ihre alte Familie zurückkehren; bei nachlassenden Familienbindungen wird das schwieriger.

2) Bundesverwaltungsamt (Hrsg.): Merkblätter für Auslandstätige und Auswanderer, Nr.38, 2. Beilage, Türkei. Stellung der Frau in Ehe und Öffentlichkeit, S. 3.

2.2.3.4. Sonstige Neuregelungen zur Verbesserung der Stellung der Frau

2.2.3.4.1. Erbrecht

Nach islamischem Recht erbt ein Mädchen nur die Hälfte von dem, was einem Sohn zusteht.
Nach geltendem türkischen Recht haben Mädchen wie Jungen gleiche Erbansprüche.[1)]

2.2.3.4.2. Prozeßfähigkeit

Nach islamischem Recht ist die Frau nicht voll prozeßfähig. Ihre Aussage gilt nur halb so viel wie die eines Mannes.
Nach geltendem türkischen Recht ist die Frau voll prozeßfähig.

2.2.3.4.3. Wahlrecht

Bis zur Gründung der Republik besaßen die Frauen keine politischen Rechte.
Seit 1930 besitzen die türkischen Frauen das kommunale Wahlrecht; 1934 wurde ihnen das aktive und passive Wahlrecht für das Parlament gewährt.[2)]

2.2.3.4.4. Recht auf Ausbildung und Beraufsausübung

Seit 1870 werden Mädchen zu den Volksschulen zugelassen. 1908 kamen die Mittelschulen hinzu. 1915 wurde den Mädchen das Recht eingeräumt, auf der Universität zu studieren. Seither steht den Frauen in der Türkei juristisch gesehen jeder Beruf offen.[3)]

2.2.4. Schlußfolgerung

Die rechtliche Stellung der Frau hat sich durch die Reformen Atatürks schlagartig enorm verbessert.
Wenn man den Kritikern glauben darf, war die Veränderung zu stark und vor allem zu abrupt.[4)]

---

1) Der Koran, Sure 4,11; nach Paret S. 65; und Afetinan, S. 55.
2) Näheres Afetinan, S. 57 f.
3) Ilhan Küçüközkan: Die Frau im Islam; Referat, gehalten auf dem Seminar "Frau im Islam", Bendorf Mai 1976, S. 6.
4) Z.B. Afetinan, S. 50; Küçüközkan, S. 5; Bozbag, A.F.: Das kemalistische Entwicklungsmodell und seine Bedeutung für die politische, wirtschaftliche und soziokulturelle Entwicklung der Türkei, Dissertation, Frankfurt/M. 1970.

Dennoch kann man nicht - wie dies die meisten Autoren tun[1] - von einer völligen Gleichberechtigung von Mann und Frau vor dem Gesetz sprechen.

2.3. Faktische Stellung der Frauen und Mädchen in der Türkei

2.3.1. Sozialisation außerhalb der Familie

2.3.1.1. Schulausbildung der Mädchen

2.3.1.1.1. Das türkische Bildungssystem

Das türkische Bildungssystem gliedert sich in vier Ausbildungsabschnitte, von denen der erste fünf, die beiden folgenden drei - in Ausnahmen vier - Jahre umfassen. Daran kann sich ein Hochschulstudium anschließen.
Die fünfjährige Grundschule ist obligatorisch für alle Kinder ab dem vollendeten 6. Lebensjahr. Nur in den Großstädten gibt es in geringem Ausmaß die Möglichkeit zum Besuch einer Vorschule.
An die bestandene Grundschulabschlußprüfung schließt sich eine dreijährige Mittelschulausbildung an. Sie kann auf einer allgemeinbildenden oder berufsbildenden Mittelschule absolviert werden. Die weitere Ausbildung erfolgt auf einem Gymnasium oder - meistens nach dem Besuch einer berufsbildenden Mittelschule - auf einer berufsbildenden höheren Schule in der gleichen Fachrichtung. Das allgemeinbildende Gymnasium endet mit einer Abschlußprüfung, die Voraussetzung für das Studium an einer Hochschule, Akademie oder Universität ist.
Für das Universitätsstudium ist eine zusätzliche Aufnahmeprüfung erforderlich, die nur von wenigen bestanden wird, da die Aufnahmekapazitäten gering sind.
Zur Zeit steht ein neues Bildungssystem in der Erprobungsphase, das stärkeres Gewicht auf die Berufsausbildung legt. Die bisherige erste Phase des Mittelschulbereichs soll der Grundschule angegliedert werden. Bis 1995 will man erreichen, daß 75% aller Kinder eine 8jährige Schulausbildung erhalten.[2]

---

1) Z.B. Steinhaus, S. 119.
2) Nükhet Cimilli: Das Schul- und Bildungssystem in der Türkei; in: Deutsch für Ausländer, AV information/DA, 3. Jg. 1974, Heft 4, S. 16-18.

2.3.1.1.2. Grundschulausbildung

Bis jetzt ist die Türkei noch weit von der Beseitigung des Analphabetentums entfernt. 1970 waren 43,79% aller Personen ab 6 Jahre Analphabeten. Der Anteil der Männer lag bei knapp 30%, bei den Frauen betrug er fast 60%.[1]
Da der Ausbau des Bildungswesens proportional zum Bevölkerungswachstum langsamer verläuft, steigt die absolute Zahl der Analphabeten sogar leicht an.[2]
Die Schulausbildung eignet sich besonders gut zur Demonstration des West-Ost-Gegensatzes, des Stadt-Land-Gefälles und der enormen Benachteiligung der Mädchen. Die folgenden Tabellen beziehen sich alle auf das Jahr 1970. Mit "Städten" werden Orte ab 10 000 Einwohner bezeichnet; mit "Dörfern" sind in diesem Fall alle Orte mit weniger als 10 000 Einwohner gemeint.

Tabelle 1: Alphabetisierungsgrad der Kinder von 6 bis 10 Jahren (Grundschulalter) nach Geschlecht (Angaben in %)

	Jungen	Mädchen
Alphabeten	56,23	46,60
Analphabeten	43,77	53,40
Insgesamt	100	100

Quelle: Genel Nüfus Sayımı, S. 96 f.

Im Jahre 1970 haben also nur etwas mehr als die Hälfte aller Jungen eine Grundschule besucht; die Mädchen liegen sogar unter 50%. Der Unterschied zwischen Jungen und Mädchen beträgt im Landesdurchschnitt 10%.

---

1) Genel Nüfus Sayımı (Census of Population - Volkszählung) Nüfusun sosyal ve ekonomik nitelikleri (Social and Economic Characteristics of population), Hrsg. Başbakanlık Devlet Istatistik Enstitüsü (Republik of Turkey Prime Ministry State Institute of Statistics, 25.10.1970, Ankara 1977, S. 98. Diese Zahlen wurden erst jetzt veröffentlicht. Neuere sind nur vereinzelt und auf türkisch zu erhalten.
2) Akpınar, S. 74.

Tabelle 2: Alphabetisierungsgrad der Kinder von 6 bis 10 Jahren nach Wohnortgröße und Geschlecht (Angaben in %)

	Jungen	Mädchen
Stadt	67,94	62,19
Dorf	51,18	40,07

Quelle: Genel Nüfus Sayımı, S. 98 f.

Der Anteil der Stadtkinder mit Grundschulausbildung liegt erheblich höher als der der Dorfkinder. Der Unterschied ist bei den Mädchen fast doppelt so groß wie bei den Jungen. Die Differenz zwischen Stadtmädchen und Stadtjungen ist geringer als zwischen Dorfmädchen und Dorfjungen.

Tabelle 3: Alphabetisierungsgrad der Bevölkerung ab 6 Jahren nach Provinzen (Angaben in %) von Westen nach Osten

	männlich	weiblich
Istanbul	87,37	69,93
Izmir	81,19	60,61
Ankara	82,95	58,35
Konya	72,78	44,45
Samsun	64,56	32,44
Trabzon	71,22	27,72
Ağri	49,91	13,21
Adiyaman	46,00	12,60
Hakkári	35,55	7,79

Quelle: Genel Nüfus Sayımı, S. 102.

Diese Statistik ist leider nicht nach Altersgruppen untergliedert, sondern bezieht sich auf alle Einwohner ab 6 Jahren. Der Alphabetisierungsgrad der 6- bis 10jährigen dürfte insgesamt etwas höher liegen; prinzipiell ändert sich am Verhältnis jedoch nichts.
Die Tabelle 3 zeigt sehr deutlich die Abstufung in bezug auf entwickelte, mäßig entwickelte und wenig entwickelte Regionen. Der Alphabetisierungsgrad nimmt - mit Ausnahme von Trabzon bei männlichen Einwohnern - ständig ab. Außerdem vergrößert sich das Mißverhältnis zwischen Männern und Frauen kontinuierlich. Vor allem im dünnbesiedelten - meist von kurdischen Nomaden und Kleinbauern bewohnten - äußersten Südosten gibt es nur eine verschwindend kleine Anzahl von Mädchen, die Gelegenheit haben, eine Schule zu besuchen.

Betrachtet man alle drei Tabellen zusammen, so ergibt sich: Während die Mädchen im entwickelten Westen nur geringfügig hinter den Jungen rangieren, verschlechtert sich das Verhältnis in bezug auf die Bildung in den mäßig entwickelten Gebieten und klafft in den unterentwickelten Regionen weit auseinander. Die Benachteiligung der Frau hinsichtlich des Bildungsstandes potenziert sich also.

Wie schwer es mancherorts ist, die Zahl der Analphabeten zu verringern und vor allem die Eltern dazu zu bewegen, die Mädchen zur Schule zu schicken, schildert Makal, der in den fünfziger Jahren als Dorfschullehrer im zentralanatolischen Hochland tätig war.[1] In sehr grellen Farben zeichnet er die Mißstände und das Leben im Elend in den anatolischen Dörfern. Die staatliche Schule, deren Ausstattung mehr als kümmerlich ist, wird von den meisten Dorfbewohnern als Schule der Ungläubigen bezeichnet, von der man sich keinerlei Nutzen verspricht. Vor allem die Mädchen werden von der Schule ferngehalten. Erstens traut man ihnen keine Lernfähigkeit zu, und zweitens wird bei ihnen die Notwendigkeit, Lesen und Schreiben zu lernen, noch weniger eingesehen als bei Jungen, da Mädchen ganz andere Aufgaben im Leben haben: Haus- und Feldarbeit und Betreuung der kleinen Geschwister. Großer Wert wird nur auf die religiöse Grunderziehung gelegt.

Die "Mahalle-Schule", eine religiöse Einrichtung, in der ein Hodscha (ein geistlicher Lehrer) die Kinder Gebete (vor allem Koransuren in arabischer Sprache) lehrt, hat im Grunde nie aufgehört zu existieren, obwohl sie unter Atatürk verboten worden war. Durch das Religionsgesetz von 1928 schaffte Atatürk die Basis für die Abschaffung der Koranschulen und des Religionsunterrichts, was auch in den ersten Jahren der jungen Republik durchgeführt wurde. Seit 1952 wird wieder an den Grundschulen islamischer Religionsunterricht erteilt; die Mittelschulen folgten 1956 und 1967 die Oberschulen. Daneben wurde auch der traditionelle Koranunterricht wieder eingeführt. Er wird vom Amt für geistliche Angelegenheiten und dem Erziehungsministerium überwacht. Außerdem werden noch nicht-genehmigte

---

1) Mahmut Makal: Mein Dorf in Anatolien. Ein Bericht, Insel Verlag, Frankfurt/M. 1971.

Korankurse durchgeführt, und zwar von den verschiedenen islamischen Bruderschaften, vor allem von der Nurculuk-Bewegung, die von dem Gelehrten Said Nursi (1873-1960) gegründet wurde und seit 1952 eine rege Aktivität entwickelt hat. Die Nurculuk betreibt auch die meisten Koranschulen in der Bundesrepublik Deutschland. Bei der Nurculuk-Bewegung handelt es sich um eine extrem konservative Richtung des orthodoxen Islams, die ihn in die Zeit der früh-islamischen Kalifen (632-661 n.Chr.) zurückführen möchte. Die Bewegung steht allen reformerischen Tendenzen daher ablehnend gegenüber. Sie ist in der Türkei verboten.[1)]
Von einem Besuch in einer Koranschule, in die vor allem die Mädchen geschickt werden und die in Konkurrenz zur staatlichen Schule steht, berichtet Makal:
"Drinnen waren siebzig bis achtzig Kinder. Sie saßen auf Schafsfellen und pufften einander, lachten und schrien. Zwei von den Mädchen hielten Säuglinge auf dem Schoß. Beim Auswendiglernen der Gebete schaukelten sie die Babys. Die Mädchen werden hierher geschickt, doch nicht zu uns (in die staatliche Schule; Anm.d.Verf.). Insgesamt haben wir nur vier Mädchen einschreiben können."[2)]
Die Popularität der Korankurse nimmt ständig zu. Ebenso stiegen die Schülerzahlen in den seit 1951 existierenden Vorbeter- und Predigerschulen und in den darauf aufbauenden Höheren Islam Instituten viel schneller als die Zahl der Berufsschüler. Mädchen kommen allerdings nur selten über die Grundausbildung hinaus. Akpınar nennt dafür folgende Gründe: Für viele Schüler sind die Predigerschulen leichter erreichbar und leichter finanzierbar als profane weiterführende Schulen in den Städten. Außerdem kommen sie der Mentalität der Bevölkerung entgegen, während die Lehrinhalte der staatlichen Schulen, die von amerikanischen Wissenschaftlern ausgearbeitet worden sind, völlig am Leben des Volkes vorbeigehen.[3)]

---

1) Vgl.Evangelischer Pressedienst: In der Koranschule Hiebe vom Hodscha. Dokumentation, Frankfurt/M. 22.8.1977, S.6 f. Arbeiterwohlfahrt Bundesverband e.V.: Koranschulen in der Bundesrepublik. Eine Dokumentation, unveröffentlichtes Manuskript, S.5.

2) Makal, S.144.
3) Akpınar, S.72 und S. 55 f. Zu den Inhalten der türkischen Lehrpläne vgl. Andreas M.Kazamias: Education and the Quest for Modernity in Turkey, Chicago 1966, S. 140-145; und Renner, S. 125 ff.

Akpınar widerspricht den Darstellungen Makals, wenn er behauptet, Korankurse seien auf den Dörfern selten und würden zudem fast nur von Kindern der dörflichen Mittel- und Oberschicht besucht, da die Unterschichtfamilien den Besuch der Grundschule für wichtiger hielten.[1)]
Welche Bildungswünsche Bauernfamilien für ihre Söhne und Töchter angeben, zeigt die folgende Übersicht:

Tabelle 4: Erwünschte Schulausbildung für Kinder aus Bauernfamilien (in %)

erwünschte Ausbildung	für Töchter	für Söhne
keine Schulausbildung	8,1	0,3
Grundschule	34,3	3,1
Mittelschule	7,3	3,7
Gymnasium	4,1	5,1
Lehrerschule	10,1	6,5
Berufsschule	2,2	1,1
Hochschulstudium	28,7	74,1
ich weiß nicht	4,9	6,1
keine Antwort	0,2	0,7

Quelle: T.C. Başbakanlık Devlet Planlama Teşkilatı (Hrsg.Staatliches Planungsamt des Ministerpräsidenten der Türkischen Republik): Türk Köyünde Modernleşme Eğilimleri Arastırması (Untersuchung zu den Modernisierungstendenzen im türkischen Dorf), Ankara 1970, S. 179; zitiert nach Akpinar S. 39.

Nach dieser Statistik ist der Wunsch nach Schulbildung außerordentlich groß; zwar für die Töchter erheblich niedriger als für die Söhne, aber es halten nur 8,1% der Bauernfamilien eine Schulausbildung für überflüssig.
Die Erwartungen bezüglich eines Hochschulstudiums liegen ausgesprochen hoch im Vergleich zu den Realisierungschancen.
Abweichungen der Bildungswünsche für Kinder der städtischen Unterschichtfamilien zeigt die folgende Aufstellung:

---

1) Akpınar, S. 40.

Tabelle 5: Erwünschte Schulbildung für Kinder aus städtischen Unterschichtfamilien (in %)

erwünschte Ausbildung	für Töchter	für Söhne
keine	3,2	0,2
Grundschule	25,6	1,1
Mittelschule	7,0	0,4
Gymnasium	5,4	1,8
Techn. oder berufsbild. Schule	5,6	3,5
Hochschule/Universität	47,2	84,1
anderes	3,0	6,1
keine Antwort	2,5	2,3

Quelle: Emre Kongar: Altındağ'da Kentle Bütünlesme (Städtische Integration in Altındağ), in: Amme Idaresi Dergisi (Zeitschrift für Öffentlichkeitsverwaltung), Ankara 1973, Nr. 3, S. 129; zitiert nach Akpınar, S. 43.

Der Wunsch, den Kindern eine Schulausbildung zukommen zu lassen, liegt bei den Stadtbewohnern erheblich höher, sowohl auf die Söhne wie auf die Töchter bezogen. Ein Hochschulstudium wird noch stärker bevorzugt als auf dem Land, während die mittlere Bildung in beiden Fällen schlecht abschneidet. Die gehobenen Erwartungen der Stadtbewohner gegenüber den Bauern mögen auch damit zu erklären sein, daß eine Ausbildung in der Stadt zur Existenzgrundlage gehört; hingegen ist ein Bauer nicht unbedingt auf Schreib- und Lesekenntnisse angewiesen. Außerdem sind die Chancen zum Besuch einer Schule in der Stadt größer.

2.3.1.1.3. Weiterführende Schulen und Berufsbildung für Mädchen

Im Schuljahr 1970/71 gab es in der Türkei 1 848 allgemeinbildende Mittelschulen verschiedener Art. Die Tabelle 6 führt die absolute Zahl der Schüler und Lehrer auf.

Der Unterschied zwischen dem Anteil der Jungen und der Mädchen ist eklatant, abgesehen von dem Verhältnis in privaten Mittelschulen. Dort reicht die Zahl der Mädchen fast an die der Jungen heran, und die Zahl der Lehrerinnen übersteigt die ihrer männlichen Kollegen sogar beträchtlich. Das Verhältnis Lehrer - Schüler ist an den privaten

Tabelle 6: Verteilung der Schüler- und Lehrerzahl nach Geschlecht und Mittelschulart (absolut)

Art	Anzahl der Schüler männl.	Anzahl der Schüler weibl.	Anzahl der Lehrer männl.	Anzahl der Lehrer weibl.
Staatl. MS	566 676	205 718	13 247	6 965
MS in staatl. Colleges	3 027	859	118	56
Abend-MS	8 968	542	98	3
MS in Gebietsschulen	643	26	19	7
MS für Blinde u.Taubstumme	71	19	15	9
Private MS	14 030	10 367	693	1 071

Quelle: Milli Eğitim Hareketleri 1942-1972 (Entwicklung der Nationalen Erziehung 1942-1972), Ankara 1973, S. 25; zitiert nach Akpınar, S. 58.

Mittelschulen ebenfalls viel günstiger als an den staatlichen. Die gleichen Ergebnisse zeigt die Statistik über Gymnasien, nur liegt hier die Gesamtschülerzahl erheblich niedriger. An 542 Schulen wurden im Schuljahr 1971/72 192 330 Jungen und 79 570 Mädchen unterrichtet.[1] Bei einer Differenzierung nach Regionen ergibt sich das schon mehrfach erwähnte Gefälle. In den Mittelschulen werden Jungen und Mädchen meist gemeinsam unterrichtet; aber auch in getrennten Klassen absolvieren sie denselben Lehrstoff.[2]

Anders verhält es sich bei berufsbildenden Schulen. Im Schuljahr 1971/72 gab es in der Türkei 174 mittlere Gewerbeschulen[3], auf denen nur Mädchen ausgebildet werden. Der Unterrichtsplan weicht nicht wesentlich von dem der Mittelschulen ab; es wird aber ein besonderes Gewicht auf Haus- und Handarbeit gelegt. An diese Ausbildung schließt sich das Gewerbe-Mädchen-Institut an, das auch nach Abschluß der allgemeinbildenden Mittelschule besucht werden kann. Der Ausbildungsschwerpunkt liegt bei Hauswirtschaft, Kinder- und Säuglingspflege. Im Schuljahr 1971/72 wurden die 148 Gewerbe-Mädchen-Institute von

1) Akpınar, S. 65.
2) Akpınar, S. 59.
3) Diese und die folgenden Zahlen sind entnommen aus: Akpınar, S. 61-64.

13 683 Schülerinnen besucht. Auf den Gewerbe-Jungen-Instituten wurden 827 Mädchen unterrichtet. Diese erlernten also Berufe, die früher den Jungen vorbehalten waren und auch heute noch von ihnen beherrscht werden.
An Gesundheitsschulen, die auf den allgemeinbildenden Mittelschulen aufbauen, erlernten 7 044 Mädchen die Berufe Krankenschwester, Laborantin, Hebamme und Gesundheitsbeamtin. Den Schulzweig Haushaltung in einer der vier Landwirtschaftsschulen besuchten 322 Mädchen.
An einer der 87 Fachhochschulen waren 17 097 Mädchen eingeschrieben, die meisten davon an Wirtschafts- und Handelsakademien, gefolgt von Apothekerschulen, Erziehungsinstituten und Technikerschulen.

Sowohl die Zahl der Berufsschulen als auch ihrer Absolventen ist für den Bedarf der Türkei an Fachkräften viel zu gering. Im Schuljahr 1970/71 besuchten nur 3,9% aller Grundschulabsolventen eine berufsbildende Mittelschule. Im Schuljahr 1971/72 wurden 7,4% der 16- bis 18jährigen an berufsbildenden Schulen unterrichtet. Hinzu kommt, daß von den wenigen Mädchen, die die genannten Schulen besuchen, ein großer Teil den Beruf wahrscheinlich gar nicht oder nur kurze Zeit ausübt.

2.3.1.2. Berufliche Tätigkeit von Frauen und Mädchen

Wie wenig es bisher gelungen ist, die Frauen und Mädchen in der Türkei in die Arbeitswelt der Männer zu integrieren, zeigt eine Durchsicht der Zahlen, die vom Staatlichen Institut für Statistik in Ankara für das Jahr 1970 herausgegeben wurden. Nach diesen Angaben waren zum Zeitpunkt der Untersuchung 50,25% der türkischen Frauen ab 12 Jahren berufstätig.
Aufgeschlüsselt nach Stadt- und Landbevölkerung ergeben sich erstaunliche Differenzen. Während auf dem Land 72,34% aller Frauen als berufstätiggelten, beträgt der Anteil der berufstätigen Frauen in den Städten nur 10,84%.
Woran das liegt, läßt sich aus der Statistik (s. Tabelle 7) entnehmen:

Tabelle 7: Berufstätigkeit der weiblichen Bevölkerung ab 12 Jahren nach sozioökonomischem Status und Berufssparten, Türkei 1970 (absolute Zahlen)

Berufssparte	Total	Selbständige	Angestellte	bezahlte Arb.	unbez. Arb. im Familienbetrieb
Total	5 812 545	11 786	595 103	385 419	4 820 237
Wissenschaftl.,techn. u. künstler.Berufe	139 692	829	123 826	5 672	9 365
Stellungen in der Administration	4 913	28	4 728	6	151
Bürotätigkeit	72 962	7	72 955	-	-
Kaufmännische Berufe (Händler etc.)	16 940	606	7 414	8 453	467
Dienstleistungsberufe	47 200	3 139	39 940	3 267	854
Land- und forstwirtschaftliche Berufe	5 152 634	3 117	182 927	234 070	4 732 520
Produktionsbereich (Handwerker,Arbeiter)	261 838	956	88 009	123 240	49 633
Anderes	116 366	3 104	75 304	10 711	27 247

Quelle: Genel Nüfus Sayımı, Ankara 1977, S. 154 f.

Aus den absoluten Zahlen ergeben sich folgende Prozentwerte:
In der Land- und Forstwirtschaft arbeiten 88,65% aller berufstätigen Frauen; auf alle anderen Bereiche entfallen insgesamt nur 11,35%. Von den in der Landwirtschaft tätigen Frauen arbeiten 91,85% als unbezahlte Kraft im Familienbetrieb; bei den Männern sind es 38,47%.
Bezogen auf alle Berufssparten arbeiten 82,93% aller berufstätigen Frauen unbezahlt im Familienbetrieb.
Es zeigt sich somit deutlich, daß der weitaus größte Teil der Frauen über kein selbstverdientes Geld verfügt, was für den sozialen Status von großer Bedeutung ist.

Bei der Aufschlüsselung nach der Schulbildung der berufstätigen Frauen ergibt sich eine Verteilung gemäß Tabelle 8 auf Seite 77.

Nach dem bisher Gesagten verwundert es nicht, daß die meisten berufstätigen Frauen Analphabeten sind, nämlich 69,43%; von diesen arbeitet wiederum der größte Anteil in der Landwirtschaft. Die nächstgrößere Gruppe bilden die Grundschulabsolventen mit 19,56 %; ohne Schulabschluß sind 6,4% der berufstätigen Frauen und Mädchen. Die übrigen Gruppen liegen unter 1% oder kommen nicht wesentlich darüber hinaus.

Tabelle 8: Berufstätigkeit der weiblichen Bevölkerung ab 12 Jahre nach Bildungsstand und Berufssparten - Türkei 1970 (absolute Zahlen)

Berufssparte	Total	Analphab.	ohne Abschl.	Grundschule	Mittelschule	MS-Niveau	Gymnas.	Gymn.-Niveau	Hochschulbildung	Schulbild. unbekannt
Wissenschaftl., techn.u.künstl. Berufe	139 692	18 850	3 533	11 923	7 941	2 590	12 909	49 495	27 394	5 057
Stellungen i.d. Administration	4 913	1 149	328	840	425	24	555	256	946	363
Bürotätigkeit	72 962	1 120	1 100	10 855	22 415	455	22 377	8 356	3 948	2 336
Kaufmänn.Berufe (Händler etc.)	16 940	3 472	1 834	7 317	1 735	40	990	357	312	883
Dienstleistungsberufe	47 200	23 000	5 078	15 186	1 175	43	589	206	272	1 651
Land-und forstwirtschaftl. Berufe	5 152 634	3 844 239	325 463	927 952	4 736	262	3 445	660	15 005	30 872
Produktionsbereich (Handwerker, Arb.)	216 838	94 122	23 898	126 032	5 995	911	1 516	4 429	620	4 315
Anderes	116 366	49 516	10 687	36 661	2 546	221	1 416	954	2 210	12 155
Total	5 812 545	4 035 468	371 921	1 136 766	46 995	4 546	43 797	64 713	50 707	57 632

Quelle: Genel Nüfus Sayımı, Ankara 1977, S. 151 f.

Die folgenden Tabellen zeigen die ökonomischen Aktivitäten der Frauen und Mädchen, differenziert nach Städten, Dörfern und Altersgruppen.

Tabelle 9: Ökonomische Aktivitäten der weiblichen Bevölkerung ab 12 Jahren in Orten ab 10 000 Einwohner nach Alter (absolut und in %)

Alter	Weibl.Einwohner	Berufstätige	%
Total	4 156 307	450 644	10,84
12-14	410 000	22 406	5,46
15-19	631 516	81 421	12,89
20-24	524 671	86 193	16,43
25-29	432 114	60 135	13,92
30-34	424 355	47 200	11,12
35-39	402 025	42 389	10,54
40-44	329 924	33 319	10,10
45-49	213 600	24 412	11,43
50-54	169 824	16 292	9,59
.			
.			
ab 65	291 722	10 818	3,71

Quelle: Genel Nüfus Sayımı, Ankara 1977, S. 170 ff.

Tabelle 10: Ökonomische Betätigung der weiblichen Bevölkerung ab 12 Jahren in Orten unter 10 000 Einwohner nach Alter (absolut und in %)

Alter	Weibl.Einwohner	Berufstätige	%
Total	7 411 726	5 361 901	72,34
12-14	803 724	523 669	65,16
15-19	1 138 725	881 683	77,43
20-24	830 486	633 231	76,25
25-29	721 530	538 058	74,57
30-34	741 040	541 307	73,05
35-39	694 949	527 192	75,86
40-44	569 795	444 171	77,95
45-49	350 405	273 782	78,13
50-54	346 374	260 178	75,11
.			
.			
ab 65	566 167	290 714	51,35

Quelle: Genel Nüfus Sayımı, Ankara 1977, S. 170 ff.

Der prozentuale Anteil der Berufstätigen in den einzelnen Altersgruppen weicht insgesamt nicht wesentlich vom Durchschnitt ab.
Der Anteil der Berufstätigen liegt bei der Stadtbevölkerung in der Altersstufe von 20 bis 24 Jahren mit 16,43%

am höchsten; es folgen den 25- bis 29jährigen mit 13,92% die 15- bis 19jährigen Frauen mit 12,98%.
Aus den Zahlen für die Orte unter 10 000 Einwohner läßt sich ersehen, daß die Frauen und Mädchen von frühen Jahren an bis ins hohe Alter zum Unterhalt der Familie beitragen.

Wenn man Bildungsstand und Berufstätigkeit nach erfolgter Ausbildung als Gradmesser für die Emanzipation der Frau betrachtet, so ist diese aufgrund der angeführten Statistiken als gering zu bezeichnen.
Es soll jedoch nicht unerwähnt bleiben, daß es vor allem in den Großstadtmetropolen eine Anzahl gut ausgebildeter Frauen in hervorragenden beruflichen Positionen gibt. Weibliche Professoren und Politiker sind keine Seltenheit. Nestmann hält die Emanzipation der Frauen der türkischen Oberschicht für weiter fortgeschritten als in Deutschland, da es ihnen "ohne emanzipatorische Verkrampfung" gelinge, die Anforderungen von Haushalt, Kindererziehung und Beruf hervorragend zu meistern; zusätzlich nähmen sie am gesellschaftlichen Leben teil und erschienen bei all dem "ungehetzt und kultiviert feminin".[1)]
Der Grund für solchen "Erfolg" ist in der auch in der Stadt noch funktionierenden Verwandten- und Nachbarschaftshilfe zu suchen, vor allem aber wohl in dem Überangebot von Haushaltshilfen. Die Frauen aus den Gecekonduvierteln nehmen gerne eine Stelle an, da die Arbeitslosigkeit unter den Männern groß ist und die Ernährung der Familie gesichert werden muß.
Diese Rolle als Familienerhalter und die Tätigkeit außerhalb des Hauses hebt den Status der Frau. Die größere Bewegungsfreiheit trägt zur Emanzipation der Frauen auch aus den unteren Schichten bei.[2)]
Weiter ist zu bemerken, daß es eine Anzahl von Berufen gibt, die auch heute noch sehr selten für Frauen zugänglich sind. Hierbei handelt es sich nicht um typische Männerberufe im westlichen Sinne. Man wird in der Türkei kaum eine Frau als Serviererin in einem Restaurant antref-

---

1) Liesa Nestmann: Die Grundzüge der Gesellschaftsstruktur und deren Wandlung; in: Die Türkei, hrsg. v. Werner Kündig-Steiner, Tübingen 1974, S. 110.
2) Nestmann, S. 110.

fen. Tätigkeiten im Hotel- und Gaststättengewerbe sind und bleiben den Männern vorbehalten. Ähnlich verhält es sich mit dem Beruf eines Verkäufers. Handel und Gewerbe waren immer Sache der Männer. In Gebieten, in denen die Frau nicht selbst zum Einkaufen geht - weil dies die orientalische Sitte verbietet - wird man erst recht keine Verkäuferin antreffen.

2.3.2. Sozialisation innerhalb der Familie

2.3.2.1. Familienstruktur und verwandtschaftliche Beziehungen

Das idealtypische Bild der türkischen Familie ist die patriarchalische Großfamilie, in der ein Mann mit seiner Frau oder seinen Frauen, den Söhnen, deren Frauen und Kindern und seinen unverheirateten Töchtern in einem Haushalt zusammenlebt; hinzu kommen unter Umständen noch unverheiratete Geschwister des Mannes, Bedienstete usw.[1]
Der Vater, bzw. der älteste Mann, bleibt bis zu seinem Tode Oberhaupt der Familie, höchste Respektsperson und Inhaber allen Besitzes. Erst danach trennen sich die Brüder, um eine eigene Großfamilie zu gründen.[2]
Dieser Idealtyp ist heute nur noch selten anzutreffen. Die Zahl der Kleinfamilien übersteigt auf dem Lande wie in den Städten bereits die Zahl der Großfamilien und ist weiter im Ansteigen begriffen. Neben dem wachsenden Streben nach Unabhängigkeit der jüngeren Generationen sind dafür ökonomische Gründe verantwortlich. In den teilweise noch feudalistisch strukturierten ländlichen Gebieten verringert sich der Bodenbesitz der kleinen Bauern so sehr, daß eine Großfamilie davon nicht mehr leben kann. Die jungen Leute sind gezwungen, sich als Landarbeiter zu verdingen oder in die Städte abzuwandern. Demzufolge leben die Landarbeiter und die städtischen Industriearbeiter am häufigsten in Klein-

---

1) Paul Stirling: The domestic cycle and the distribution of power in Turkish villages; in: Mediterranean Countrymen, edited by Julien Pitt-Rivers, Paris 1963, S. 202.
2) Ulrich Planck: Die ländliche Türkei. Soziologie und Entwicklungstendenzen, Frankfurt/M. 1972, S. 236.

familien.[1] Da aber das staatliche soziale Sicherungsnetz viel zu wenig ausgebaut ist[2], bleiben jungverheiratete Paare und alte Eltern aufeinander angewiesen. Aus diesem Grunde trifft man häufig Zwischenformen zwischen Groß- und Kleinfamilie an. Oft ziehen auch junge Paare nach der Hochzeit zunächst zu den Eltern des Mannes, bevor sie sich später verselbständigen.[3]
Trotz des Trends zur Kleinfamilie leben die Türken nicht als Individuen, sondern immer im sozialen Verband. Was Planck über das Landleben aussagt, gilt im wesentlichen auch für die Städte:
"Das Individuum gewinnt erst als Angehöriger eines Haushalts, einer Sippe, eines Viertels, eines Betriebes, einer Bruderschaft, einer Religionsgemeinschaft, einer Berufsgruppe, einer Gesprächsrunde usw. soziales Gewicht. Diese 'sozialen Moleküle' sind die eigentlichen Strukturelemente der ländlichen Gesellschaft. Wer außerhalb davon lebt, ist unter Umständen nicht nur der sozialen Isolierung, sondern auch dem physischen Verderb preisgegeben."[4]

2.3.2.2. Sozialisation in der Kindheit

Auf die oben geschilderte Gemeinschaft hin und unter ihrer Obhut werden die Kinder erzogen.
Hauptsächlich ist dies Aufgabe der Mutter und - in erweiterten Familien - auch der Schwiegermutter. Die Babys werden lange gestillt, in nicht wenigen Fällen bis über das zweite Lebensjahr hinaus.[5] Nie werden die Kleinkinder allein gelassen. Man trägt sie zu jeder Gelegenheit auf dem Arm. Sie werden überallhin mitgenommen,z.B. zu Verwandten, die man häufig auch am Abend besucht. Während die Kleinen in den Armen der Mutter schlafen, sitzen die größeren Kinder still in einer Ecke, beschäftigen sich mit sich selbst oder hören den Gesprächen der Erwachsenen zu; denn wenn Erwachsene reden, ist es die Pflicht der Kinder zu schweigen.

---

1) Akpınar, S. 24 ff.
2) Immerhin gibt es seit 1965 eine Sozialversicherungspflicht für alle Arbeitnehmer.
3) Planck, S. 127 und 236.
4) Planck, S. 125.
5) Vgl. dazu Akpınar, Tabelle 38, S. 37.

Schon früh wird in der Erziehung geschlechtsspezifisch differenziert. Die Jungen werden auf die Leitung der Familie hin orientiert. Ihre Aufgabe soll später Beschützer, Ernährer und Gebieter von Frau und Kindern sein. Die Mädchen bereitet man auf ihre Rolle als Hausfrau und Mutter vor. Entsprechend werden sie schon früh zu Arbeiten im Haushalt angehalten. Auch schon für kleinere Mädchen gehört das Helfen beim Putzen der Wohnung, Brotbacken, Kochen und bei der Betreuung der jüngeren Geschwister zur täglichen Aufgabe.
Den Jungen bleibt zwar mehr Zeit zum Spielen als den Mädchen, aber viele von ihnen müssen schon als Kinder zum Unterhalt der Familie beitragen. In der Stadt sind Schuhputzen, Zeitung oder Gebäck verkaufen usw., auf dem Land Schafe oder Ziegen hüten die typischen Erwerbsquellen für Jungen.
Durch die aktive Hausarbeit entwickeln die Mädchen eine intensive, vertrauliche Beziehung zur Mutter.[1] Das Verhältnis Vater - Tochter ist dagegen eher distanziert und von Respekt geprägt, manchmal zwar freundschaftlich, aber selten vertraulich. Obwohl der Vater die Erziehung im allgemeinen seiner Frau überläßt, fällt ihm das Recht des Ge- und Verbietens zu. Besonders die Mädchen haben Grund, den Vater zu fürchten, wenn dieser sich an das türkische Sprichwort hält:
"Wer seine Tochter nicht schlägt, schlägt seine Knie."
Das heißt: Wer seine Tochter nicht schlägt, fügt sich selbst Schaden zu.[2]
Nach einer 1970 veröffentlichten Statistik sind Schimpfen und Schlagen mit 41,6% die häufigsten Disziplinarmaßnahmen auf dem Dorf.[3] Bedauerlicherweise wurde dabei keine Differenzierung vorgenommen. Akpınar glaubt jedoch davon ausgehen zu können, "daß die Erziehung in den dörflichen Unterschichtfamilien weniger repressiv und autoritär verläuft als in den Familien der Mittel- und Großbauern."[4]
Bei einer Befragung von Unterschichtfamilien in den Städten

---

1) Küçüközkan, Frau im Islam, S. 5.
2) Küçüközkan: Die Rolle der ausländischen Lehrer für die Erziehung der ausländischen Kinder, Vortrag vom 17.9.76, S. 6.
3) Akpınar, Tabelle 39, S. 38.
4) Akpınar, S. 38.

gaben 75,41% der Befragten an, ihre Kinder weniger autoritär zu erziehen, als sie selbst erzogen worden sind.[1] Dennoch hält Akpınar den Druck, der auf städtische Unterschichtkinder ausgeübt wird, für größer als auf dem Land. Das betrifft vor allem die schulischen Leistungen, die in der Stadt existenznotwendig werden, während man auf den Dörfern auch durch Feldarbeit überleben kann.[2]

Das Verhältnis des Vaters zum Sohn ist ebenfalls streng, aber in der Regel vertrauter als zwischen Vater und Tochter. Der Sohn darf den Vater etwa ab 6 Jahren begleiten und wird von ihm in die männlichen Verhaltensregeln eingeführt. Obwohl der Einfluß der Mutter auf die Tochter viel größer ist als auf den Sohn, bezeichnen viele die Mutter-Sohn-Beziehung als die intensivste zwischen Angehörigen verschiedenen Geschlechts.[3] Auch wenn der Sohn als Heranwachsender berechtigt ist, der Mutter Weisungen zu erteilen, wird er sie stets mit Respekt behandeln.

Das oberste Gebot für alle Kinder ist Gehorsam und Ehrerbietung gegenüber älteren Personen. Dabei ist weniger das tatsächliche Alter wichtig als die Position innerhalb der Familie. Bereits bei den Kindern spielt die Rangfolge eine große Rolle. Der ältere Bruder wird respektvoll mit "ağabey" (großer Bruder) angesprochen und nicht mit seinem Vornamen; ebenso wird die ältere Schwester "abla" (große Schwester) genannt. Bei Festen z.B. küßt das jüngste Kind der Reihe nach allen Ranghöheren die Hand, dann folgt das zweitjüngste usw.; Männer stehen grundsätzlich höher als Frauen. Dem ältesten Mann gebührt der meiste Gehorsam; aber auch heranwachsende Jungen dürfen ihren älteren Schwestern Befehle erteilen.
Ein Beispiel dafür führt Roper an. Einem ca. 14jährigen Mädchen wurde von ihrem jüngeren Bruder ohne Angabe von Gründen untersagt, an einem Schulausflug teilzunehmen. Das Mädchen fügte sich ohne Widerworte.[4]
Makal spricht von der Sitte, "den Bart zu ehren". Danach muß eine Frau - gleich welchen Alters - einem 'Mann' ab dem

1) Akpınar, S. 42.
2) Akpınar, S. 42.
3) z.B. Planck, S. 241.
4) Joyce Roper: The women of Nar, London 1974, S. 118.

7. Lebensjahr Ehre erweisen und auf ihn Rücksicht nehmen.[1]
Auf eine Ausnahme muß aber hingewiesen werden: In türkischen Familien nimmt die "alte Dame", d.h. die Großmutter oder die Urgroßmutter, eine hervorragende Stellung ein. Ihr gilt oft mehr Respekt und Anerkennung als dem Familienoberhaupt. Vor allem nimmt sie sehr häufig die Verheiratung der jüngeren Familienmitglieder in die Hand.

2.3.2.3. Die Situation des pubertierenden Mädchens vor der Ehe

Wie sich das Leben eines türkischen Mädchens in der Pubertät gestaltet, hängt davon ab, wie stark die alten Traditionen noch wirksam sind und wie streng der Begriff der Ehre aufgefaßt wird. Denn ein ehrenhafter Lebenswandel ist das wichtigste, sowohl für ein junges Mädchen wie für die Frau überhaupt. Die Männer der Familie - also der Vater, die Brüder oder andere männliche Verwandte - sind verpflichtet und berechtigt, über die Ehre des Mädchens zu wachen; d.h. sie müssen darauf achten, daß sie sich den Sitten gemäß benimmt und kein fremder Mann ihre Ehre befleckt. Bei Zuwiderhandlungen können die männlichen Verwandten beide Seiten hart bestrafen, eventuell sogar mit dem Tod. Während die Strafvollstreckung allein Sache der Männer ist, wachen über die Einhaltung der Sittlichkeitsnormen zusätzlich die ganze Verwandtschaft, die Nachbarn und auf dem Lande das ganze Dorf. Den größten Ehrverlust für ein Mädchen bedeutet der Verlust ihrer Jungfräulichkeit. Denn sie verletzt in diesem Fall nicht nur ihre eigene Ehre, sondern die Ehre der ganzen Familie. Was der Ehrbegriff aber darüber hinaus noch umfassen kann, zeigt ein Beispiel aus der Literatur.
In Nazifs Kurzgeschichte aus dem Jahr 1963 "Die Ehre der Fatma" begeht ein Mädchen Selbstmord, weil sie beim Überqueren eines Baches ihre Pumphose[2] verloren hatte und dabei von einem Jungen gesehen wurde.[3]

---

1) Makal, S. 96.
2) Die Pumphose ist die traditionelle Kleidung der anatolischen Frauen, die auch heute noch viel getragen wird.
3) Umran Nazif: Die Ehre der Fatma, in: Wilfried Brands, Die Pforte des Glücks u.a. Erzählungen, Tübingen-Basel 1969.

Roper berichtet über ein junges Mädchen, das von einem Jungen angesprochen worden war und daraufhin unberechtigterweise angeklagt wurde, Unsittlichkeiten begangen zu haben. Der Vater, der glaubte, die Ehre seines Hauses verteidigen zu müssen, konnte nur mit Mühe davon abgebracht werden, das Mädchen zu erschießen. Ungeliebt und verachtet wurde sie von da an zu noch mehr niederer und schwerer Arbeit herangezogen.[1)]

Die strenge Auffassung des Ehrbegriffs bedeutet also eine möglichst vollkommene Geschlechtertrennung und die Verhinderung jeglicher Kontaktmöglichkeiten des jungen, unverheirateten Mädchens mit männlichen Personen.

Nach Makals Bericht gibt es Dörfer, wo sich die Mädchen einem Mann nicht einmal durch Gesten verständlich machen dürfen. In vielen Gegenden wird die Verschleierung verlangt, meistens beginnend mit der Verlobung, spätestens ab der Hochzeit, manchmal sogar schon mit Einsetzen der Pubertät. "Die verborgenste Körperstelle der Frau soll ihr Mund sein." Sie darf ihn nur beim Essen entblößen; aber selbst dabei ist er vor den Blicken der Männer geschützt, da diese zuerst ihre Mahlzeit einnehmen und erst später die Frauen und Kinder. Eine Frau geht nie neben dem Mann. Bemerkt sie einen Mann oder Jungen hinter sich, so wartet sie, bis er vorbei ist - auch wenn sie schwere Lasten zu tragen hat - und geht dann langsam hinter ihm her. Handelt sie nicht so, dann läuft sie Gefahr, als mannstoll verschrien zu werden. Ebenso ist es, wenn sie ihren Schleier nicht ordnungsgemäß trägt.[2)]

Seit Makals Bericht hat sich zwar vieles geändert, aber daß in dörflichen Gebieten die Sitten nach wie vor sehr streng sind, davon konnte ich mich selbst auf einer Anatolienreise im Jahre 1976 überzeugen.

Als Indikator für europäisierte oder traditionelle Lebensweise kann die Kleidung gelten.

Die Frauen Inneranatoliens tragen eine weite, bequeme Pumphose und dazu einen Pullover. Der Kopf wird mit einem Tuch verhüllt - außerhalb des Hauses bis zur Nase; darüber wird ein größeres Tuch getragen, das Kopf und Gesicht und den

---

1) Roper, S. 119 ff.
2) Makal, S. 95 f.

Oberkörper bedeckt. Die kleinen Mädchen sind statt mit einer Pumphose mit einem Kleid ausgestattet, unter dem eine dünne Stoffhose getragen wird, die den in Deutschland üblichen Schlafanzughosen ähnelt. Die älteren Mädchen tragen zwar eine Pumphose, sind aber nicht verschleiert. Die Hose mit Rock darüber ist eine weitverbreitete Kleidungsart bei Frauen. Der Schleier wird häufig durch einen Mantel ersetzt, was sich vor allem im Sommer als sehr unangenehm erweisen muß. Der Kopf wird dann mit einem buntbedruckten Tuch bedeckt. In den Küstengebieten verzichtet man häufig auf die langen Hosen unter den Kleidern, und das Kopftuch wird nur zu besonderen Gelegenheiten getragen, z.B. beim Besuch der Moschee.

2.3.2.4. Sexuelle Aufklärung

Die Fragen der Sexualität haben in der traditionellen türkischen Gesellschaft einen anderen Stellenwert als bei uns und müssen darum anders beleuchtet werden.
Man kann davon ausgehen, daß es eine Sexualerziehung in Form einer verbalen Aufklärung über Fragen der Geschlechtlichkeit seitens der Eltern oder sonstiger Personen in der traditionell geprägten türkischen Gesellschaft nicht gibt. Sie war bisher insofern auch nicht notwendig, als man alles durch Erfahrung lernte, was für das menschliche Zusammenleben erforderlich war. Die Familien lebten auf engem Raum zusammen und die Zahl der Kinder war groß, so daß man früh mit Fragen der Geburt und der Säuglingspflege in Kontakt kam. Die Geburten fanden nicht im Krankenhaus statt, sondern meistens im eigenen Haus. Die Kinder wurden über lange Zeit gestillt, und das Kennenlernen der Geschlechtsmerkmale war durch den Umgang mit kleineren Geschwistern problemlos.
Die islamische Sitte erfordert es allerdings, daß sich ein Kind, sobald es sich seiner Sexualität bewußt wird, nur dann nackt zeigt, wenn es unbedingt nötig ist. Die Tabuisierung der Nacktheit kann sogar soweit gehen, daß Frauen sich während des Geburtsvorgangs nicht entkleiden.[1]

1) G.H. Bousquet: L'éthique sexuelle de l'Islam. Nouvelle ed. révue et augmentée de la morale de l'Islam et son éthique sexuelle, Paris 1966, S. 90.

Die sexuelle Betätigung unterliegt nach islamischem Recht strengen Gesetzen. Sie darf nur im Rahmen der Ehe und des institutionalisierten Konkubinats stattfinden; Homosexualität und Masturbation werden möglichst unterbunden. Sexuelle Betätigung wird nicht verhindert, sondern bejaht.
Eine sehr frühe Verheiratung - Mädchen ab 9 und Jungen ab 15 Jahren - bot früher die Möglichkeit, sich sexuell zu betätigen, sobald das Bedürfnis danach entstand, und verringerte die Gefahr, daß dies in außergesetzlichem Rahmen geschah. Allerdings wurde damit die Frau an einen Partner gebunden, gleichgültig ob er ihr gefiel oder nicht und wie er sie behandelte.Der Mann hingegen konnte sie sogar wegschicken, wann er wollte und hatte viele Möglichkeiten, sich sexuell auszuleben. Ihm standen neben vielfältigen legalen Wegen auch die Bordelle zur Verfügung.[1) Gerade hieran wird deutlich, daß zwischen Theorie und Praxis ein großer Unterschied besteht. Denn die Prostitution ist in allen islamischen Ländern verbreitet,und dies nicht nur als Folgeerscheinung des heraufgesetzten Heiratsalters. Die Prostitution wurde schon immer offiziell geduldet,und da sie hoch besteuert wurde, bestritten islamische Staaten einen wesentlichen Teil der öffentlichen Einnahmen aus dieser Quelle.[2)]
In großem Maße gelten auch heute noch die gleichen Bedingungen; jedoch ändert sich mit zunehmender Strukturveränderung der Gesellschaft - längere Ausbildungszeiten, Wohnen in Kleinfamilien, Berufstätigkeit von Frauen und Mädchen außer Haus, Aufhebung der Geschlechtertrennung im Wohn-, Arbeits- und Freizeitbereich - auch der Umgang mit der Sexualität. Dabei entstehen Probleme, wo früher keine gewesen sind.
Die sexuelle Aufklärung erfolgt nicht mehr in so starkem Maße auf natürlichem Wege. Eine verbale Aufklärung stattdessen erfolgt überhaupt nicht oder nur mangelhaft. Die Eltern fühlen sich nicht in der Lage und halten es für unsittlich, mit ihren Kindern über Fragen der Sexualität zu sprechen; ein Sexualkundeunterricht in der Schule wird

---

1) Monika Karpf: Einstellung zur Sexualität und Sexualverhalten türkischer Studenten und Studentinnen, Magisterarbeit, Heidelberg 1974, S. 6.
2) Bousquet, S. 71.

abgelehnt und findet auch nicht statt. Durch verlängerte Ausbildungszeiten und durch die gesetzliche Heraufsetzung des Mindestheiratsalters ist es nicht mehr so leicht möglich, ein Mädchen mit Einsetzen der Pubertät zu verheiraten. Damit werden die Wünsche nach sexueller Betätigung im Jugendalter zum Problem. Eltern, die jegliche Art vorehelicher sexueller Beziehungen ablehnen, müssen ihre Töchter - für die Jungen gilt das nie in gleichem Maße - noch stärker als früher bewachen. Dies aber wird insbesondere in den Städten immer schwieriger, da auch in der Türkei die öffentliche Freizügigkeit zunimmt; dies äußert sich vor allem an der Kleidung, an Filmen, Zeitschriften etc. Dirks veröffentlichte 1969 eine Untersuchung, die sich unter anderem auch mit Fragen der Sexualität und Sexualaufklärung befaßte. Sie wurde mit 100 Personen aus drei sozialen Schichten in Ankara, bei den Akademikern auch in Izmir und Istanbul durchgeführt.[1)]
Es wurden im einzelnen befragt: 25 Frauen aus Gecekonduvierteln, 25 Mittelschichtfrauen, die in den besseren Wohngegenden nahe des Stadtzentrums lebten und die über ein mittleres Einkommen verfügten (sie selbst, bzw. hauptsächlich ihre Männer, waren Beamte, Kaufleute, Eisenbahner, Chauffeure etc.); 12 Akademikerinnen aus Ankara, 10 aus Istanbul und 3 aus Izmir. Von Beruf waren sie Lehrerinnen für Literatur, Mathematik, Wirtschaft, Sozialwissenschaften, Bibliothekarinnen, Rechtsanwältinnen, Ärztinnen, Sekretärinnen, Bankangestellte u.a. Die letzte Gruppe bildeten 25 männliche Akademiker, die alle Professoren oder Assistenten der Juristischen oder Wirtschafts- und Sozialwissenschaftlichen Fakultät der Universität Istanbul waren. Alle waren türkische Moslems, verheiratet und hatten mindestens ein Kind. Bis auf einige Modifikationen wurden allen die gleichen Fragen vorgelegt.[2)]
Die Frage, ob eine sexuelle Aufklärung der Mädchen vor der Ehe notwendig sei, wurde von den meisten bejaht; die Befürwortung wuchs mit dem Bildungsstand.

---

1) Dirks: La famille musulmane turque, Paris 1969.
2) Dirks, S. 92 ff.

Tabelle 11: Befürwortung sexueller Aufklärung der Mädchen vor der Ehe (in %)

	Vor-stadt	Mittel-schicht	Weibl. Akadem.	Männl. Akadem.
Ein Mädchen soll informiert werden	68	92	100	92
Es soll nichts wissen	28	4	-	8
keine Antwort	4	4	-	-

Quelle: Sabine Dirks, La famille musulmane turque, S. 118.

Tabelle 12: Von den Eltern gewünschte Art und Weise der Aufklärung (in %)

	Vor-stadt	Mittel-schicht	Weibl. Akadem.	Männl. Akadem.
Bücher	40	36	52	32
Eltern bzw. Mutter	32	48	68	52
Schule	-	36	20	48
Freundinnen	4	-	8	4
Begrenzte Eigenerfahrung (Flirt)	-	-	8	20
Sexuelle Eigenerfahrung bis zum Verlust der Virginität	-	-	4	12

Quelle: Sabine Dirks, La famille musulmane turque, S. 118.

Auffallend ist, daß die Vorstadtbewohner - von denen viele Analphabeten sind - so viel von Büchern erwarten, während sie Sexualkundeunterricht in den Schulen und eigene Erfahrungen ablehnen.
Von den befragten Frauen selbst waren die Akademikerinnen am besten aufgeklärt; am häufigsten wurden sie durch Bücher und Freundinnen informiert. Die Eltern spielen bei allen Gruppen eine geringe Rolle. Von den Vorstadtfrauen hatten 68% keinerlei Sexualerziehung genossen.

Bei einer in Deutschland durchgeführten Studie mit 9 türkischen Studenten und 7 türkischen Studentinnen zum Sexualverhalten[1] ergab sich, daß die Studenten durch-

1) Karpf, s.o. S. 87 Anm.1).

schnittlich mit 11,5 Jahren und die Studentinnen durchschnittlich mit 14,5 Jahren aufgeklärt worden waren, die Frauen also viel später als die Männer. Als Quellen der Aufklärung wurden folgende genannt: Von den Männern wurden 5 durch Freunde informiert, 2 durch Brüder, 1 durch Verwandte und einer durch Prostituierte. Von den Studentinnen gaben 2 die Mutter an, 2 nannten die Schwester, 2 erhielten ihre Kenntnisse aus Büchern und 1 von Tierbeobachtungen. Es wurden also im Gegensatz zu den Männern zwei der Frauen von ihren Müttern aufgeklärt; die übrigen Eltern sprachen entweder gar nicht über sexuelle Themen oder nur über die Reinlichkeitsvorschriften. Die islamische Sitte erfordert z.B. nach jedem Geschlechtsakt die Waschung des ganzen Körpers einschließlich der Haare. Aus der Tatsache, daß alle Studenten durch Personen aufgeklärt wurden, von den Studentinnen aber nur 4, schließt die Autorin auf eine größere Tabuisierung der Sexualität bei Mädchen als bei Jungen.[1] Das gleiche läßt sich aufgrund des Masturbationsverhaltens vermuten:
Während 7 der 9 Studenten in der Türkei masturbierten, tat dies von den Studentinnen keine einzige. Mehrere Studentinnen gaben an, während und nach der Pubertät kein Interesse an Sexualität gehabt zu haben, ein Zeichen, daß es gelungen ist, derlei Wünsche von ihnen fernzuhalten. Für die Jungen bedeutet es dagegen Prestigegewinn, wenn man möglichst früh mit sexuellen Fragen in Kontakt kommt.
Von allen Befragten wird Masturbation für schädlich gehalten - auch von denen, die sie praktizieren. Sie halten dies für eine wissenschaftlich erwiesene Tatsache; erfahren haben sie das von Verwandten, Freunden und aus der Schule, wo die Schädlichkeit der Onanie das einzige sexuelle Thema war, worüber gesprochen wurde.[2]

---

1) Karpf, S. 22.
2) Karpf, S. 23 f.

2.3.2.5. Hochzeit und Ehe

2.3.2.5.1. Gesellschaftliche Funktion von Ehe und Familie

In der islamischen Welt ist es selbstverständlich, daß ein gesunder junger Mensch die Heirat anstrebt; freiwillige Ehelosigkeit ist unbekannt, und die Ledigen genießen kein hohes Ansehen. Auch diese Haltung ist im Koran begründet, denn der verlangt von jedem gesunden Gläubigen, daß er heiratet: "Und verheiratet diejenigen von euch, die (noch) ledig sind, und die Rechtschaffenen von euren Sklaven und Sklavinnen!"[1] Trotzdem ergibt sich aus der Untersuchung von Dirks, daß die Mehrzahl der befragten Personen für eine Frau die Ehelosigkeit dem Leben mit einem schlechten Mann vorziehen. Am tolerantesten gegenüber unverheirateten Frauen zeigten sich Mittelschichtfrauen (80%); Akademikermänner und Unterschichtfrauen lehnten die Ehelosigkeit einer Frau am stärksten ab (48%). Fast alle halten Ehelosigkeit jedoch für eine Notlösung, die - wenn eben möglich - vermieden werden sollte, da die unverheiratete Frau einen schweren Stand in der islamischen Gesellschaft habe und leicht in schlechten Ruf geraten könne.[2]
In der traditionellen Gesellschaft wäre es ihr ohnehin nicht möglich, selbständig und unabhängig zu leben. Sie wäre gezwungen, im Elternhaus zu bleiben und sich unter den Schutz und die Aufsicht des Vaters oder Bruders zu stellen. Darum ist es nicht verwunderlich, daß die Ehestatistik in der Türkei eine sehr hohe Zahl an verheirateten Frauen aufweist (s. Tabelle 13).

1) Der Koran, Sure 24,32; nach Paret, S. 289.
2) Dirks, S. 120.

Tabelle 13: Anzahl der verheirateten Frauen in der Türkei nach Alter (absolut und in %)

Alter	Weibl.Bewohner insgesamt	Verheiratete Frauen (inkl.verw.u.gesch.)	%
Total	11 568 033	8 401 928	72,63
12	452 006	4 347	0,96
13	379 800	9 387	2,47
14	381 918	8 418	2,20
15-19	1 770 241	428 527	24,21
20-24	1 355 157	1 066 806	78,72
25-29	1 153 644	1 077 856	93,43
30-34	1 165 395	1 088 105	93,37
35-39	1 096 674	1 064 015	97,02
40-44	899 719	871 198	96,83
45-49	564 005	551 896	97,85
50-54	516 198	487 594	94,46
55 und älter	1 828 178	1 741 354	95,25
Unbek.	4 798	2 425	-

Quelle: Genel Nüfus Sayımı, S.61 u. 112.

Von den 15- bis 19jährigen waren bereits fast 25% verheiratet. Obwohl mit zunehmender Industrialisierung und längeren Ausbildungszeiten das Heiratsalter in der Türkei allmählich steigt[1], muß die Zahl der verheirateten Mädchen unter 15 Jahren - also unterhalb der im Türk ZGB staatlich festgesetzten Ehemündigkeitsgrenze - eher höher als niedriger veranschlagt werden.
Da es in ländlichen Gegenden der guten Sitte entspricht, die Mädchen möglichst bald nach Eintreten der Menstruation zu verheiraten, läßt man den Zeitpunkt ihrer Geburt im staatlichen Register vordatieren, damit das Heiratsalter schneller erreicht wird.[2] Eine andere gebräuchliche Praxis besteht darin, das junge Paar zunächst nach religiösem Ritus zu verheiraten und die Ehe erst später - nach Erreichen der Altersgrenze - registrieren zu lassen.[3]

Nach einer 1972 in Ankara veröffentlichten Statistik über die Familienstruktur in der Türkei lag das durchschnittliche Heiratsalter der Frauen bei 18,5 Jahren in Großstädten, bei 17,6 Jahren in mittleren Städten, bei 17,2 Jahren in Kleinstädtenund bei 16,7 Jahren in Dörfern.

1) Vgl. die Angaben von Dirks, S. 98.
2) Planck, S. 254.
3) Roper, S. 68.

Im allgemeinen sind die Ehemänner um durchschnittlich 3 Jahre älter. Das durchschnittliche Heiratsalter betrug in Großstädten 24 Jahre , in mittleren Städten 22,6 Jahre, in Kleinstädten 23,1 Jahre und in Dörfern 20,4 Jahre.[1)]

Der Sinn der Eheschließung in der traditionellen türkischen Gesellschaft ist nicht das Zusammenleben zweier Menschen aufgrund von Zuneigung und Liebe. Bei den Beziehungen der Gatten steht vielmehr die Verbindung zweier Familien, die wirtschaftliche und sexuelle Gemeinschaft im Vordergrund.[2)] Darum kann eine funktionierende lebenslange Ehegemeinschaft durch jedes beliebige Paar begründet werden. Planck kommt zu folgendem Urteil: "Ein derartiges Paar kann sogar trotz Unglücksfällen, dazwischenredender Verwandtschaft und persönlicher Verständnislosigkeit ein ziemlich hohes Maß an Zusammenarbeit erreichen. Natürlich sind nicht alle türkischen Bauernehen von diesem minimalen Typ. In einigen entwickelt sich ein beträchtliches Maß an gegenseitigem Einverständnis und an Zuneigung. Aber der Erfolg der Gattenbeziehungen wird in keinem Fall an der Harmonie oder gar an der Innigkeit des ehelichen Zusammenlebens beurteilt, sondern nur an der Hervorbringung gesunder Söhne."[3)]
Welche Bedeutung die Geburt von Söhnen auch heute noch hat, wird deutlich am folgenden persönlich erlebten Beispiel: Nachdem die Frau eines türkischen Gastarbeiters in Köln mehrere Töchter zur Welt gebracht hatte, legte der Mann ein Gelübde ab, in dem er versprach, jedes Jahr einen Hammel zu schlachten und an die Armen zu verteilen, wenn ihm ein Sohn geboren würde. Außerdem sollten die Haare des Sohnes bis zum 7. Lebensjahr wachsen und dann in der Moschee, in der das Gelübde abgelegt wurde, aufgehängt werden. Der Wunsch ging in Erfüllung. Um das Gelübde persönlich erfüllen zu können, fliegt der Vater jedes Jahr eigens zu diesem Zweck in seine Heimat.[4)]

---

1) Serim Timur: Türkiyede Aile Yapısı (Familienstruktur in der Türkei) Ankara 1972, S. 95 f.; zitiert nach Akpınar, S. 30.
2) Vgl. Paul Stirling: Turkish Village, London 1965, S. 112 f.
3) Planck, S. 239.
4) Vgl.ähnliche Beispiele auch bei Annemarie Schimmel: Das Gelübde im türkischen Volksglauben; in: Die Welt des Islams, 6, 1961, S.71-90.

In den Ergebnissen von Dirks' Untersuchung kommt zum Ausdruck, daß ein Leben ohne Kinder von fast allen Frauen als unnütz und sinnlos empfunden wird. Die Frauen aus mittleren und oberen Schichten wünschen sich sogar noch eher Kinder als Frauen aus der Vorstadt.[1)]
Eine Präferenz von Söhnen gegenüber Töchtern ist bei Vorstadtfamilien und Akademikermännern am stärksten ausgebildet; Mittelschichtfrauen ziehen Töchter vor, da diese ihnen Hilfe bei der harten Arbeit sind.[2)]
Die Geburt von Söhnen bringt der Frau hohes Prestige; das Ausbleiben von Söhnen kann eine Scheidung oder die Heirat mit einer zweiten Frau rechtfertigen.
Die Polygynie, die ab und zu noch anzutreffen ist, kann auch durch Krankheit der ersten Frau begründet werden oder bei reichen Bauern der dörflichen Oberschicht mit Prestigeerhöhung. Dort wo Polygynie vorkommt, wird sie meist gesellschaftlich gebilligt. Selbst wenn der Mann dafür eine Haftstrafe verbüßen muß, leidet sein Ansehen im Dorf darunter nicht. Ein Reicher wird ohnehin mit Respekt behandelt. Ein Armer, der aus Not eine zweite Frau nimmt, handelt tugendhafter, als wenn er ein Dienstmädchen einstellen würde.[3)]
Auch die erste Ehefrau betrachtet die zweite Frau normalerweise nicht als Konkurrentin, sondern als Hilfe bei der Arbeit.[4)]
Auch dies deutet darauf hin, daß die Ehe in erster Linie als Wirtschafts- und Arbeitsgemeinschaft verstanden wird.

2.3.2.5.2. Auswahl des Ehepartners

Ehepartner stammen in der Türkei meist aus der nächsten räumlichen Umgebung. Vor allem das Heiraten innerhalb der Verwandtschaft ist äußerst beliebt. Nach Stirling werden mehr als die Hälfte der Ehen auf dem Lande unter Verwandten geschlossen.[5)] Selten wird von einem wenig entwickelten in ein höher entwickeltes Dorf oder vom Dorf in die Stadt hinein geheiratet, es sei denn, ein in die Stadt ausgewan-

1) Dirks, S. 102.
2) vgl. Dirks, S. 110 f.
3) Makal, S. 111.
4) Kündig-Steiner, S. 105.
5) Paul Stirling, Turkish Village, S. 201 ff.

derter Mann heiratet eine Frau aus seinem Heimatdorf. Eheschließungen zwischen Partnern aus verschiedenen Schichten kommen ebenfalls selten vor; eher kann ein Mann eine Frau niedriger Herkunft heiraten als umgekehrt. In den mittleren Schichten werden Rangunterschiede am meisten ignoriert.[1)]

Die Wahl des Ehepartners wird in der traditionellen Gesellschaft von den Eltern getroffen; auch heute ist dieser Brauch noch weit verbreitet. Zwar trifft dies auf die dörfliche und städtische Unterschicht am häufigsten zu; wie ich aber persönlich aus einigen Fällen weiß und wie es Umfragen bestätigen, heiraten auch Akademiker von Eltern ausgesuchte Ehepartner. Männer haben häufig eine freiere Wahl als Frauen. Wie die Partnerwahl bei Mädchen verläuft, wird durch die folgende Tabelle veranschaulicht.

Tabelle 14: Verteilung der Heiratserlaubnis der Frau nach Wohnort (in %)

Art der Entscheidung	Istanbul Ankara Izmir	Stadt	Kleinstadt	Dorf	Türkei
Entscheidung der Eltern ohne eigene Zustimmung	7,7	12,5	11,3	11,8	11,4
Entscheidung der Eltern mit eigener Zustimmung	59,1	67,7	72,2	67,0	67,0
Eigene Entscheidung mit Zustimmung der Eltern	29,6	12,0	10,5	10,0	12,5
Von den Eltern fortgelaufen	3,3	7,1	4,3	9,2	7,6
Vom Bräutigam entführt und anderes	-	0,7	1,7	2,1	1,6

Quelle: Türk Köyünde Modernleşme, S. 71.

Aus der Tabelle geht deutlich hervor, daß der größte Teil der Mädchen einen von ihren Eltern vorgeschlagenen Mann heiratet. Die Möglichkeit der eigenen Wahl ist in den

---

1) Planck, S. 255.

Großstädten am ehesten gegeben. Infolgedessen ist die Zahl der weggelaufenen und entführten Mädchen in den Großstädten am geringsten und im Dorf am größten.
Der Brautraub (Kız kaçırma) war immer ein akzeptiertes Mittel, um an das geliebte Mädchen heranzukommen; sei es, weil der Bräutigam zu arm ist, um den Brautpreis zu bezahlen, weil die Eltern mit der Verbindung nicht einverstanden sind oder weil das Mädchen schon einem anderen versprochen ist. Ein Mädchen zu rauben gilt meist als ruhmreiche Tat und wird nicht weiter geahndet; zuweilen entfacht die Entführung aber auch heftige Familienfehden.

Neben dieser Art der 'atypischen' Eheanbahnung, bei der die Initiative vom Bräutigam ausgeht, kennt man in der Türkei noch das 'Überlaufen' und das 'Entlaufen'. Beim Überlaufen entfernt sich das Mädchen von zu Hause und zieht ins Haus des Geliebten, beim Entlaufen fliehen Braut und Bräutigam gemeinsam unter der Obhut von Kupplern.[1)]
Die normale Brautwahl durch die Eltern verläuft - abgesehen von religiösen Besonderheiten - ungefähr folgendermaßen: Wenn ein junger Mann etwa 18-20 Jahre alt geworden ist, beschließt sein Vater, ihn zu verheiraten. Den Entschluß teilt er seiner Frau mit, die dann mit ihren Freundinnen und Verwandten darüber spricht. Alle sehen sich dann nach einem geeigneten Mädchen um. Eine sog. Besucherin (kız görücü), eine Verwandte oder Bekannte der Familie des Jungen, unternimmt dann mit zwei weiteren Verwandten eine erste "Inspektionstour zu den Kandidatinnen". In den Familien der Mädchen wird sie von den Frauen des Hauses begrüßt, und man unterhält sich geraume Zeit über alles mögliche. Das zu verheiratende Mädchen serviert Kaffee und wird dabei genau beobachtet. Nachdem man einige Worte mit ihr gewechselt hat, kann sie sich wieder zurückziehen.
Auf diese Weise werden mehrere Mädchen begutachtet. Anschließend schlägt die Görücü den Eltern des jungen Mannes das Mädchen vor, das ihr am geeignetsten erscheint. Daraufhin treten die beiden Väter oder Repräsentanten in Kontakt und verhandeln über den Brautpreis. Sobald alle Einzelheiten geregelt sind, gelten Sohn und Tochter als verlobt.

---

1) Ibrahim Yasa: Traditions of some atypical cases of marriage in Turkey, Siyasal Bilgiler Fakültesi Dergisi (Ankara), Cilt: XXIV Say 1, 1-19.

In sehr strengen Familien dürfen sich die Brautleute vor der Hochzeit nicht sehen und erst recht nicht miteinander sprechen. Zum abgemachten Zeitpunkt überbringt der Verlobte den Brautpreis, von dem das Mobiliar für die neue Familie gekauft wird; außerdem werden unter den Familien Geschenke ausgetauscht.

2.3.2.5.3. Die Hochzeit

Obwohl die anatolischen Hochzeitssitten sehr vielseitig sind, gibt es eine Reihe Gemeinsamkeiten. In den traditionellen Familien dauern diese Feste immer mehrere Tage und werden in den Häusern beider Familien veranstaltet; die Frauen feiern in der Regel im Hause der Braut, die Männer im Hause des Bräutigams.
Joyce Roper beschreibt eine Hochzeit in Ortahisar, einem anatolischen Dorf bei Nevşehir,[1] wo ich selbst Gelegenheit hatte, einen Hochzeitstag im Hause des Bräutigams mitzuerleben. Ein Hochzeitsfest auf dem Dorf dauert in der Regel 5 Tage, von montags bis freitags. Frau Roper besuchte am Montag zunächst das Haus der Braut, in dem sich nur Frauen aufhielten. Zu den Mahlzeiten saßen sie zu ca. 30 Personen um einen niedrigen runden Tisch auf der Erde. In der Mitte stand eine Suppenschüssel, aus der alle mit einem hölzernen Löffel schöpften; danach wurden weitere Gerichte aufgetragen. Nach dem Essen gingen die Frauen vor das Haus, um den Tänzern zuzusehen.Der Haupttänzer trug einen weiten, abstehenden roten Seidenrock; um die Bewegung der Hüften zu betonen, hatte er ein Band herumgeschlungen. Mit seinen Händen betätigte er eiserne Kastagnetten. Der Tanz wurde begleitet von einem Fiedler und einem Darbuka-Spieler.[2]

Fast genauso wie Roper die Szene aus der Hochzeitsfeier im Hause der Braut schildert, erlebte ich sie selbst im Hause des Bräutigams. Dort hielten sich die Frauen den Tag über im Hause auf und bereiteten die Mahlzeiten, wie beschrieben. Die Männer und auch der Bräutigam standen vor dem Haus und sahen einem Tänzer zu, der ebenfalls einen weiten

---

1) Roper, S. 63-70.
2) Die Darbuka ist eine kleine Trommel. Vgl. auch Wolf Alman: Hochzeit in Akköy, in: Merian 12/XIX, Dez. 1966, Troja, Ephesus, Milet, S. 84-94.

Frauenrock trug. Am Abend verließen die Frauen das Haus und setzten sich - alle verschleiert - zusammen an eine Ecke des Weges; ihre kleinen Kinder hielten sie auf dem Arm. Eine Anzahl Männer stellte sich im Kreis auf und tanzte zu den Klängen der Musik. Die Musiker spielten fast die ganze Nacht hindurch und begannen schon am nächsten Vormittag erneut mit ihrem Spiel.

Allerdings ist es nicht so, daß die Frauen gar nicht tanzen; sie tun dies nur nicht in der Öffentlichkeit vor den Männern, sondern unter sich.

Roper beschreibt den Tanz der Frauen, der abseits auf einem Hügel stattfand. Eine der Frauen spielte auf dem "def" , einem großen Tamburin, das speziell von Frauen auf Hochzeiten verwendet wird; die anderen Frauen, reich behängt mit goldenem Schmuck, tanzten in jeweils verschiedenen Variationen zu dem Rhythmus. Auf einer anderen Hochzeit tanzten die Frauen gemeinsam mit der Braut in einem geschlossenen Raum; sie begleiteten sich dabei mit Holzlöffeln, die als Kastagnetten dienten. Nach dem Tanz küßte die Braut den älteren Frauen die Hand, eine Geste der Ehrerbietung, die häufig von jüngeren gegenüber älteren Leuten praktiziert wird.[1] Dieser Tanz ist das wichtigste am ganzen Hochzeitsfest, wichtiger als religiöse und erst recht als staatliche Zeremonien.

Am Dienstag ist Henna-Nacht. Henna, ein rötlich-braunes Pulver, wird mit Wasser zu einer Paste verarbeitet. Diese wird von den Frauen in einer bestimmten Zeremonie auf die Handflächen und die Füße der Braut aufgetragen. Die übrigen Frauen bestreichen ihre rechte Handfläche ebenfalls mit Henna und hüllen sie anschließend in Tücher, damit die Farbe über Nacht in die Haut einziehen kann.[2]

Am Mittwoch wird die Aussteuer, die die Braut schon als Kind bestickt hat, und der vom Brautgeld gekaufte Hausrat in das Haus des Bräutigams transportiert. Man fährt mit

---

1) Roper, S. 135.

2) Henna (türkisch kına) ist die arabische Bezeichnung für eine Pflanze namens Lawsonia inermis L., die im Orient und in Nordafrika angebaut wird. Aus den Blüten werden Essenzen und Öle, aus den getrockneten Blättern ein rötliches Pulver hergestellt, mit dem zu rituellen Zwecken und zur Verschönerung Hand-, Fußflächen und Nägel der Frauen eingerieben werden. Auch Haupt- und Barthaare werden damit gefärbt; ebenso Pferdeschweife und zum Opfer bestimmte Schafe. Man vermutet, daß die rote Farbe u.a. als Abwehrmittel gegen den "bösen Blick" dienen soll.Vgl.Lexikon der islamischen Welt, Bd.2, S. 29 f.

allem auf einem Eselskarren oder Auto durch das Dorf, so daß alle sehen können, was die Braut besitzt. Häufig besteht der Hausrat nur aus Matratzen, Kissen, Kilims[1], Stickereien usw. Neuerdings werden aber Möbel wie Schränke, Tische und Sessel immer beliebter.
Bei Taeschner wird berichtet, daß die Braut am Mittwoch unter Beachtung vieler Zeremonien ins Bad geleitet wird und anschließend unter Trauer- und Klageliedern in das Haus des Bräutigams einzieht.[2]
Wenn die Heirat staatlich registriert wird - wie es im Gesetz zwar vorgeschrieben, aber längst nicht immer praktiziert wird[3] - geschieht dies normalerweise, ehe die Braut in das Haus des Bräutigams einzieht.
Roper beschreibt, wie zwar zunächst die Braut schön angekleidet wird, dann aber in schwarze Tücher gehüllt zur staatlichen Registraturstelle gebracht wird, wo sie und der Bräutigam persönlich ihre Unterschrift leisten müssen. Der inoffizielle nichtstaatliche Teil der Eheschließung vollzieht sich in den Männerräumen des Bräutigams oder in der Moschee zwischen den Vätern oder den Stellvertretern der Brautleute; zugegen ist dabei meistens ein Hodscha.

Am Donnerstag nimmt die Braut Abschied von ihrer Mutter, die in heftiges Schluchzen auszubrechen pflegt, weil sie ihre Tochter verliert. Von Bekannten und Verwandten wird das Mädchen zum Hause des Bräutigams geleitet, wo sie im Brautgemach - von ihren Freundinnen unterhalten - auf den Abend wartet.[4]
Nach Dirks' Beschreibung leistet eine alte Matrone der Braut Gesellschaft, bis der Bräutigam kommt. Nachdem dieser die Braut nach dem Namen gefragt und den Schleier gelüftet hat, serviert die Matrone das Nachtmahl und Kaffee und läßt die Brautleute allein.[5]
Aus den Berichten von Roper wie von Taeschner geht hervor, daß die Braut stets mit etwas Rotem - z.B. einem Tuch um die Hüfte oder auf dem Kopf - bekleidet sein muß; dadurch soll wahrscheinlich die Bedeutung der Jungfernschaft unterstrichen werden. Es soll auch heute noch vorkommen, daß ein

---

1) Kilims sind gewebte Teppiche.
2) Franz Taeschner: Ein Beitrag zur Kenntnis der anatolischen Hochzeitssitten; in: Die Welt des Islam, Jg. 5, 1958, S. 105-114.
3) Vgl. Jäschke: Die Imam-Ehe in der Türkei, S. 177.
4) Roper, S. 68.
5) Dirks, S. 53.

Mann seine Frau, bei der er in der Hochzeitsnacht feststellt, daß sie keine Jungfrau mehr ist, zu ihren Eltern zurückschickt.
Ähnlich wie oben geschildert, verlaufen die meisten anatolischen Dorfhochzeiten. Normalerweise zieht das Mädchen ins Haus des Schwiegervaters. Es kommt aber auch vor, daß der Schwiegersohn ins Haus seiner Braut zieht; diese als "iç - güvey" bezeichnete Einheiratung wird praktiziert, wenn das Mädchen reich, der junge Mann aber arm ist.[1)]

Eine andere Form der Hochzeit macht mittlerweile der traditionellen mehr und mehr Konkurrenz. Roper berichtet von der Heirat einer Lehrerin; diese lebte ohnehin modern, trug westliche Kleidung und niemals Pumphose und Schleier. Zu ihrer Hochzeit verschickte sie Einladungskarten, auf denen Ort und Zeit des Hochzeitsfestes bekanntgegeben wurden. Es fand an einem Abend in einem Saal statt. Eine Band mit elektrischen Gitarren spielte Tanzmusik. Das Brautpaar tanzte Foxtrott, und andere Paare folgten ihrem Beispiel.

2.3.2.5.4. Stellung der jungen Ehefrau

In der traditionellen Gesellschaft bedeutet die Heirat für ein junges Mädchen den Wechsel von einer Dienstmädchenposition in die andere. Zwar wird sie wie eine Tochter im Haus der Schwiegereltern aufgenommen, im Rang steht sie aber nur wenig über den Kindern.[2)] Sie wird für jede Arbeit herangezogen; geduldig und ohne Widerrede muß sie alle Anordnungen ausführen und dabei möglichst noch lächeln, um zu zeigen, wie glücklich sie ist. Ihre Stellung drückt sich auch in dem Namen aus, mit dem die Schwiegertochter gerufen wird: "Gelin" heißt soviel wie "Kommt"[3)]. Ihr Verhalten gegenüber den Männern erfordert besondere Unterwürfigkeit. In Ostanatolien gehört es sich in den ersten Ehejahren nicht, daß die Schwiegertochter sich vor dem Schwiegervater oder dem älteren Schwager unverschleiert zeigt oder mit ihnen spricht.[4)] Die junge Frau kann

1) Dirks, S. 53.
2) Planck, S. 140.
3) Planck, S. 141; Roper, S. 127.
4) Nurretin Yilderak: Wirtschaftlicher und sozialer Strukturwandel in dem ostanatolischen Landkreis Muş seit 1945, unveröffentlichter Forschungsbericht 1972; zit. nach Planck, S. 243.

nicht erwarten, von ihrem Ehemann mit aufmerksamer Zuneigung behandelt zu werden, solange andere Personen anwesend sind.[1]

Tagsüber hält sich der Mann gewöhnlich außer Haus auf; er kommt nur zum Essen und Schlafen nach Hause. In manchen Gegenden werden die Mahlzeiten von den Männern gesondert eingenommen. Wenn der Mann von einer Reise einen Brief schreibt, erkundigt er sich nach dem Wohlergehen aller Verwandten und Bekannten, nicht aber nach dem seiner Frau. Erst die Geburt von Söhnen oder die Einheiratung einer jüngeren Schwiegertochter - die Kinder heiraten gewöhnlich in der Altersreihenfolge - bewirken den Aufstieg der "gelin" zur "hanım", also der "Schwiegertochter" zur "Frau".[2]

2.4. Religiöse Bräuche und Feste als Komponenten kultureller Sozialisation

Einen bedeutenden Stellenwert haben religiöse Feste und Bräuche auch heute - mit eher zunehmender als abnehmender Tendenz - im Leben einer türkischen Familie. Sie bestimmen den Tages- und Jahresablauf und bekunden einiges von türkisch-moslemischer Wesensart. An ihnen halten auch die Türken in der Bundesrepublik soweit wie eben möglich fest, so daß deren Kenntnis dem Verständnis und dem Umgang mit Türken in Deutschland zugute kommt.

2.4.1. Die "Fünf Säulen" des Islams

Das ganze Leben der islamischen Gesellschaft ist geordnet durch feste Gesetze, Regeln und Sitten, die sich zwar von Land zu Land etwas ändern können, aber alle auf den "Fünf Säulen" als dem Fundament des Islams beruhen:

- Das Bekennen des islamischen Glaubens (shahada): "Ich bezeuge, daß es keinen Gott gibt außer Gott (Allah); und Mohammed ist sein Gesandter".

---

1) Planck, S. 239.
2) Zum Thema "Hochzeit" vgl. auch Wolf Alman: Hochzeit in Akköy; in: Merian, Heft 12/XIX (Troja, Ephesus, Milet) Dez. 1966, S. 84-88.

- Das Gebet (salat), das in arabischer Sprache nach genauen Vorschriften und festgelegten Texten fünfmal täglich zu verrichten ist - verbunden mit rituellen Waschungen.
- Das Almosengeben (zakat), eine jährliche Abgabe für religiöse und mildtätige Zwecke.
- Das Fasten (saum) im Monat Ramadan zwischen Morgendämmerung und Sonnenuntergang.
- Die Wallfahrt nach Mekka (hadjj), einmal im Leben - wenn man es sich leisten kann.[1]

2.4.2. Das Fasten

Im Ramadan, dem 9. Monat des arabischen Mondkalenders, nimmt man von Sonnenaufgang bis Sonnenuntergang keinerlei Speisen zu sich; ebenso sind Trinken, Rauchen und sexuelle Beziehungen (Geschlechtsverkehr) untersagt. Der Zeitpunkt des Fastenbeginns wird auf den Dörfern durch einen Trommler und in den Städten durch einen Kanonenschuß angekündigt; ebenso wird das Ende des Fastens am Abend bekanntgegeben.[2] Das Fasten ist Pflicht für alle Erwachsenen; ausgenommen sind lediglich Kranke, Greise, Reisende und Frauen, die schwanger sind, stillen oder ihre Menstruation haben. Wer das Fasten aus diesen oder anderen Gründen nicht einhalten kann, muß es später nachholen oder stattdessen ein Almosen als Sühne geben. Wer das Fasten absichtlich bricht,muß zur Strafe die doppelte Zeit zuzüglich eines Tages, also 61 Tage, fasten oder stattdessen an einem Tag 60 Arme speisen oder 60 Tage lang einen Armen.
Den Berichten Schimmels zufolge und aus eigenen Erfahrungen kann gesagt werden, daß der Ramadan auch heute noch von vielen sehr streng beachtet wird.[3]

---

1) Louis Gardet: Der Islam, Enzyklopädie: Der Christ in der Welt; Reihe: Die nichtchristlichen Religionen, Bd. 4, Aschaffenburg 1961, S. 52. Vgl. auch: Über den Umgang mit islamischen Mitbürgern, Faltblatt der Ökumenischen Kontaktstelle für Nichtchristen im Erzbistum Köln, 1976.
2) Enver Esenkova: Connaissance des Turcs et de la Turquie; in: Hommes et Migrations, esna/numero 108, Paris 1967, S. 75.
3) Annemarie Schimmel: Religiöses Leben in der modernen Türkei; in: Zeitschrift für Kulturaustausch, Stuttgart, Jg. 12, 1962, S. 195-197 (197).

Interessant ist auch, daß Roper einen Zusammenhang zwischen Fasten und niedriger Selbstmordrate in der Türkei vermutet.[1)]
Nach 30 Tagen endet der Ramadan mit der "Nacht der Macht" der heiligen Nacht der Moslems, in der der Offenbarung Gottes an den Propheten Mohammed gedacht wird. Fast alle Männer und Frauen begeben sich am Abend zum Beten in die Moschee.[2)] Am Morgen gehen die Männer mit den älteren Söhnen allein zum Gebet, während die Frauen und Kinder festlich gekleidet auf die Rückkehr der Männer warten.

2.4.3. Die Feste

An die "Nacht der Macht" schließt sich drei Tage lang die Feier des Zuckerfestes (şeker bayramı)an, ein Fest der Versöhnung, an dem sich Verwandte und Bekannte gegenseitig besuchen und sich mit Süßigkeiten beschenken.[3)] Eine Woche vorher wurde die Abgabe an die Armen verteilt,damit auch sie sich auf das Fest vorbereiten können. Das şeker bayramı hat sich zum Hauptfest des Jahres entwickelt. Die Wohnung wird dann besonders gründlich geputzt und die besten Teppiche werden ausgelegt. Nachdem man sich mehrmals gründlich gewaschen hat, werden die besten Kleider angelegt, die man besitzt.[4)] Vielfach werden zu diesem Anlaß eigens neue Kleider gekauft oder genäht.
Das zweite große Fest der türkischen Moslems ist das kurban bayramı,das Opferfest. Es wird 2 Monate nach dem Zuckerfest begangen, am Tage der Pilgerfahrt nach Mekka. So wie an diesem Tag in Mekka die Hammel zur Erinnerung an das Opfer Abrahams (Ibrahim) geschlachtet werden, vollzieht man es auch am Heimatort, wenn man nicht selbst unter den Pilgern sein kann. Die Schlachtung verläuft nach einer festgelegten rituellen Zeremonie, bei der das Blut des Tieres fließen muß. Das Fleisch wird ganz oder zumindest teilweise an die Armen verschenkt. Statt eines Hammels können auch 7 Familien zusammen eine Kuh schlachten.[5)] Auch dieses Fest erfreut sich, wie viele alte Bräuche, wieder steigender Beliebtheit (vgl. S. 250).

---

1) Roper, S. 71.
2) Rober, S. 77.
3) Esenkova, S. 75.
4) Roper, S. 80 und Schimmel, S. 196.
5) Roper, S. 82 und Schimmel, S. 196.

2.4.4. Das Gelübde

Besonders hervorzuheben ist die Bedeutung der Gelübde, die ursprünglich nicht im Islam verankert waren, aber im Volksglauben verwurzelt sind. An einem geheiligten Ort wird gelobt, ein Opfer zu bringen, falls ein bestimmter Wunsch in Erfüllung gehen sollte.
Gelübde werden hauptsächlich an und für Grabstätten von Heiligen (Türben) geleistet. Aber auch andere und teilweise recht seltsame Orte sind als Gelübdeorte bekannt: Steine besonderer Form, Klöster, die vier Ecken eines Hauses oder Zimmers, der Schornstein oder Ofen, Häuser, Brunnen, Höhlen, Berge, Wegkreuzungen, Bäume, das türkische Bad, der Pferdefriedhof, lebende Personen, Fische und trockene Baumstümpfe, durch die man hindurchgehen kann.[1] Manche Orte sind spezialisiert für besondere Arten von Wünschen.

Die wichtigsten Wünsche sind: Ein Kind bekommen, heiraten oder seine Tochter verheiraten, Wünsche für ein Kind (Gesunderhaltung etc.), Genesung für sich oder andere, Rettung aus Gefahr, berufliches Fortkommen und viele andere wichtige und nebensächliche Angelegenheiten.[2]
Auch werden die unterschiedlichsten Dinge gelobt, wobei man sich zum Teil der modernen Zeit anpaßt: Rezitation der Sure 36 oder anderer, Fasten, Sprechen von Gebeten, ein mit Gebeten beschriebenes Papier ins Wasser werfen, der Name des Heiligen soll dem erbetenen Kind gegeben werden, Kleiden und Speisen von Armen, Opfertiere, deren Fleisch an die Armen verteilt wird, Kerzen - auch elektrische -, Gebetsteppiche, Tücher, Steine; bei Heilung von Kranken bindet man auch Kleiderfetzen an Bäume, bei Kinderwünschen werden die Stoffetzen in Wiegenform geknüpft - die Kette der Opfergaben ließe sich noch endlos ausdehnen.[3]
Es gibt Vorschriften, nach welchem Ritus ein Gelübde abgelegt werden muß, damit es in Erfüllung geht; ebenso gibt es Möglichkeiten der Überprüfung, z.B. drückt man Kieselsteine an eine Mauer; wenn sie kleben bleiben,wird der Wunsch erfüllt.

---

1) Annemarie Schimmel: Das Gelübde im türkischen Volksglauben; in: Die Welt des Islams, 6, 1961, S. 71-96 (74 f.)
2) Schimmel, Das Gelübde, S. 74.
3) Schimmel, Das Gelübde, S. 75 f.

Der Glaube an Gelübde ist sehr groß und wird sehr ernst genommen. Wenn der Wunsch in Erfüllung geht, wird das Versprochene auf jeden Fall ausgeführt.
Die vielen Formen der Gelübde künden von einem Aberglauben, der besonders auf den Dörfern verbreitet ist. Dort vertraut man auch besonders stark den Amuletten, die vom Hodscha geschrieben werden; häufig erwartet man von ihnen mehr Heilkraft als von einem Arzt.[1] Blinde Ehrerweisung gegenüber denen, die den Koran rezitieren können, gegenüber Predigern und "heiligen Männern", die über die Dörfer ziehen, äußert sich auch darin, daß ohnehin verarmte Menschen ihren letzten Besitz aus der Tasche geben. Die Leute geben gerne alles, was sie auftreiben können, denn für die Diener Gottes ist das Beste gerade gut genug, und außerdem will keiner zugeben,daß er arm ist.

Wie schwer es ist, gegen solche alten, verkrusteten Denkstrukturen, die im religiösen Bereich begründet sind, anzukommen, davon berichtet Makal in dem hier schon mehrfach zitierten Buch.[2]

2.4.5. Das Verhältnis von islamischer Tradition und emanzipatorischen Bestrebungen

Trotz aller Schwierigkeiten wäre es aber grundfalsch, für alle Hindernisse des Fortschritts den Islam als solchen verantwortlich zu machen, wie es in westlichen Publikationen sehr häufig getan wird.
Wenn man das Volk für sich gewinnen will, darf man ihm nicht den Glauben zerstören, sondern muß den mühsameren Weg der Aufklärung gehen und unterscheiden zwischen religiöser Substanz und abergläubischem Beiwerk.[3] Das gilt nicht nur für Zauberformeln, Amulette und dergleichen, sondern auch für die Emanzipation der Frau. Auch diese ist erreichbar ohne Ablehnung des Islams, wie auch Djihan al-Sadat, die Frau des ägyptischen Ministerpräsidenten, neben vielen anderen Frauenrechtlerinnen deutlich macht.[4] Allerdings gibt es auch genügend konservative Vertreter des Islams, die allen

---

1) Barbro Karabuda: Türkei ohne Schleier, Hamburg 1959, ebenso M. Wesener: Tödlicher Aberglaube, Kölner Stadt-Anzeiger vom 8.6.77.
2) Mahmut Makal: Mein Dorf in Anatolien, z.B. S. 132.
3) Vgl. dazu Kündig-Steiner, S. 112.
4) Der Spiegel, Nr. 41 vom 6.10.1975, S.150-154(153):"Wir marschieren nicht schnell genug". Spiegel-Gespräch mit Djihan al-Sadat über die Emanzipation der arabischen Frau.

aufklärerischen Ideen den Kampf angesagt haben und jeden Fortschritt mit den Geboten des Islams für unvereinbar erklären.[1] Da Religion und Politik im Islam in enger Verbindung stehen, gelingt es gerade in jüngster Zeit in der Türkei, aber auch in einem immer stärkeren Maße in Deutschland, die türkischen Landsleute unter Ausnutzung ihrer Frömmigkeit für rechtsradikale politische Ideen zu gewinnen.
In konservativen Koranschulen werden nicht nur oft ohne Sinnverständnis arabische Suren auswendig gelernt, sondern auch Verschleierung und Absperrung der Frauen propagiert. Diese Koranschulen etablieren sich derzeit auch in der Bundesrepublik in großer Zahl[2] und steuern bewußt einer sinnvollen religiösen Bildung im Sinne des türkischen Schulgesetzes entgegen. Die Schwierigkeiten der türkischen Kinder in deutschen Schulen werden noch verstärkt durch die Fremdartigkeit der arabischen Schrift, die diametral entgegengesetzte Leseweise von rechts nach links und die Rezitation unverstandener und unübersetzter arabischer Worte.[3]
Nicht die Forderung nach Abschaffung des Islams, sondern ein Plädoyer für einen aufgeklärten Religionsunterricht in der Türkei wie in Deutschland, die Schaffung der Möglichkeit zur Religionsausübung, die aktive Auseinandersetzung mit dem Islam kann solchen Tendenzen entgegenwirken. Denn es ist zu bedenken, daß der Einfluß der Tradition, die nicht immer im Koran begründet ist, oft stärker ist als der Koran selbst. Eine bessere Kenntnis des Islams in Deutschland, wodurch man das Wesentliche vom Beiwerk zu unterscheiden lernt, kann Argumentationshilfen gegen politische und religiöse Eiferer liefern. Außerdem können dadurch Vorurteile und Verhaltensunsicherheit gegenüber den moslemischen Arbeitern und ihren Familien abgebaut werden;man brauchte sie zumindest nicht deshalb unbeachtet lassen, weil man Furcht hat, sie falsch zu behandeln.
Kenntnisse des Islams und der türkischen Kultur und Lebensweise überhaupt sind die wichtigste Voraussetzung für ein partnerschaftliches Zusammenleben. Auf dieser Grundlage erst können emanzipatorische Bestrebungen Früchte tragen.

1) Z.B.verteilten deutsche Moslems auf einer Tagung in Bendorf im Mai 1976 ein Flugblatt,auf dem die Verschleierung der Frau begründet und auch für Westeuropa empfohlen wurde.
2) Vgl.Ursula Neumann,Hans H.Reich, S.42 ff.;vgl.auch oben S.69 ff.
3) Ayşim und Yagmur Atsiz, desORIENTiert, WDR 3.Programm Fernsehen am 31.März 1977, 21.45 Uhr. Außerdem: FAZ vom 1.6.77: "Stockschläge für türkische Kinder beim Lernen der Suren."

2.5. Freizeitmöglichkeiten und Freizeitverhalten in der Türkei

In der türkischen Sprache ist kein vollkommen adäquater Begriff für "Freizeit" enthalten. Freizeit wird mit dem Wortpaar "boş zaman" ("leere Zeit") übersetzt. Zumindest von der Tradition her wird diese Zeit als nicht sinnvoll zu nutzende, eben als "leere Zeit" und nicht als eine Zeit, die "frei" ist für andere, ebenfalls wichtige Beschäftigungen angesehen. Das deutet auf den geringen Stellenwert von Freizeit im türkischen Kulturkreis hin.
Empirische Untersuchungen darüber, wie Jugendliche in der Türkei ihre freie Zeit verbringen, gibt es so gut wie gar nicht. Lediglich eine Studie von Abadan (1962) über Verhaltenskonflikte akademischer Jugendlicher[1] gibt wertvolle Hinweise über Tendenzen bei der studentischen jungen Generation. Auch die bereits erwähnte Untersuchung von Dirks[2] in Ankara, Izmir und Istanbul kann einige Aufschlüsse liefern, vor allem deshalb, weil sie sich nicht auf Akademiker beschränkt, sondern auch junge Frauen der Unterschicht befragt.
Wie Jugendliche bzw. junge Mädchen ihre Zeit auf dem Lande verbringen, wird bereits aus den Ausführungen des vorigen Kapitels deutlich. Darum sollen insoweit nur einige wichtige Punkte hervorgehoben und ergänzt werden.

2.5.1. Gesellschaftliche Freizeiteinrichtungen

Organisierte Freizeit und Erholung ist im dörflichen Leben weitgehend unbekannt. Arbeit und Arbeitspausen, freie Zeit und Muße vollziehen sich im Tages- und Jahresrhythmus der Natur und ergeben sich aus der bäuerlichen Lebensweise. Aber auch das Leben der Nichtbauern, der Handwerker und Händler in den Städten trägt oft sehr ähnliche Züge. Entscheidende Faktoren für die Art und Weise, freie Zeit zu verbringen, sind die Prinzipien der Geschlechtertrennung und der unterschiedlichen Rollenzuweisung von Mann und Frau. Weiterhin ist die Bindung an Familie und Verwandte von grundlegender Bedeutung. Das gesamte Leben - also auch

---

1) Nermin Abadan: Verhaltenskonflikte akademischer Jugendlicher; in: Soziale Welt, S. 288-303, Göttingen 1962.
2) Sabine Dirks: La famille musulmane turque, Paris 1969.

Geselligkeit, Erholung usw. - vollzieht sich nicht nach Altersstufen getrennt, sondern innerhalb der familiären Gruppe und nach Geschlechtern getrennt.
Öffentliche Einrichtungen existieren nur für Männer. Wenn es keine Arbeit gibt, halten sich die Männer den ganzen Tag im Teehaus auf, unterhalten sich und spielen Tavla, ein uraltes Brettspiel, das dem Backgammon ähnelt. Wo es kein Teehaus gibt[1] - dies kommt vor allem in abgelegenen Dörfern des Ostens vor - versammeln sich die Männer unter freiem Himmel oder in der Gaststube des Dorfvorstehers, eines Nachbarn oder Verwandten. Der Dorfplatz ist der zentrale Punkt des Ortes und gut als Versammlungsplatz geeignet. Nach Hause gehen sie nur zum Essen und Schlafen. In einigen Orten gibt es gesonderte Teestuben für die Jugend - natürlich nur für die männliche. Vereine, Verbände, Klubs und Jugendgruppen existieren in anatolischen Dörfern äußerst selten.
Die Einführung von Volkshäusern (Halkevleri) unter Atatürk sollte sowohl der Bildung der Dorfbevölkerung dienen als auch Geselligkeit und Volkskunst - Musik, Tanz, Lieder, Literatur, Malerei, Kunsthandwerk - fördern. Den Volkshäusern folgten die Dorfinstitute, in denen Dorflehrer ausgebildet wurden und die große Erfolge zeigten. Sie wurden aber in den 50er Jahren wieder geschlossen, weil man sie für kommunistisch unterwandert hielt.[2]
Das Ost-West- und das Stadt-Land-Gefälle machen sich natürlich genauso in den Freizeitmöglichkeiten und -tätigkeiten bemerkbar wie auf allen anderen Gebieten. In den "modernen" industrialisierten und westlich orientierten städtischen Zentren lockern sich Normvorschriften und Verhaltensweisen in dem Maße, wie westliche "Freizeiteinrichtungen" - Kino, Tanzlokale, Freizeitparks etc.- eingeführt werden. Daß dies für viele Bevölkerungsteile, besonders für die Mädchen, auch in der Türkei Konflikte mit sich bringt, wird von Abadan bestätigt.[3]

---

1) Nach Kündig-Steiner, S. 133, haben im Westen 99% der Dörfer ein Teehaus, in Zentralanatolien ca. 60% und in der Osttürkei nur 3% bis 2,5%.
2) Kündig-Steiner, S. 181 f. und S. 117.
3) Vgl. Abadan, S. 291 ff.

2.5.2. Freizeit der weiblichen Bevölkerung

2.5.2.1. Geselliges Leben von Frauen und Mädchen im ländlichen Bereich

Das gesellige Leben der weiblichen Bevölkerung auf dem Lande spielt sich hauptsächlich im Innern des Hauses ab. Besonders im Winter, wenn auf den Feldern keine Arbeit anfällt, wird die Zeit für Handarbeiten genutzt. Beim Teppichknüpfen, Kilimweben, Aussteuererstellen, Sticken, Häkeln und Stricken sitzen die Frauen zusammen, plaudern, erzählen Märchen und Anekdoten, lösen Rätsel und singen Lieder.[1] Interessant ist in diesem Zusammenhang die Sitte des Sockenstrickens in Anatolien: "Durch Stickereien werden Frauensocken von denen der Männer unterschieden; ebenso geben sie darüber Aufschluß, ob die Person, die die Socken trägt, Jungfrau, Junggeselle oder verheiratet ist."[2]
Außerhalb des Hauses werden manche Tätigkeiten zum "geselligen Ereignis". Das Wasserholen am Brunnen läßt Zeit für Unterhaltungen mit den Nachbarinnen. Brot wird gemeinsam im dorfeigenen Backofen gebacken; man trifft sich beim Wäschewaschen am Fluß oder beim Einkochen des Traubensaftes.[3]
Höhepunkte des dörflichen Lebens bieten Feste und Feiern, die für Männer wie Frauen ein großes Ereignis darstellen, größtenteils aber ebenfalls getrennt begangen werden. Die religiösen und profanen Feste, wie z.B. der Nationalfeiertag, aber auch Verlobungen, Hochzeiten, Geburten, Beschneidung eines Jungen, Krankheiten, Unglücksfälle und Beerdigungen bieten Anlässe zu Verwandtenbesuchen und zu großen Familienfeiern, die je nach Anlaß mit großem Zeremoniell begangen werden.
Wie zuvor schon ausgeführt, dauert eine Hochzeit mehrere Tage und wird bestimmt durch Musik und Tanz.[4]

---

1) Roper, S.112; Planck, S. 100; vgl. auch Kündig-Steiner, S. 183 ff.
2) Kündig-Steiner, S. 184.
3) Planck, S. 99.
4) Näheres zu Volkstänzen und zur Volksmusik siehe Kündig-Steiner, S. 184 f.

Mit ähnlichem Aufwand wird die Beschneidung gefeiert, die bei jedem Jungen zwischen etwa dem 7. und 14. Lebensjahr vorgenommen wird.[1] Die Beschneidung ist nicht nur Familienfest, sondern ein öffentliches Ereignis und findet keineswegs nur auf den Dörfern statt.
Auch auf Heimaturlaub weilende Gastarbeiter bieten Anlaß zu Familien- und Verwandtentreffen. Als Gast einer solchen Familie konnte ich ein solches formloses Fest miterleben. Die Wohnstube füllte sich mit mehr und mehr Leuten. Die Männer nahmen auf Stühlen rund um den Tisch Platz, während die Frauen die restlichen Stühle einnahmen oder sich zusammen mit den Kindern auf Kissen am Boden niederließen. Während sich die einen verabschiedeten,kamen ständig neue Verwandte. In herzlicher und fröhlicher Atmosphäre wurden Neuigkeiten ausgetauscht, es wurde diskutiert und gescherzt.
Die Frauen des Hauses sorgten mit frischen Früchten für die Bewirtung der Gäste; dazu tranken die Männer Rakı.
Am nächsten Abend fand das gleiche bei einem anderen Verwandten statt. Anlässe für solche Zusammenkünfte gibt es genug, und auch in Deutschland pflegt man diese Art der Geselligkeit soweit wie möglich.
Beliebt sind auch Familienausflüge mit Picknick im Wald, an einer Quelle oder einem Fluß. In den Städten gibt es Parkanlagen, die speziell für diesen Zweck hergerichtet sind.[2] Öffentliche Unterhaltung im Dorf ist zwar selten, aber es gibt sie durchaus. Taeschner z.B. berichtet von einem Reiterfest von überörtlicher Bedeutung.[3] An der Westküste finden im Herbst Kamelkämpfe statt.
Manchmal werden die Dörfer von Volkssängern und fahrenden Schaustellern besucht. Auch wandernde Prediger sind oft eine Attraktion und ernten viel Bewunderung und Beifall. Beliebt sind die Karagözspiele, ein Puppenspiel mit Schattenfiguren, das Stücke für Erwachsene und Kinder vorträgt; der Hauptanteil des Programms ist allerdings für Männer gestaltet. Die dörflichen Unterhaltungsweisen werden inzwischen zunehmend durch Radio und Fernsehen verdrängt;

---

1) Roper, S. 59, beschreibt eine solche Beschneidungsfeier.
2) Zum Picknick vgl. ebd., S. 118.
3) Zitiert nach Planck, S. 101. Zu den Kamelkämpfen vgl. Hanns Wildermann: Der Kampf der Dromedare; in: Merian, H.12/XIX (Troja, Ephesus, Milet), 1966, S. 90-94.

auch Bücher und Zeitungen gibt es in manchen Dörfern. In den kleineren Städten findet man auch Kinos, zu denen sich die Dörfler mit dem Dolmuş (Kleinbus) fahren lassen.

2.5.2.2. Freizeitbeschäftigung von Frauen der verschiedenen städtischen Schichten

Bei Dirks werden über das Freizeitverhalten der Jugendlichen selbst keine Angaben gemacht. Deshalb sollen hier die Ergebnisse der Befragung der Eltern dargelegt werden, die darüber Aufschluß geben, womit sich Frauen in der Stadt während ihrer freien Zeit beschäftigen.[1)]

Tabelle 15: Freizeitaktivitäten von Frauen und Männern (in %)

	Frauen	Männer
In der Vorstadt		
Kinobesuch	4	20
Radiohören	24	56
Zeitschriftenlesen	4	72
Stricken oder andere Handarbeiten	76	-
Besuchen von Nachbarn	76	16
Treffen der Freunde im Café	-	44
In der Mittelschicht		
Kinobesuch	68	64
Radiohören	96	92
Lesen von Tageszeitungen, Zeitschriften, Romanen	96	100
Besuchen von Freunden, Eltern, Nachbarn	88	84
Kartenspielen	20	36
Bei Akademikern		
Theater	60	4
Lesen	56	44
Kinobesuch	44	16
Musikhören	44	12
Sporttreiben	-	44
Werken, Basteln	24	12
Besuche	20	8
Spaziergänge,Einkaufbummel(bei Frauen)	12	8
Ausruhen zu Hause, Alleinsein	12	-
Picknick	8	8
Reise	4	8
Oper,Ballet	8	-
Gartenarbeit,Beschäftigung mit Blumen	4	4
Tanzen	-	8
Malen	-	8
Küchenarbeit	4	-
Musizieren, "Saz"	-	4

Quelle: Dirks, S. 113 f.

1) Dirks, S. 113 f.

Die Skala der genannten Freizeitaktivitäten erweitert sich mit steigender Schichtzugehörigkeit. Mit dafür verantwortlich ist wahrscheinlich die offene Fragestellung: Wie verbringen Sie Ihre freien Stunden? Der wortgewandteren Akademikerin fällt dazu mehr ein als der Unterschichtfrau. Dennoch sind die Hauptgründe woanders zu suchen. In den Antworten der Unterschichtfrauen fällt nämlich nicht nur die geringe Anzahl der Aktivitäten auf, sondern auch der Unterschied zwischen Mann und Frau. Diese Gründe lassen sich aus anderen Fragen ableiten: Unterschichtfrauen werden von ihren Männern am Ausgehen gehindert, sie haben oft kein Radio, sie können häufig weder lesen noch schreiben. Es bleiben ihnen nur Handarbeiten und Besuche bei Nachbarn. Die Mittelschichtfrauen wissen sich besser gegen ihre Männer durchzusetzen. Sie gehen viel ins Kino - sogar mehr als die Männer -, lesen fast alle Zeitungen und informieren sich durch das Radio.
Da die Akademikerinnen weniger Beschränkungen seitens der Männer unterliegen, können sie häufig ins Theater und ins Kino gehen. Sport wird von keiner der Frauen betrieben, von den Männern hingegen recht viel. Das Ausruhen zu Hause liegt auch den Akademikern nicht; sie gehen lieber aus, z.B. zum Tanzen, was zwar wenig, von den Frauen aber gar nicht erwähnt wurde.

2.5.2.3. Freizeitverhalten der studentischen Jugend

Im Jahre 1959 untersuchte Abadan 350 Studenten und 76 Studentinnen an drei Fakultäten der Universität Ankara: Politische Wissenschaften, Rechts- und Verwaltungswissenschaften. Die Probanden der letzten Gruppe hatten fast alle mindestens eine Fremdsprache (Englisch) gelernt und studierten in dieser Fremdsprache weiter, wodurch eine starke anglo-amerikanische Orientierung zu vermuten ist. Den Studenten wurde ein Fragebogen vorgelegt, der über folgende Zusammenhänge Aufschluß geben sollte:

"1. Wie wirkt sich die Neigung zu aktiver, passiver oder zielloser Freizeitbeschäftigung auf die Stellungnahmen der türkischen Studenten aus?
2. Wie verhält sich die Soziabilität der türkischen akademischen Jugend, ihre Neigung zum Gemeinschaftsleben,

zu der der Jugend in hochindustrialisierten westlichen Ländern?

3. Welcher Einfluß wird von seiten der Familie, der Verwandten und der Gleichaltrigen ausgeübt? Welches sind die wichtigsten Verhaltenskonflikte, die sich aus dieser (gegenseitigen) Beeinflussung ergeben?
4. Welche Faktoren beeinflussen eine rege ökonomische Betätigung der türkischen Jugend?
5. Welche psychologischen Momente wirken bei der Auswahl der Freizeitbeschäftigung mit?"[1]

Mit anderen Worten: Es werden die Abhängigkeit des Freizeitverhaltens von Einflüssen Familie und Gleichaltrigengruppen sowie Gründe für die Übernahme westlichen Konsumverhaltens untersucht. Bei der Definition des Freizeitbegriffs orientierte sich Abadan an Schelsky und Dumazedier.[2] Das Durchschnittsalter betrug 22 Jahre bei den Politologen, 24 Jahre bei den Juristen und 26 Jahre bei den Verwaltungswissenschaftlern.

Die Studenten der ersten beiden Fakultäten stammten überwiegend aus ländlichen Beamtenfamilien, wobei viele (65%) der Juristen in Kleinstädten geboren waren. Knapp die Hälfte der Studenten der dritten Fakultät stammt aus Ankara, Istanbul oder Izmir, 40% der Väter sind in der Wirtschaft tätig und 20% sind Beamte. Aufgrund der Herkunftsorte wohnen 47% der Verwaltungswissenschaftler bei ihren Eltern, hingegen 66% der Politologen im Studentenheim.

Bei der Eruierung dessen, womit die Studenten ihre freie Zeit verbringen, unterscheidet Abadan "weiche" und "harte" Freizeitaktivitäten und kommt zu folgenden Ergebnissen:[3]

---

1) Abadan, S. 291 f.
2) Helmut Schelsky: Die skeptische Generation, Düsseldorf 1960, S. 327, definiert die Freizeit als jene "Handlungen und Beschäftigungen, über die ohne Sachzwang individuell disponiert und nach persönlichen Wünschen verfügt wird." Joffre Dumazedier: Current Problems of the Sociology of Leisure; UNESCO, International Social Science Journal, VOl. XII, No. 4, 1960, S. 522, gibt folgende Definition: "Die Zeitspanne, welche durch die zur Verfügung stehende Freizeit, durch den technischen Fortschritt und durch soziale Maßnahmen dem Individuum während oder nach seiner Produktionsfähigkeit zur Verfügung steht." Zitiert nach Abadan, S. 293.
3) Abadan, S. 294.

Tabelle 16: "Weiche" und "harte" Freizeitbeschäftigung von Studenten in der Türkei (in %)

"weiche" Beschäftigung	Polit. Wiss.	Jur. Fak.	Verw. Wiss.
Kinobesuch	100	98	98
Radiohören	98	95	91
Theaterbesuch	96	90	89
Tanzen	69	37	91
Opernbesuch	67	36	75
zielloses Spazierengehen	61	47	30
Kaffeehausbesuch	56	63	26
Sportveranstaltungen (passiv)	46	43	36
"harte" Beschäftigung			
Lesen			
a) Zeitung	88	94	91
b) Zeitschrift	50	47	59
c) Bücher	36	24	57
d) Technische Bücher	44	36	43
Beteiligung in Studentenorganisationen	48	45	45
Sporttreiben (aktiv)	40	35	52
Musik-Ausführung	53	45	47
Handarbeit	65	68	66
Malen	45	44	59
Hören von Vorträgen	74	68	52
Fortbildungskurse-Sprachen			
a) Teilgenommen	46	29	69
b) Teilnehmer	48	8	27

Quelle: Abadan, S. 294.

Die Tabelle zeigt einen starken Trend zum Konsumverhalten und zum Gebrauch von Massenkommunikationsmitteln auf, wobei sich die Fakultäten nicht wesentlich unterscheiden. Anders verhält es sich hingegen beim Tanzen, ziellosen Spazierengehen und Kaffeehausbesuch.

Während viele Verwaltungswissenschaftler zum Tanzen gehen (91%) und auch bei den Politologen der Anteil recht hoch liegt, beträgt er bei den Juristen nur 37%. Ein umgekehrtes Verhältnis zeigt sich beim Kaffeehausbesuch. Dort verzeichnen die Juristen den höchsten Prozentsatz (63%), die Politologen wiederum einen mittleren und die Verwaltungswissenschaftler den geringsten mit 26%.

Das Ergebnis zeigt, wie erwartet, daß die stärkste Orientierung an westliche Verhaltensmuster (Tanzen) bei den Verwaltungswissenschaftlern vorliegt und die intensivere

Wirkung traditioneller Normen bei den Juristen und Politologen, deren Bildungsweg nicht so stark westlich geprägt war und die überwiegend aus ländlichen oder kleinstädtischen Verhältnissen stammen.
Zielloses Spazierengehen nimmt einen beträchtlichen Raum der Freizeit ein und überwiegt ebenfalls bei Politologen und Juristen. Darin sieht Abadan den Ausdruck eines Verhaltenskonflikts. Einer positiven Entscheidung gegenüber Normanforderungen der traditionellen, islamisch geprägten Welt und der modernen westlich orientierten wird durch Nichtstun, Passivität und Konsumverhalten aus dem Weg gegangen. Leider wurde in der abgedruckten Tabelle keine geschlechtsspezifische Differenzierung vorgenommen. Das Verhalten der Studentinnen bestätigt aber nach der Aussage Abadans den Trend zum Nichtstun und Konsumverhalten und damit die Wahrscheinlichkeit eines Verhaltenskonflikts und von Verhaltensunsicherheit aufgrund unterschiedlicher kultureller Anforderungen, denen sich die Studentinnen nicht gewachsen fühlen.
Besonders stark kommt das zum Ausdruck in den Tätigkeitsfeldern, in denen das alte, festverwurzelte Prinzip der Geschlechtertrennung durchbrochen wird wie beim Tanzen, Sport, Beisammensein mit Männern, Spaziergängen.
Auch wenn Säkularisierungs- und Westernisierungstendenzen in der städtischen Jugend inzwischen stärker verankert sein dürften, wirken moralische Werte der traditionellen Welt noch sehr stark, nicht zuletzt aus Angst vor Verleumdungen und falschen Vermutungen seitens der Umwelt, vor allem der Verwandten. Deshalb können sich auf dem Gebiet der gemischtgeschlechtlichen Kontakte nur zögernd neue Verhaltensweisen durchsetzen, was wiederum Auswirkungen auf andere Lebensbereiche mit sich bringt. Wie berechtigt die Sorge um den guten Ruf und die Angst vor der sozialen Kontrolle ist, bestätigt die Studie von Karpf. Es wußte jeder der türkischen Studenten über die Kontakte der ihnen sonst völlig unbekannten türkischen Studentinnen mit Männern Bescheid, und jede Information wurde auch in die Heimat weitergegeben. Für den Fall, daß Negatives über sie berichtet wurde, also daß ihr Kontakte zu Männern nach-

gesagt wurden, sanken die Heiratschancen der betreffenden Studentin.[1]
Wie die von Abadan befragten jungen Leute zu Kontakten der Geschlechter stehen, wird durch folgende Tabellen deutlich:[2]

Tabelle 17: Besuchen Sie Bälle, Parties oder Tanzveranstaltungen? (in %)

	Polit. Wiss.	Jur. Fak.	Verw. Wiss.
a) sehr oft	13	6	31
b) manchmal	56	31	60
c) nie	31	63	9

Quelle: Abadan, S. 296.

Tabelle 18: Würde die Tatsache einer vorangegangenen Freundschaft Ihrer zukünftigen Braut auf Ihre Heiratsabsichten Einfluß nehmen? (in %)

	Polit. Wiss.	Jur. Fak.	Verw. Wiss.
a) Ja	54	62	43
b) Nein	42	32	52
c) Unbeantwortet	4	6	5

Quelle: Abadan, S. 297.

Offensichtlich wurdendiese Fragen nur Männern vorgelegt.

Tabelle 19: Glauben Sie, daß wahre freundschaftliche Bindungen zwischen den beiden Geschlechtern aufbaubar sind? (in %)

	Polit. Wiss.	Jur. Fak.	Verw. Wiss.
a) Ja	80	70	78
b) Nein	18	18	18
c) Unbeantwortet	2	18	4

Quelle: Abadan, S. 297.

---

1) Karpf, S. 38.
2) Abadan, S. 296 ff.

Tabelle 20: Haben Sie jemals einen echten Freund vom anderen Geschlecht gehabt? (in %)

	Polit. Wiss.	Jur. Fak.	Verw. Wiss.
a) in der Mittelschule	17	18	21
b) im Lyzeum	27	29	39
c) auf der Universität	26	35	59
d) nie	53	36	28

Quelle: Abadan, S. 298.

Diese Ergebnisse zeigen insgesamt wiederum, daß die Verwaltungswissenschaftler noch am ehesten bereit sind, die alten Barrieren zu beseitigen.
Die Tendenz zu traditionellen Verhaltensweisen dürfte sich verstärken, je niedriger der Bildungsstand und die soziale Herkunft ist.

Der strengen Geschlechtertrennung, den Kleidungs- und Verhaltensvorschriften ist es anzulasten, daß sportliche Betätigung bei Mädchen äußerst selten zu beobachten ist. Abadan schreibt in ihrer Studie folgendes:
"Obwohl der Unterschied zwischen Mädchen und Jungen bei Immatrikulierung, Aufnahmeprüfung und Lehrgang der Universitäten überhaupt nicht berücksichtigt wird, übt dieser Faktor einen ausschlaggebenden Einfluß in der Bevorzugung von verschiedenen Freizeitbeschäftigungen aus, die wiederum auf die Existenz eines ernsten Verhaltenskonfliktes hinweisen. Beteiligung an sportlichen Veranstaltungen, eine im abendländischen Kulturbereich als völlig normal angesehene jugendliche Aktivität, bereitet in Anatolien, wo bis heute noch immer eine faktische Segregation der männlichen und weiblichen Bevölkerung besteht und die Frauenemanzipation auf dem Wege einer demagogischen Lokalpolitik zum Teil im Rückgang ist, außerordentlich schwierige Probleme. In ähnlicher Weise bereitet das Schwimmen schwerwiegende ethische Konflikte."[1)]
Gerade das Schwimmen ist eine höchst problematische Sportart, da es eine weitgehende Entkleidung erfordert - noch dazu vor anderen Leuten.[2)] Wie man sich zu helfen versucht, erlebte ich am türkischen Mittelmeerstrand. Dort badeten

1) Abadan, S. 290.
2) s.o. S. 86.

Frauen im Meer,ohne auch nur einen Teil ihrer Kleidung abgelegt zu haben. Andere saßen eingehüllt in Tüchern unter einem Sonnenschirm. Allerdings gab es auch Türkinnen - vornehmlich jüngere - die sich im Badeanzug oder Bikini am Strand sonnten.

2.5.3. Einstellungen der Eltern zu Außenkontakten der Töchter

Während Abadan das Verhalten der Jugendlichen selbst erforscht, befragt Dirks die Eltern nach dem möglichen oder wahrscheinlichen Verhalten gegenüber ihren heranwachsenden Kindern. Auf die Fragen, ob die Kinder freien Ausgang hätten und ob den Mädchen erlaubt sei, einen Freund oder männlichen Bekannten zu haben, antworteten die Eltern bzw. die Mütter wie folgt:

Tabelle 21: Erlaubnis zu freiem Ausgang nach Wunsch (in %)

	Vorstadt	Mittelschicht	Weibl. Stud.	Männl. Stud.
Für Mädchen	4	40	76	56
Für Jungen	76	76	80	72

Quelle: Dirks, S. 115

Fast alle Eltern der Gecekondus verbieten also ihren Töchtern den freien Ausgang, während den meisten Jungen hingegen erlaubt ist zu tun,was sie wollen. Dies entspricht der Dorfmentalität, der die meisten Vorstadtbewohner entstammen. Bei der Mittelschicht erlaubt die Hälfte der Eltern ihren Töchtern auszugehen, bei den Akademikern steigt der Anteil zugunsten der Mädchen nochmals an; die Bereitschaft, die Tochter ausgehen zu lassen, ist jedoch bei Männern erheblich geringer als bei Frauen.

Tabelle 22: Erlauben Sie Ihrer Tochter männliche Freunde (Kameraden) zu haben? (in %)

	Vor-stadt	Mittel-schicht	Weibl. Akad.	Männl. Akad.
Ja	4	76	84	68
Nein	92	20	16	32
Keine Antwort	4	4	-	-

Quelle: Dirks, S. 115.

Das Ergebnis ist dem obigen äquivalent. Nur der Anteil der Eltern aus der Mittel- und Akademikerschicht, die ihren Töchtern Freundschaften bzw. Bekanntschaften mit Jungen erlauben, ist höher als bei der Frage nach freiem Ausgang. Insgesamt wollten 58 von 100 befragten Eltern ihren Töchtern erlauben, einen Freund zu haben.[1)]
Nach Begründungen gefragt, wurden am häufigsten folgende Antworten gegeben:

Tabelle 23: Gründe für das Verbot, männliche Bekannte zu haben

In der Vorstadt

24% wegen des guten Rufs; um das Geschwätz der Nachbarn zu vermeiden
16% sie würden auf die schiefe Bahn geraten
8% das gehört sich nicht
4% nur ihr Mann darf sie kennen
4% sie benötigt keine männlichen Bekannten

In der Mittelschicht

8% um einen guten Ruf zu bewahren
4% das ist gegen die Sitte
4% das würde schief gehen
4% keine Erklärung

Bei Akademikerinnen

8% es ist unschicklich und gefährlich, wenn sich ein Junge und ein Mädchen allein unterhalten
8% es ist gegen die Sitte

Bei Akademikern

16% Jungen und Mädchen dürfen keine Gelegenheit haben, unter vier Augen allein zu sein
8% es ist gegen die Sitte
4% ein Mann gesteht ein, daß er auf seine Tochter eifersüchtig ist

Quelle: Dirks, S. 117 f.

1) Dirks, S. 117.

Tabelle 24: Gründe, den Töchtern die Bekanntschaft mit Jungen zu erlauben

In der Vorstadt

Bei der einzigen zustimmenden Antwort lautete die Begründung: Sie müssen sich verstehen.

In der Mittelschicht

8%	Erlaubnis mit der Bedingung, daß der Junge gut ist und die Mutter des Mädchens ihn kennt
8%	das Mädchen soll lernen, sich mit Jungen zu verstehen und mit ihnen zu sprechen
8%	sie soll das Leben kennenlernen
16%	das ist heute normal
36%	keine Erklärung

Bei Akademikerinnen

24%	Erlaubnis unter der Bedingung, daß die Mutter den Jungen kennt und das Mädchen klug genug ist, um zu wissen, wo die Grenzen liegen
32%	damit sich das Mädchen normal entwickelt und das Leben kennenlernt
16%	um einen Mann zu finden
8%	das ist heute so Sitte
4%	keine Erklärung

Bei Akademikern

32%	Erlaubnis unter der Bedingung, daß "ich ihn kenne" und das Mädchen die Grenzen respektiert
24%	damit sie sich gesund entwickelt
12%	ob mit Erlaubnis oder ohne - das Mädchen würde doch tun, was es will

Quelle: Dirks, S. 118.

Ausnahmsweise ist die Anzahl von verschiedenen Nennungen bei den Verbotsgründen in der Vorstadt größer als bei den Akademikern; das korrespondiert im übrigen mit den Ergebnissen bei den Erlaubnisgründen. Dadurch, daß 24% der Befragten in der Vorstadt bei gemischtgeschlechtlichen Kontakten ihrer Töchter um den guten Ruf der Familie fürchten, wird deutlich, wie wichtig der soziale Verbund gerade für diese Bevölkerungsgruppen ist. Die prinzipielle Ablehnung des gegenseitigen Kontakts wird durch die übrigen Antworten dokumentiert.

2.5.4. Schlußfolgernde Überlegungen

Die Ergebnisse über die Freizeitaktivitäten der Ehepaare und die Einstellungen zu Ausgang und Jungenbekanntschaften ihrer Töchter liegen auf einer Linie. Man kann daraus schließen, daß die Töchter der Vorstadtbewohner wenig

Gelegenheit haben, Freizeitaktivitäten zu entwickeln, ins Kino oder zum Tanzen zu gehen. Da auch von den Kindern ein großer Teil Analphabeten sind, gehen ihre Möglichkeiten oft auch aus diesem Grund nicht über die ihrer Eltern hinaus. Die Mittelschichtkinder stehen in einer günstigeren Position. Aber nur die Akademikertöchter genießen annähernd soviel Freiheit wie deutsche Jugendliche.

2.6. Zusammenfassung und Folgerungen

Seit der Einführung des neuen Familienrechts und der damit verbundenen außerordentlichen Verbesserung der rechtlichen Stellung der Frau sind 50 Jahre vergangen. Die Entwicklung der faktischen Stellung der Frau konnte diesem kodifizierten Anspruch bisher nur in bescheidenem Umfang gerecht werden. Die Zugehörigkeit zu einer höheren Schicht, das Leben in einer Stadt der westlichen Türkei, eine gute Schulbildung und eine entsprechende berufliche Betätigung schaffen noch am ehesten die Voraussetzungen für mehr Gleichberechtigung und die Möglichkeit der Emanzipation. Für Atatürk war das entscheidende Hemmnis für den Fortschritt die Durchdringung von Gesellschaft und Staat mit einem traditionalistischen Islam. Nach Jahren des Zurückweichens befinden sich nunmehr gerade die Traditionalisten im Vormarsch. Die Unterdrückung der Frau hatten sie schon immer auf ihre Fahnen geschrieben, und dieser Tradition entsprechend predigen sie auch heute der Verschleierung und der Einschränkung der Bewegungsfreiheit das Wort. Als Rechtfertigung soll ihnen der Koran dienen. Daß dieser eine wirksame Legitimationsgrundlage bilden könnte, wird aber von islamischen Religionsgelehrten bestritten. Die restaurativen Kräfte können aber auf die gewachsenen und tief verwurzelten Traditionen in der Bevölkerung bauen und sie ihren Zielen nutzbar machen. War der Konflikt zwischen islamischer Tradition und der Orientierung an westlichen Normen für die Sozialisation türkischer Mädchen bisher schon von großer Bedeutung, so gewinnt diese Komponente durch die Reaktivierung der traditionalistischen Strömung neue Aktualität. Die Emanzipation der Frau wird deshalb in der Zukunft wieder auf große Hindernisse stoßen. Durch die relativ freien

Entfaltungsmöglichkeiten der Vertreter dieser Richtung in der Bundesrepublik werden auch die türkischen Kinder in Deutschland zum Objekt dieser Auseinandersetzung, die vor allem in der Diskussion um die Koranschulen zu Tage tritt.
Damit wird auch deutlich, daß die Sozialisationsbedingungen in der Türkei unmittelbare Auswirkungen auf die Sozialisation türkischer Mädchen in der Bundesrepublik haben.
Es ist am ehesten möglich, die Gecekondubewohner in den Städten der Türkei mit den in Deutschland lebenden Gastarbeitern zu vergleichen; beide Gruppen müssen einen Anpassungsprozeß durchmachen. Beide Gruppen entfernen sich aus den gewohnten Lebensverhältnissen und werden den gelockerten Sitten der industrialisierten Städte ausgesetzt.
Wenn die These Akpınars zutrifft, daß der Druck auf die Unterschichtkinder der türkischen Städte größer ist als der auf Unterschichtkinder auf dem Land, so kann man eine nochmalige Verstärkung dieses Effektes für die Gastarbeiterkinder annehmen, da die Herausforderung der Umwelt in der Bundesrepublik noch größer ist und noch mehr Verhaltensunsicherheit bei den Eltern hervorrufen muß.

3. Auswirkungen des sozial-kulturellen Hintergrundes auf das Freizeitverhalten türkischer Mädchen in der BRD

Die erfolgte Darstellung der Lebensweise und der Sozialisation türkischer Mädchen im Heimatland, der Einblick in türkische Tradition und Kultur dürften bereits viele Probleme, die in Deutschland mit türkischen jungen Mädchen auftreten können, verständlich gemacht haben. Es sollte klar geworden sein, auf welchem Hintergrund sich ihr Leben in Deutschland abspielt, und vielleicht können die Ausführungen dazu dienen, einige Fehler und Mißverständnisse im Umgang mit den Türken zu vermeiden.
Der dritte Teil dieser Arbeit soll nun die konkreten Auswirkungen erfassen. Es soll dargestellt werden, wie sich Freizeit für die jungen Türkinnen in der Bundesrepublik gestaltet, wie sich das Spannungsverhältnis zwischen türkischer und deutscher Kultur auswirkt und welche Rolle die Freizeit für die Identitätsfindung der türkischen Mädchen spielt oder spielen könnte. Dazu bedarf es zunächst einer Klärung der Begriffe "Jugendalter" und "Freizeit".

3.1. Das Jugendalter bei türkischen Mädchen

3.1.1. Begriffsbestimmung von Jugend

Der Begriff der Jugend wird nicht einheitlich verwendet. Es ist darum erforderlich, eine altersmäßige und inhaltliche Abgrenzung vorzunehmen. Schilling nennt vier Gesichtspunkte, von denen aus "Jugendalter" definiert werden kann: das rechtliche, das biologische, das psychologische und das soziologische Jugendalter.[1)]

3.1.1.1. Rechtliches Jugendalter

Jugendlicher in der Bundesrepublik Deutschland ist im Sinne des Jugendgerichtsgesetzes, "wer ... vierzehn, aber noch nicht achtzehn, Heranwachsender, wer ... achtzehn, aber noch nicht einundzwanzig Jahre alt ist".[2)]

---

1) Johannes Schilling: Freizeitverhalten Jugendlicher. Eine empirische Untersuchung ihrer Gesellungsformen und Aktivitäten, Weinheim und Basel 1977, S. 21.
2) JGG § 1 Abs. 2.

3.1.1.2. Biologisches Jugendalter

Der Beginn des biologischen Jugendalters wird mit dem Einsetzen der Geschlechtsreife angegeben, also mit dem Eintritt in die Pubertät. Dieser vollzieht sich heute durchschnittlich ein bis zwei Jahre früher als noch vor fünfzig Jahren und liegt bei Mädchen etwa zwischen 10 1/2 und 15 1/2 Jahren.[1] Als Durchschnittswert, mit dem in der empirischen Sozialforschung gearbeitet werden kann, nehmen Rosenmayr, Tenbruck, Neidhardt, Schilling u.a. 13 Jahre an.[2] Das Ende des biologischen Reifungsprozesses läßt sich noch schwerer festlegen als der Anfang. Als brauchbarer Durchschnittswert kann das Alter von 18 Jahren gelten.[3]

3.1.1.3. Psychologisches Jugendalter

Mit der biologischen Reifung geht eine psychische einher, in der sich die Persönlichkeit und eine neue Identität bildet; das heißt, es vollzieht sich eine Umorientierung und Loslösung von alten Bindungen personeller und ideeller Art und eine Hinwendung zu neuen. Erikson betont, "daß Identität nicht ein abgeschlossenes inneres System bedeutet, daß unzugänglich für Veränderungen wäre, sondern vielmehr einen psycho-sozialen Prozeß, der im Individuum wie in seiner Gesellschaft gewisse wesentliche Züge aufrechterhält und bewahrt".[4] Die Adoleszenz, die als eine natürliche Periode der Wurzellosigkeit betrachtet werden kann, verläuft nicht ohne Krisen. Diese sind normal und können bewältigt werden, wenn die Reihenfolge der Entwicklungskrisen nicht durcheinandergebracht wird und der junge Mensch in einer stabilen Umwelt lebt.[5] Altersmäßig gesehen, siedelt Bühler den Prozeß der psychischen Reifung zwischen dem 12. und dem 22. bis 24. Lebensjahr an.[6]

---

1) Gudrun Bauer: Literaturbericht zur Situation der weiblichen Jugendlichen in der Bundesrepublik Deutschland, München 1970, S. 36.
2) nach Schilling, Freizeitverhalten, S. 28.
3) nach Schilling, Freizeitverhalten, S. 28.
4) Erik H. Erikson: Einsicht und Verantwortung. Die Rolle des Ethischen in der Psychoanalyse, Frankfurt/M. 1971, S. 83.
5) Erikson, S. 83.
6) Vgl. Schilling, Freizeitverhalten, S. 22.

3.1.1.4. Soziologisches Jugendalter

Eine soziologische Definition wird häufig von der Rollentheorie her vorgenommen. Dem Jugendlichen wird eine Übergangsrolle zugeschrieben; er besitzt nicht mehr die Rolle des Kindes und noch nicht die Rolle des Erwachsenen.[1)] Als Kriterien des Jugendlichseins sieht Neidhardt das völlige oder teilweise Fehlen von vier "Positionen" an, nämlich der Familien-, der Berufs-, der Rechts- und der politischen Position; man könnte dies auch positiv ausdrücken und von einem Hinarbeiten auf das Erreichen dieser Positionen sprechen. Als Eintritt in das Jugendalter wählt Neidhardt die biologische Definition; die Jugend endet, wenn die genannten Positionen erreicht sind.[2)]
Eine zweite soziologische Definition von Jugend geht vom sozialen Bezugssystem aus. Der Jugendliche löst sich von den primären Bezugspersonen "Eltern" und wendet sich verstärkt anderen Personenkreisen, vor allem Gleichaltrigen, zu; sogenannte "peer groups" gelten in der Soziologie als wesentliches Merkmal von Jugend.[3)] Die Bezugsgruppentheorie korrespondiert mit dem psychologischen Ansatz Eriksons. Die Änderung des sozialen Bezugssystems erfordert eine Änderung der Verhaltensweisen und Denkstrukturen; Verhaltensunsicherheit und Identitätskrisen treten auf. Am Ende dieses Prozesses kann eine selbständige Persönlichkeit stehen, die ihre Identität und adäquate Verhaltensweisen gefunden hat und neue Bindungen eingeht (Beruf, Ehe); es kann aber ebenso ein Wechsel aus alten Abhängigkeiten in neue stattfinden.

3.1.2. Anwendung des Jugendbegriffs auf türkische Mädchen

Eine eigene Phase des Jugendalters gibt es nicht in allen Gesellschaften. Genauso wie sie in der westeuropäischen vorindustriellen Gesellschaft weitgehend fehlte[4)], ist sie

---

1) Vgl. Schilling, Freizeitverhalten, S. 23.
2) Friedhelm Neidhardt, Jugend im Spektrum der Wissenschaft, München 1970, S. 15.
3) Schrader/Nikles/Griese, S. 62; dazu Anmerkung 35: "Die grundlegenden Studien dazu stammen von Eisenstadt, 1966 und Tenbruck (1962; Auszug davon 1966). Zusammenfassende Übersichten und Diskussionen der Hauptthesen geben Rosenmayr, 1969, Neidhardt, 1970, und Kreutz, 1974."
4) Schilling, Freizeitverhalten, S. 19.

auch in der türkischen Gesellschaft nur sehr schwach ausgebildet. In wenig differenzierten Gesellschaften gibt es nur Kinder und Erwachsene. Der Übergang erfolgt abrupt, meist durch bestimmte Riten (Initiationsriten). Als solche kann man in der türkischen Gesellschaft die Beschneidung betrachten, auch wenn sie vielfach bereits bei 8- bis 9jährigen Jungen vorgenommen wird. Für die Mädchen war oder ist die Kindheit mit der Heirat beendet. Das frühe Heiratsalter zeigt deutlich den Wegfall der Jugendphase. Auch heute noch, wo sich auch in der Türkei das Heiratsalter allmählich nach oben verschiebt, fehlen den türkischen Mädchen als Gruppe wesentliche Merkmale, die oben als Kennzeichen der Jugendlichkeit aufgeführt wurden, nämlich die Loslösung vom Elternhaus und die Hinwendung zu Gleichaltrigengruppen, besonders des anderen Geschlechts, und vielfach auch die Orientierung auf einen Beruf. Rechtliche und politische Mündigkeit sind zwar gesetzlich abgesichert, aber faktisch oft nicht erreichbar. Mit fortschreitender Industrialisierung und Europäisierung wird sich auch in der Türkei mehr und mehr eine Jugendphase herausbilden; bis jetzt ist sie aber noch kaum vorhanden. Diese Tatsache hat auch die Ausführungen im zweiten Teil dieser Arbeit beeinflußt. Dort konnte, da es in der Türkei keine Jugend in unserem Sinne gibt, auch nicht speziell auf sie Bezug genommen werden, vielmehr mußte von der Situation der Frau ausgegangen werden.

Die fehlende Jugendphase in der traditionellen türkischen Gesellschaft und die ausgeprägte Jugendphase in der Bundesrepublik bringen die türkischen Mädchen, die hier leben, in ein Dilemma. Einerseits nämlich bleiben sie wegen der engen Verbindung mit den Eltern lange Kinder, andererseits werden sie früh erwachsen, da ihnen in der Heimatkultur schon früh - als Ehefrau, Hausfrau, Mutter - eine Erwachsenenrolle zufällt. Die andersartige deutsche Umwelt mit Schule und mit Kontakten zu Gleichaltrigen, vor allem zu Deutschen, zwingt sie in einen Status des Jugendlichseins, eine Veränderung, der die Eltern als Erzieher meistens entgegenwirken, da sie sie nicht nachvollziehen können.

Den Beginn der Jugendzeit mit einer klaren Altersangabe zu verknüpfen, ist bei den Türkinnen noch schwieriger als bei den deutschen Mädchen. Es dürfte sinnvoll sein, sich auch hier nach den oben für die deutschen Jugendlichen genannten Zahlen zu richten und das 13. Lebensjahr als Anfang zu bezeichnen. Nach oben könnte 18 Jahre eine brauchbare Grenze sein, wobei es freilich problematisch wäre, die über 18jährigen nicht mehr jugendlich zu nennen.

3.2. Freizeit und ihre Determinanten in bezug auf türkische Mädchen

Die Jugend als Ausdruck veränderter sozialer Bezugssysteme ist sehr eng verbunden mit dem Verhalten in der Freizeit. Daß in der Türkei die Jugendphase so schwach ausgeprägt ist, hat zur Folge, daß es dort auch keine spezifisch jugendliche Freizeitgestaltung im westlichen Sinne gibt. Wenn nun die türkischen Mädchen in der Bundesrepublik eine Jugendphase durchleben, kommen sie auch mit dem Freizeitverhalten der hiesigen Gesellschaft in Berührung. Da der Begriff "Freizeit" in dieser Arbeit auch für die untersuchten türkischen Gruppen Anwendung finden soll, muß erläutert werden, wie dieser Begriff in der Wissenschaft verwandt wird.

3.2.1. Der Freizeitbegriff in der wissenschaftlichen Diskussion

3.2.1.1. Negativ-Definitionen von Freizeit

"Freizeit" wird bei den mit diesem Thema befaßten deutschen Wissenschaftlern meistens als Gegenpol zu "Arbeit" aufgefaßt. Für Giesecke z.B. existiert der Begriff "Freizeit" erst, seit es eine moderne industrielle Gesellschaft mit geregelter Arbeitszeit gibt.[1] "Freizeit" fängt demnach an, wenn die Arbeitszeit beendet ist. So klar, wie es auf den ersten Blick scheint, ließ sich der Trennungsstrich jedoch nicht ziehen. Bei dem Versuch einer genaueren

1) Hermann Giesecke (Hrsg.): Freizeit und Konsumerziehung, Göttingen 1968, S. 9 ff.

Freizeitdefinition stieß man auf das Problem, ob man den Weg von und zur Arbeit, Mahlzeiten, Körperpflege, Schlafenszeit usw. zur Arbeits- oder zur Freizeit rechnen sollte. Zur Lösung dieser Frage entwickelte Zielinski folgende Formel:

"Gesamtheit des Tages (G) minus Arbeitszeit (A) minus Zeit für die Notdruft des Leibes (N) = Freizeit; also:

$$G - (A + N) = F ."$$ [1]

Dies ist aber eine rein quantitative Bestimmung; inhaltlich ist damit weder über die Freizeit noch über die Arbeitszeit noch über das, was Notdurft des Leibes ist, etwas ausgesagt.

Strzelewicz will Freizeit als etwas qualitativ Positives definieren und geht dabei von der Etymologie des Wortes "Frei"zeit aus. Er zieht alle Zeiteinheiten ab, die als "entweder überhaupt nicht oder nur beschränkt disponibel"[2] bezeichnet werden müssen. Darunter zählt er, neben der überwiegend fremdbestimmten Erwerbsarbeit, die Schlafenszeit, Vorbereitung am Morgen, den Weg von und zur Arbeitsstätte, Zeit, die für Mahlzeiten benötigt wird, und Zeit, die mit der Erfüllung häuslicher Pflichten zugebracht wird.

Um diese letztgenannten Tätigkeiten genauer zu erfassen, unterscheidet Dumazedier "loisir" (Freizeit) und "demi-loisir" (Halbfreizeit)[3]; Schelsky differenziert zwischen gebundener und ungebundener Freizeit[4], Blücher zwischen rekreativer und verhaltensbeliebiger Zeit[5], wobei nicht immer die gleichen Inhalte in der Unterscheidung zum Ausdruck kommen. Daß ein und dieselbe Tätigkeit für den einen Arbeit, für einen anderen Freizeitbeschäftigung sein kann, versucht Scheuch durch den Rollenbegriff zu bewältigen.

---

1) Johannes Zielinski: Freizeit und Sozialerziehung; in: Handbuch der Sozialerziehung, hrsg. v. Ernst Bornemann u. Gustav von Mann-Tiechler, 2. Bd., Freiburg 1964, S. 225.
2) Willi Strzelewicz: Jugend in ihrer freien Zeit, Göttingen 1965, S. 13.
3) zitiert nach Scheuch, Erwin K./Meyersohn, Rolf (Hrsg.): Soziologie der Freizeit, Köln 1972, S. 755.
4) Helmut Schelsky: Die skeptische Generation. Eine Soziologie der deutschen Jugend, 3. Aufl., Düsseldorf/Köln 1957, S. 328.
5) Viggo Graf Blücher: Die Generation der Unbefangenen, Düsseldorf 1966, S. 201.

Tätigkeiten, die zu den funktionalen Rollen eines Menschen gehören, sind Arbeit. Ein Anstreicher verrichtet demnach Arbeit, wenn er seine eigene Wohnung anstreicht. Freizeit wird dann definiert als "die Tätigkeiten, die sich nicht notwendig aus den funktionalen Rollen ergeben".[1)]

Alle bisher genannten und die meisten der sonst benutzten Begriffsbestimmungen von Freizeit sind Negativ-Definitionen, d.h. es wird nicht ausgedrückt, was Freizeit ist, sondern was sie nicht ist. Freizeit ist eine Restkategorie, die übrigbleibt, wenn man bestimmte Tätigkeiten abzieht. Diese Tätigkeiten werden durch den Begriff "Arbeit" gekennzeichnet. Der berufstätige Mensch bildet die Bezugsgruppe für alle Modelle. Damit bleiben bei diesem Begriff der Freizeit 56% der Gesamtbevölkerung (Kinder, Rentner, Hausfrauen) unberücksichtigt, oder sie werden nur notdürftig in das Begriffssystem eingepaßt.

Auch diejenigen Autoren, die sich mit der Funktion der Freizeit für den Menschen beschäftigen, gehen von der Gegenüberstellung Arbeit - Freizeit aus. Habermas versteht Freizeit als "Freiheit von Arbeit" und stellt fest, daß mit einer entfremdeten Arbeit beschäftigte Menschen in der kapitalistischen Industriegesellschaft diese arbeitsfreie Zeit mit Konsumgenuß ausfüllen. Je geringer die Arbeitsfreude - so seine These -, um so höher der Konsum, der an die Stelle einer sinnvollen Kultur tritt und von dem sich die Menschen Ausgleich, Entschädigung und Befriedigung für die Entsagungen und Frustrationen im Berufsleben versprechen. Einen echten Ausgleich kann nach Habermas der Konsum aber nicht bieten, da er lediglich die Fortsetzung der entfremdeten Arbeit auf anderer Ebene darstellt. Insofern kann es auch keine Freizeit im qualitativ-positiven Sinne geben.[2)]

---

1) Scheuch, S. 31.
2) Jürgen Habermas: Soziologische Notizen zum Verhältnis von Arbeit und Freizeit; in: Konkrete Vernunft, Fest-Schrift für Erich Rothacker, Bonn 1958, S. 105.

3.2.1.2. Versuche einer qualitativen Bestimmung von Freizeit

Opaschowski wirft Habermas vor, mit seinem Modell den Gegensatz von Arbeit und Freizeit festgeschrieben zu haben, statt Möglichkeiten zu seiner Überwindung aufzuzeigen[1], ein Vorwurf, den er fast allen macht, die sich mit dem Phänomen Freizeit befassen. Er selbst macht den Versuch, Freizeit positiv zu formulieren, nämlich nicht als Restgröße von Arbeit, sondern qualitativ als "freie Zeit" in allen Lebensbereichen und für alle Gruppen von Menschen, als Freiheit von Zwang und Abhängigkeit, von Angst und Not, eine Freizeit, für die "die gleichberechtigte Mitwirkung aller Mitglieder der Gesellschaft an der Gestaltung der materiellen und immateriellen Lebensqualität ... unabdingbare Voraussetzung" ist.[2]
Im Idealkonzept Opaschowskis, das man mit einem von Habermas und Adorno entlehnten Begriff als "konkrete Utopie" bezeichnen kann, wird die Arbeit in Fabrik und Büro, in Schule und Haus in die freie Zeit einbezogen, wird den persönlichen Wünschen und dem eigenen Tagesrhythmus angepaßt, beispielsweise durch gleitende Arbeitszeit im Betrieb, durch Wählbarkeit von Kursen und Lehrern in der Schule. Bei aller freien Entscheidungskompetenz bleiben aber drei Zeitkategorien erkennbar, die in ähnlicher Form auch schon in anderen Konzepten auftauchten, nämlich 1. Determinationszeit, also abhängige Zeit, deren Hauptmerkmal Fremdbestimmung ist, 2. Obligationszeit, d.h. gebundene Zeit mit dem Hauptkennzeichen Zweckbestimmung, und 3. Dispositionszeit, d.h. freie Zeit, die durch Selbstbestimmung charakterisiert wird.[3]

Determinationszeit ist heute zwar vorwiegend durch die Erwerbstätigkeit festgelegt; sie kann aber sowohl darüber hinaus vorhanden sein als auch im Bereich der Erwerbstätigkeit fehlen. Dieselbe Tätigkeit kann verschiedenen Qualitätscharakter haben. Wie auch Scheuch schon konstatierte[4], "... läßt sich freie Zeit nicht daran erkennen, _was_ einer

---

1) Horst W. Opaschowski: Pädagogik der Freizeit. Grundlegung für Wissenschaft und Praxis, Bad Heilbrunn 1976, S. 37 ff.
2) Opaschowski, S. 14.
3) Opaschowski, S. 107.
4) Scheuch, S. 30.

tut, sondern warum und wie er es tut, aus welchen Beweggründen, mit welcher Zielsetzung und inneren Anteilnahme".[1] Opaschowski löst sich damit von dem Schema "Erwerbstätigkeit/unfreie Zeit; Zeit außerhalb der Erwerbstätigkeit/freie Zeit", allerdings nur, soweit er sich im Rahmen seines Modells bewegt. In der konkreten Analyse geht er ebenfalls von der dichotomischen Sichtweise aus, indem er eingesteht, daß zumindest bis jetzt die Zeit der Berufsarbeit die am meisten determinierte ist und insofern nicht als frei bezeichnet werden kann.[2)]

Ähnliches läßt sich auch für die in der Schule verbrachte Zeit sagen, die darum nicht Gegenstand dieser Arbeit ist. Gleichwohl muß die Komponente Schule wegen ihres Einflusses auf die Gestaltung der Zeit außerhalb der Schulzeit mit berücksichtigt werden. Inwieweit diese übrige Zeit frei disponibel, obligatorisch oder determiniert ist, läßt sich höchstens für den Einzelfall festlegen. Darum soll diese Zeit als eine Einheit zur Untersuchung gelangen; sie soll mit dem Begriff "Freizeit" benannt werden. Unter "Freizeit" wird hier also zunächst weit mehr verstanden als "frei disponible Zeit". Die Aufschlüsselung in frei disponible, Obligations- und Determinationszeit kann bestenfalls ein Ergebnis der Untersuchung sein. Vielfach wird sich eine solche Differenzierung aber gar nicht durchführen lassen, da sie in hohem Maße eine Frage der persönlichen Interpretation ist.[3)]

Es scheint nicht zu gewagt zu behaupten, daß Opaschowski bei seinem Modell die Determinationszeit am negativsten beurteilt, die Obligationszeit als ein notwendiges Übel ansieht und die frei disponible Zeit als positiv bewertet. Man sollte in diesem Zusammenhang bedenken, daß ein frei gewähltes Verhalten nicht immer als angenehm und zufriedenstellend, fremdbestimmte Arbeit auf der anderen Seite nicht immer als bedrückend empfunden wird. Aus diesem Grunde ist die Differenzierung des Freizeitbereichs sinn-

1) Opaschowski, S. 109.
2) Opaschowski, ab S. 45.
3) Rosemarie Nave-Herz: Beruf, Freizeit, Weiterbildung; Darmstadt 1976, S. 26 f.

voll, wie sie von Schmitz-Scherzer getroffen wird. Er unterscheidet Freizeitverhalten, Freizeitinteressen oder -bedürfnisse und Freizeiterleben.[1] Daß die drei Bereiche nicht identisch sind, zeigen bereits die wenigen Untersuchungen, die diese Differenzierung berücksichtigt haben. Es gibt Freizeitbedürfnisse, die aus vielerlei Gründen nicht erfüllt werden können, so daß man sich möglicherweise auf ein Verhalten zurückzieht, das man nicht als positiv und lustvoll erleben kann. Die Unterscheidung der Bereiche ist nicht immer leicht zu treffen und durch eine einfache Befragung nicht herauszufinden, da die Probanden sich darüber selbst nicht unbedingt im klaren sein müssen. Aufgrund vielfältiger Hinweise ist zu erwarten, daß dies für die türkischen Mädchen zutrifft. Es könnte z.B. sein, daß ein Mädchen die Jugendzeitschrift "Bravo" lesen möchte, weil es die Schulfreundinnen tun. Die Eltern verbieten es ihr aber. Daraufhin verzichtet das Mädchen auf seinen Wunsch und redet sich ein, es wolle selbst gar nicht. Eine solche Haltung habe ich des öfteren bei türkischen Mädchen beobachtet. Auf die Fragen "Möchtest Du gerne 'Bravo' lesen", "Liest Du 'Bravo'" und "Erlauben Dir Deine Eltern, 'Bravo' zu lesen?" käme möglicherweise immer die Antwort "nein", obwohl das Mädchen die erste Frage vielleicht lieber mit Ja beantwortet hätte.

Eine dritte Kategorisierung des Freizeitbereiches, die für diese Studie interessant sein könnte, nehmen Havighurst und Feigenbaum vor. Sie fanden vier verschiedene Lebens- oder Freizeitstile heraus, die sich auf die Art der Sozialkontakte beziehen:

"1. 'Community-centered' (auf außerfamiliäre Kontakte zentriert);
2. 'Home-centered-high' (stark familienzentriert);
3. 'Home-centered-low' (wenig familienzentriert);
4. 'Low level'(generell gering ausgeprägter spezifischer Lebens- oder Freizeitstil)."[2]

---

1) Reinhard Schmitz-Scherzer: Sozialpsychologie der Freizeit. Bericht über den Stand der Freizeitforschung in Soziologie und Psychologie, Stuttgart/Berlin/Köln/Mainz 1974, S. 22 ff.

2) Robert James Havighurst und K. Feigenbaum: Leisure und life style, Amer. J. Sociol. 1959; zitiert nach Schmitz-Scherzer, S. 42.

Aufgrund ihres Alters wäre von den Mädchen ein auf außerfamiliäre Kontakte zentriertes Freizeitverhalten zu erwarten, da die Jugend die Phase der Ablösung vom Elternhaus ist. Die türkische Heimatkultur dagegen favorisiert eindeutig ein stark familienzentriertes Verhalten. Die Zugehörigkeit zur Unterschicht wiederum läßt einen low-level-Freizeitstil erwarten, da dieser von Havighurst und Feigenbaum in der Unterschicht besonders häufig festgestellt wurde. Näher charakterisiert wird dieser Freizeitstil von Schmitz-Scherzer, in Anlehnung und Erweiterung von Weber, durch folgende Merkmale:

"1. geringe Initiative,
2. Suche nach Entspannung, Unterhaltung, Zerstreuung,
3. geringe Zielstrebigkeit,
4. gewohnheitsmäßiges, nicht bewußtes Handeln,
5. geringe 'innere Anteilnahme und kritisch überprüfende Beteiligung',
6. starke Beeinflußbarkeit durch peer-groups und andere Bezugspersonen."[1]

Schmitz-Scherzer nennt dieses Verhalten "konsumorientiert"[2], man sollte vielleicht besser sagen: Ausfluß einer konsumorientierten Haltung.

3.2.2. Determinanten des Freizeitverhaltens

Auch über die Gründe, wie es zu einem bestimmten Freizeitverhalten oder einem Freizeitstil kommt, gibt die wissenschaftliche Forschung Auskunft. Wie Nave-Herz aufgezeigt hat, reichen monokausale Erklärungen nicht aus. Ein bestimmtes Verhalten wird durch vielfältige Determinanten hervorgerufen. Als die wichtigsten haben sich herausgestellt:

"- die familiäre Sozialisation,
- die schulische Sozialisation,
- das Geschlecht,
- die subkulturelle Tradition,

---

1) Erich Weber: Das Freizeitproblem, München und Basel 1963; zitiert nach Schmitz-Scherzer, S. 87.
2) Schmitz-Scherzer, S. 88.

- der Familienstand,
- die familiäre und berufliche Zufriedenheit,
- der Faktor der Berufstätigkeit,
- der Beruf als solcher (Art des Berufes),
- das Einkommen."[1]

Die genannten Komponenten bedingen sich gegenseitig und wirken aufeinander ein. Eine grundlegende Variable muß hinzugefügt werden, die als konstitutiv für den Begriff der Jugend genannt wurde: die Gleichaltrigengruppe. Diese sowie die familiäre und die schulische Sozialisation können als übergreifende Determinanten des Freizeitverhaltens für die türkischen Mädchen betrachtet werden. Die übrigen Variablen werden z.T. für die spezifische Situation modifiziert und je nach Relevanz aufgegriffen.

3.2.2.1. Funktion der Familie

Im Jugendalter setzt ein Ablösungsprozeß von der Familie ein, dessen Art und Verlauf nicht zuletzt von der Familie selbst mitgestaltet wird. Neidhardt unterscheidet drei Ebenen dieses Einflusses:

1. Die interaktionelle Ebene gemeinsamen Umgangs und Sozialverkehrs,
2. die normative Ebene direkter elterlicher Kontrollen über den Jugendlichen,
3. die emotionale Ebene gefühlsmäßiger Bindung und Solidarität.[2]

Alle drei Ebenen sind für die Freizeit der türkischen Mädchen von Bedeutung. Wie stark und in welcher Weise sich die drei Komponenten auswirken, hängt u.a. vom Verlauf der Primärsozialisation ab, deren wichtigster Träger wiederum die Familie ist. Sie weist dem Kind eine Schichtzugehörigkeit zu, die wesentlich bestimmt wird durch den Beruf und das Einkommen der Eltern sowie durch ihr Schulbildungsniveau. Sie sorgt für die Grundlegung der kulturellen bzw. subkulturellen Rolle des Kindes (zentrale Werte, Normen, Religion, Nationalität, Sprache). Sie weist dem Kind eine

1) Nave-Herz, S. 83.
2) Friedhelm Neidhardt: Die junge Generation, Opladen 1967, S. 59; zitiert nach Schilling, S. 46.

Geschlechtsrolle zu. Sie fördert oder hemmt das Bildungsniveau des Kindes. In der Kindheit werden Grundstrukturen festgelegt, die kaum veränderbar sind.
Nach Claessens hat die familiäre Primärsozialisation die Aufgabe, die Basispersönlichkeit auszubilden. Dies erfolgt in seinem Modell in drei Schritten:

1. Die Stabilisierung oder primäre soziale Fixierung.
   Das Kind erhält durch enge Verbindung zu einer Bezugsperson, meistens der Mutter, die Fähigkeit zu einer menschlichen, auf Gemeinschaft bezogenen, also sozialen Entwicklung. Der Grundstein zur Ich-Identitätsbildung wird gelegt.
2. Die Enkulturation oder soziokulturelle Prägung.
   Dadurch übernimmt das Kind die Kultur seiner Umwelt und baut so seine eigene kulturelle Rolle auf.
3. Die sekundäre soziale Fixierung.
   Das Kind lernt, soziale Rollen zu übernehmen. Dieser Prozeß wird außerhalb der Familie fortgesetzt.

Der Prozeß der Enkulturation und die Entwicklung der Basispersönlichkeit ist etwa mit dem schulpflichtigen Alter abgeschlossen. Er kann nur normal verlaufen, wenn er in einer stabilen Umwelt vollzogen wird.
Auf diesem Hintergrund entwickelten Schrader/Nikles/Griese ihre Theorie der drei Gruppen von Ausländerkindern.[2] Sie unterscheiden nach dem Alter bei der Einreise Schulkinder, Vorschulkinder und Kleinstkinder bzw. in der Bundesrepublik Geborene.
Die erste Gruppe wird im Heimatland enkulturiert und entwickelt so eine in sich geschlossene Basisidentität, in unserem Fall als Türkin. Die zweite Gruppe wird im Enkulturationsprozeß unterbrochen. Das Kind wird aus der vertrauten Umgebung entführt und gerät in Deutschland unter den Einfluß einer "Minderheiten-Subkultur", d.h. einer elterlichen Kultur, die zwar türkische Identität und Normengefüge besitzt, die aber von der deutschen Kultur beeinflußt ist und einige Elemente von ihr übernommen hat. Diese werden an das Kind weitergegeben. Aufgrund weiterer

---

1) Vgl. Dieter Claessens: Familie und Wertsystem, 3. Aufl., Berlin 1972, S. 27 ff.
2) Schrader/Nikles/Griese, S. 66-73.

Fremdeinflüsse von außen entwickelt das Kind eine diffuse Basispersönlichkeit und hat es schwer, eine eindeutige kulturelle Identität zu finden.
Die Kinder der dritten Gruppe, die als Baby eingereisten oder hier Geborenen, wachsen von vornherein in der Mischkultur auf und entwickeln in ihr eine vorläufige Basispersönlichkeit. Schrader/Nikles/Griese halten die Einflüsse der deutschen Kultur für so stark, daß die Identität dieser Kinder nach ihrer Meinung auf die deutsche Kultur festgelegt wird. Sie werden zu Neu-Deutschen, womit die ehemalige Fremdkultur zur Heimatkultur wird.

Die Kultur der Eltern bezeichnen Schrader/Nikles/Griese als Mischkultur, da sie, bedingt durch die neue Lebensweise, einige Elemente der neuen Umgebung übernommen hätten. Ihre eigentliche Sozialisation sei aber im Heimatland erfolgt, und zwar über einen längeren Zeitraum als die ihrer Kinder. Die zentralen Normen und Wertvorstellungen sowie die kulturelle Identität des Heimatlandes würden deshalb immer erhalten bleiben und sich in Erziehungszielen und Erziehungsstil ausdrücken.
Renner fand diese Hypothese eindeutig bestätigt:
"Die Sozialisationsprozesse in den türkischen Familien in Deutschland verlaufen stark heimatorientiert (kulturspezifisch), da Familienstruktur mit Rollenverteilung und -funktionen, Wertorientierungen und Erziehungspraktiken der Eltern außerhalb unseres kulturellen Milieus geprägt worden sind."[1)]
"Das Erziehungsverhalten der türkischen Eltern orientiert sich daher an den traditionellen Strukturen.Aufgrund der dominanten Rolle des Vaters ist es als patriarchalisch zu bezeichnen."[2)]
Wie sehr die Eltern wünschen, daß ihre Kinder gemäß den heimatlichen Normen leben, zeigen Aussagen, die Kunkel gesammelt hat: "Den eigenen Kindern sollte man viel von zu Hause, von der Heimat erzählen, die Kinder sollten nicht vergessen, daß ihre Heimat woanders ist, meine Kin-

---

1) Erich Renner: Erziehungs- und Sozialisationsbedingungen türkischer Kinder. Ein Vergleich zwischen Deutschland und der Türkei, Rheinstetten 1975, S. 137.
2) Renner, S. 138.

der sollen im Sinne meiner heimatlichen Ansichten erzogen werden, sie dürfen nicht zu deutsch werden, ich verdiene jetzt Geld in Deutschland, damit meine Kinder später zu Hause gute Ausgangschancen haben werden."[1)]
Besonders die Männer wollen nicht, daß sich das Leben der Frauen ändert, wie es ausgedrückt wird in den Worten:
"In Deutschland haben die Frauen zuviel zu sagen, in der Heimat ist der Mann der Chef der Familie, in Deutschland muß man da selber etwas zurückstecken und sich anpassen; der deutsche Mann hat in seiner Familie viel weniger zu sagen als ich ..."[2)]

3.2.2.2. Funktion der Schule

3.2.2.2.1. Die Funktion der Schule im allgemeinen

Schilling schreibt der Schule fünf sozialisierende Funktionen zu:
"1. Die durch die Familie bestimmte Sozialisation soll eventuell korrigiert und vervollständigt werden (korrigierende Funktion).
2. Sie übernimmt die Vermittlung des kulturellen Erbes an die Sozialisanden (konservierende Funktion).
3. Gleichfalls fällt ihr die Aufgabe der Einübung des sozialen Erbes durch die Herausführung aus der Familie in die zunehmend unter anderen Aspekten stehende Welt der Erwachsenen zu (dynamische Funktion).
4. Sie trägt wesentlich zur Förderung der Persönlichkeitsreife bei (emanzipatorische Funktion).
5. Der Erfolg in der Schule ist ausschlaggebend für Berufschancen und sozialen Status (plazierende Funktion)."[3)]

Daß die Schule diese Aufgaben tatsächlich erfüllt, bzw. daß sie sich zum Vorteil der Schüler auswirken, wird von vielen bezweifelt.[4)] Es ist inzwischen unumstritten, daß die Schule nicht alle Schüler in gleicher Weise fördert.

---

1) Klaus Kunkel: "Die Deutschen halten uns für blöd ...", Köln 1975, S. 96.
2) Kunkel, S. 97.
3) Schilling, Freizeitverhalten, S. 48.
4) Z.B. Schilling, vgl. S. 49 ff.

Die korrigierende Funktion z.B. kommt für Kinder aus der Unterschicht nur unzureichend zum Tragen, da die Ziele der Schule mittelschichtorientiert sind. Das heißt, die Erziehungsnormen der Schule laufen nicht parallel zu denen des Elternhauses, der Sozialisationsprozeß ist nicht einheitlich, so daß eine Persönlichkeitsreife schwierig aufzubauen ist. Die Folge ist nur zu häufig ein Versagen in der Schule, wodurch wiederum die Berufschancen und die Chancen zu einer guten gesellschaftlichen Position verbaut werden.

3.2.2.2.2. Die besondere Funktion der deutschen Schule für türkische Mädchen

Mit diesem Handicap sind die Ausländerkinder per se ausgestattet. Hinzu kommt bei ihnen aber noch die Sprachbarriere und - was mindestens genauso wichtig ist - die Kulturbarriere. Renner stellt fest: "Erziehungs- und Sozialisationseinflüsse in den deutschen Schulen zeigen sich für die türkischen Kinder stark fremdorientiert"[1], da die Normen der deutschen Schule weder den Regeln der türkischen Familienerziehung noch denen der schulischen Erziehung in der Türkei entsprechen. Ziele und Aufgaben der deutschen Schule beziehen sich auf:

"- den individuellen Schüler, seine Förderung in Richtung Chancengleichheit und Selbstverwirklichung;
- die hiesige Gesellschaft als eine dem Anspruch nach demokratische Gemeinschaft in allen Lebensbereichen (z.B. Familie und Öffentlichkeit);
- die hiesige Gesellschaft als ein durch Industrie und Technik bestimmtes Staatswesen;
- die hiesige Gesellschaft als einen Staat, dessen historische Entwicklung in der abendländischen (christlichen) Tradition steht."[2]

"Die Bedingungen für Erziehung und Sozialisation in den türkischen Familien stehen zu den Inhalten und Zielen der Curricula deutscher Schulen als 'formulierten Sozialisationszielen' in Widerspruch:

---

1) Renner, S. 139.
2) Renner, S. 140.

- Wertorientierungen, Erziehungspraktiken, Rollenverständnis werden zu sozialisationshemmenden Faktoren und verhindern eine Integration in die deutsche Klasse und Schule.
- Die allgemeinen (und speziellen) Zielsetzungen der deutschen Schule, formuliert in den Curricula, behindern die Integration in die türkische Familie."[1]

Obwohl man der Schule vorwerfen kann, daß sie nicht aktiv auf eine "sinnvolle Nutzung" der Freizeit einwirkt, da sie sich mit dem Thema "Freizeit" nur unzureichend beschäftigt[2], finden die gesellschaftlichen Werte der Schule ihre Entsprechung im Freizeitverhalten. Diese erfordern selbständiges Handeln, mehr individuelles als familienzentriertes Freizeitverhalten, mehr Eigenentscheidung als Gehorsam, mehr Partnerschaft als Unterodnung, eher Kontakte zwischen den Geschlechtern. Die Schule verlangt die Teilnahme an Klassenfahrten, Sportveranstaltungen usw. und gibt dadurch Anregungen zur Freizeitgestaltung und die Möglichkeit zur Knüpfung vielseitiger Kontakte. Für viele türkische Mädchen führt dies schon im schulischen Bereich zu Problemen, wieviel mehr erst im Freizeitbereich.
Nicht nur das Faktum des Schulbesuchs wirkt sich auf das Freizeitverhalten aus, sondern auch die Länge und die Qualität der Ausbildung, wie sich bei Vergleichen zwischen Hauptschulabsolventen und Akademikern gezeigt hat.[3] Beides ist bei ausländischen Kindern äußerst unzureichend, denn kaum eines von ihnen kann eine höhere Schule besuchen. Zwei Drittel erhalten noch nicht einmal den Hauptschulabschluß.[4]

3.2.2.3. Funktion der Gleichaltrigengruppe (peer group)

Wie schon bei der Diskussion des Begriffes "Jugend" erwähnt, sind die sozialen Beziehungen zu Personen ungefähr gleichen Alters bzw. gleichen Entwicklungsstandes von großer Bedeutung für die Sozialisation im Jugendalter -

1) Renner, S. 151.
2) Vgl. Schilling, Freizeitverhalten, S. 52 ff.
3) Vgl. Schmitz-Scherzer, S. 81.
4) Vgl. Ausländische Schüler und Lehrer an deutschen Schulen in der Stadt Köln; Hrsg. Der Regierungspräsident Köln, Schriftenreihe des Regierungspräsidenten Köln Nr. 13, Mai 1976 und Köln-Studie S. 215-304.

jedenfalls in unserer Gesellschaft. Diese sogenannten 'peer groups', 'Gleichaltrigengruppen' oder 'Altersgruppen' üben nicht nur Einflüsse auf das Freizeitverhalten Jugendlicher aus, sie sind zentraler Inhalt des Freizeitverhaltens. Anders gesagt, die Freizeit der Jugendlichen spielt sich wesentlich innerhalb der peer groups ab[1], die sich selbst ein Normsystem aufbauen. Dies gilt, obwohl Differenzierungen vor allem im Hinblick auf Mädchen später notwendig sein werden.
Welche Funktionen die peer groups für die Jugendlichen erfüllen können, zählt Schilling in einer umfangreichen Liste auf:

1. Emanzipation und Autonomie,
2. Status- und Verhaltenssicherheit,
3. Angstminderung und emotionale Sicherheit,
4. Orientierungs- und Bezugssystem,
5. Ich-Stütze und Ich-Stärke,
6. Identität und Identifikation,
7. Selbstdarstellung und Selbstbewußtsein,
8. Solidarität und Konformität,
9. Stabilisierung und Abbau von Frustrationen,
10. Gratifikation und Anerkennung,
11. Persönlichkeitsentwicklung und -entfaltung,
12. Sexualität und Politik,
13. Sozialisationsagentur.[2]

Alle diese Aspekte müssen gesehen werden im Prozeß der Loslösung von der Primärsozialisation in der Kindheit durch die Eltern und der Sekundärsozialisation durch die Schule. Beide Sozialisationsinstanzen reichen nicht aus, um die neue Rolle des Jugendlichen zu definieren, und können dem jungen Menschen nicht die Sicherheit geben, die er für seine weitere Entwicklung benötigt. Daß der Einfluß beider Instanzen in der Jugendzeit nicht aufgehoben wird, wurde schon gesagt. In welchem Verhältnis alle drei Instanzen qualitativ und quantitativ stehen, hängt von mehreren Faktoren ab und kann nicht mit allgemeiner Verbindlichkeit endgültig geklärt werden.

---

1) Vgl. Schilling, Freizeitverhalten, S. 55.
2) Schilling, Freizeitverhalten, S. 56 ff.

3.2.2.4. Funktion der peer groups für türkische Mädchen

3.2.2.4.1. Allgemeine Voraussetzungen

Gleichaltrigengruppen sind in allen uns bekannten Kulturen nachweisbar,"jedoch scheint ihr Einfluß auf die Persönlichkeitsentwicklung in industrialisierten Gesellschaften am stärksten zu sein, da sich in jenen Gesellschaften eine lange Übergangsphase zwischen familiärer Abgesichertheit und gesellschaftlicher Selbständigkeit schiebt."[1]
In den Ausführungen über die türkische Kultur war bereits gesagt worden, daß es dort weder eine ausgeprägte Jugendphase noch eine Bildung formeller oder informeller Gruppen zwischen Gleichaltrigen gibt; zumindest sind gemischtgeschlechtliche Jugendgruppen fast unmöglich. Zwar ist die Orientierung türkischer Mädchen - ebenso wie die der deutschen - früh auf einen andersgeschlechtlichen Partner gerichtet, die Beziehungen sind jedoch völlig anders geartet. Das türkische Mädchen lernt den jungen Mann oft erst näher kennen, wenn es ihn - häufig schon in jungen Jahren - heiratet.[2]
Obwohl die türkischen Eltern auch in Deutschland ihren Töchtern das heimatliche Normsystem nahebringen, kann der Übergang von der Kindheit zum Erwachsenenstatus hier nicht mehr so schnell und direkt vollzogen werden. Das ist nicht nur durch eine verlängerte Ausbildungsphase bedingt, sondern auch durch deutsche Sozialisationseinflüsse. Zumindest in der Schule treffen die ausländischen Jugendlichen mit deutschen Gleichaltrigen zusammen und lernen die Subkultur der deutschen Jugendlichen kennen. "Peer groups haben als Orientierungs- bzw. Bezugsgruppen so die Funktion, antizipatorische Sozialisation voranzutreiben; sie haben also akkulturierenden Einfluß, selbst ohne daß ausländische Kinder in ihnen interagieren."[3]
Gegensätzliche Sozialisationseinflüsse und Verhaltensanforderungen der Eltern einerseits und der Schule andererseits rufen bei ausländischen Jugendlichen noch mehr Unsicherheit, Orientierungslosigkeit und Identitätsverluste

---

1) Schrader/Nikles/Griese, S. 62.
2) S.o. S. 92.
3) Schrader/Nikles/Griese, S. 168.

hervor, als es bei deutschen Jugendlichen der Fall ist. Da deutsche Jugendliche in dieser Phase der Loslösung und des Suchens nach neuen Orientierungsfeldern Halt und Sicherheit bei Gleichaltrigen suchen, mit denen zusammen sie eigene, adäquate Verhaltensnormen entwickeln, ist anzunehmen, daß dieser Wunsch noch verstärkt bei den ausländischen Jugendlichen aufkommt.

3.2.2.4.2. Theorie der interethnischen peer groups

Aufgrund dieser Überlegungen folgern Schrader/Nikles/Griese, daß sich ausländische Jugendliche sehr häufig interethnischen Gleichaltrigengruppen anschließen und sich deren Normsystem, das von der deutschen Gruppenmehrheit geprägt wurde, unterwerfen, um die Anerkennung der Gruppenmitglieder zu erlangen.[1)] Die Autoren schließen sich ausdrücklich der Meinung Hoffmann-Nowotnys an, daß die Kinder auch von deutschen Gleichaltrigengruppen aufgenommen würden, weil ihrer Integration sehr viel weniger Widerstand entgegengesetzt werde als der Integration ihrer Eltern.[2)] Weiterhin behaupten Schrader/Nikles/Griese, daß "die gegenseitige Sympathie bzw. die Anerkennung des andersethnischen Kindes als Freund und Spielkamerad mit dem Grad des Kennenlernens wächst."[3)] Der Akkulturations- und Integrationsprozeß der Ausländerkinder werde dadurch gefördert, daß sie sich an die deutsche Kultur, speziell an die deutsche Jugendsubkultur, angleichen und so die Möglichkeit erhalten, eine feste Persönlichkeitsstruktur zu entwickeln und ihre Identität zu finden. Die spezifischen Normen und Verhaltensmuster der peer groups würden einen Ausgleich zwischen den gegensätzlichen Normen von Familie und Schule bilden. Inwieweit ausländische Jugendliche Denk- und Handelsweisen, Einstellungen, Ansichten und Wertmuster der peer groups internalisieren, machen Schrader/Nikles/Griese abhängig von der Sozialisation, die die Jugendlichen in der Kindheit erfahren haben. Sind sie z.B. als Schulkinder in die Bundesrepublik eingereist, dann ist nach der Sozia-

1) Schrader/Nikles/Griese, S. 167 f.
2) Schrader/Nikles/Griese, S. 167.
3) Schrader/Nikles/Griese, S. 178.

lisationstheorie Claessens ihre kulturelle Identität eine türkische, so daß eine kulturelle Identitätsumwandlung nicht möglich wäre. Eine völlige Internalisierung deutscher peer-group-Normen wäre dann ebenfalls ausgeschlossen. Wer als Kleinstkind nach Deutschland gekommen oder hier geboren ist, hat danach auch die größten Integrationschancen hinsichtlich deutscher peer groups.[1)]
Es sei noch darauf hingewiesen, daß Schrader/Nikles/Griese weder eine Differenzierung nach Nationalitäten noch nach Geschlechtern vorgenommen haben.

3.2.2.4.3. Kritik der interethnischen peer-group-Theorie

Die Überlegungen von Schrader/Nikles/Griese, daß ausländische Jugendliche häufig in deutschen peer groups integriert sein müßten und dort ihre Konflikte bewältigen könnten, stehen teilweise im Widerspruch zu ihren eigenen empirischen Daten, zu den Ergebnissen anderer Arbeiten und zu theoretischen Folgerungen. Man muß demgegenüber die These aufstellen, daß die deutsche Jugendsubkultur, vermittelt durch die peer groups, ein zusätzliches Konfliktfeld neben Elternhaus und Schule im Bereich der Freizeit schafft.

3.2.2.4.3.1. Die Intensität der interethnischen Kontakte

Die Existenz von umfangreichen interethnischen peer-group-Beziehungen wird von Schrader/Nikles/Griese aufgrund bestimmten Zahlenmaterials lediglich vermutet und wird auch durch die übrige Sekundärliteratur keinesfalls bewiesen. Grundlage für die Vermutung bilden Ergebnisse und Interpretationen über die Einstellung deutscher Kinder zu ausländischen Kindern bei der Wahl der Sitzordnung in der Schule: "Mit der Häufigkeit interethnischer Beziehungen und mit der Verengung der räumlichen Beziehungen nehmen negative Einstellungen und sozio-kulturelle Distanz ab."[2)]
Demgegenüber kommt Renner in einer vergleichenden Untersuchung, die auch die Intensität und die Anzahl der Kon-

---

1) s.o. S. 135 f.
2) Schrader/Nikles/Griese, S. 170.

takte berücksichtigt, zumindest in bezug auf die Türken zu entgegengesetzten Aussagen: "Dort, wo eine Vielzahl von Kontakten und Interaktionen stattgefunden hat, ist die Bereitschaft, die türkischen Mitschüler und ihre Landsleute mit negativen Eigenschaften zu belegen, viel größer als im Bereich mit weniger Berührungspunkten. Intensive Kontakte tragen demnach nicht zum Abbau, sondern zur Entstehung von Vorurteilen bei."[1] Eine Untersuchung von Franke und Wolf über "Eigenschaftsbilder sozialer Gruppen bei jungen männlichen Strafgefangenen" bestätigt diese Vorurteilsbefragung unter deutschen Schülern ausdrücklich: "Türken zählen zu den am wenigsten angesehenen Volksgruppen."[2] Außerdem verbinden sich die beiden Komponenten Sozialstatus Elternhaus und Sozialstatus Klasse/Schule für türkische Kinder zu einem Bündel ungünstiger Sozialisationsbedingungen[3], die auch ihre Auswirkungen auf die peer-group-Beziehungen haben. Schon darum dürfte sich die Aufnahme jugendlicher Türken in peer groups schwieriger gestalten, als dies von Schrader/Nikles/Griese angenommen wird.

Zwar bestätigen die Autoren, daß die interethnischen Beziehungen sich auf einen kleinen Kreis deutscher Kinder konzentrieren, was ihnen aufgrund der quantitativen Verhältnisse der Gruppen zueinander auch nicht verwunderlich erscheint, sie interpretieren jedoch ihre Daten dahingehend, "daß ausländische Kinder häufigen Kontakt zu peer-groups haben, die von deutschen Kindern dominiert werden", und daß die ausländischen Kinder "oftmals" als einziges nichtdeutsches Mitglied an peer-group-Interaktionen teilnehmen.[4] Demnach müßte der Kreis der deutschen Kinder quantitativ wesentlich größer sein, als sich aus den Daten der Untersuchung ergibt. Von Kontakten zwischen ausländischen und deutschen Kindern auf intensive peer-group-Beziehungen zu schließen, erscheint somit ungerechtfertigt. Der Anknüpfung solcher Beziehungen dürften außerdem Verbote der Eltern entgegenstehen. Schrader/Nikles/Griese konzedieren zwar, daß die Normen der peer groups denen des Elternhauses

---

1) Renner, S. 147.
2) Wolfgang Franke/Heinz E. Wolf: Empirische Untersuchung der Eigenschaftsbilder sozialer Gruppen bei jungen männlichen Strafgefangenen; in: KZSS 25,1973,Heft 4,S.777-813.
3) Renner, S. 148.
4) Schrader/Nikles/Griese, S. 174.

widersprechen können und daß es dadurch erneut zu Konflikten kommen kann.[1] Sie berücksichtigen jedoch zu wenig die Abhängigkeit der ausländischen und gerade der türkischen Jugendlichen von ihren Eltern. Obwohl ein Normenkonflikt auch hinsichtlich der Schule besteht, können sich die Eltern dieser Institution nicht so leicht widersetzen, da sie staatliche Autorität besitzt. Die Teilnahme an einer Jugendgruppierung können sie dagegen wesentlich leichter verbieten. Daß dazu von seiten der Eltern Anlaß besteht, wird verständlich, wenn man die deutschen peer-group-Normen mit der traditionellen türkischen Kultur vergleicht.
Wie bereits oben erwähnt, kennt man in der Türkei nicht die Bildung von Gleichaltrigengruppen, in denen man neue Lebensformen, losgelöst von der primären Sozialisationsinstanz Familie, entwickeln kann. Ein Freiraum zum Ausprobieren relativ unverbindlicher Verhaltensweisen existiert also nicht. Vor allem unterliegen die Beziehungen zum anderen Geschlecht, speziell für Mädchen, Einschränkungen,wie sie für die deutsche Kultur kaum mehr denkbar sind. In Deutschland dienen peer-group-Beziehungen nicht zuletzt dem Kennenlernen des späteren Ehepartners. In der Türkei ist diese Funktion noch weitgehend überflüssig, da meistens die Eltern die Partnerwahl für ihre Kinder vornehmen. Das Verhältnis der Geschlechter zueinander und die sexuellen Normen der Jugendlichen haben sich in der deutschen Gesellschaft während der letzten zehn Jahre so stark verändert und liberalisiert, daß selbst viele Deutsche diese Entwicklung nicht verstehen und akzeptieren können. Wieviel größer muß die Diskrepanz zwischen den Vorstellungen türkischer Eltern und den teilweise recht freizügigen Lebensformen deutscher Jugendlicher sein. Wäre es verwunderlich, wenn Eltern gegenüber ihren Kindern, insbesondere gegenüber den Töchtern, noch strenger und restriktiver handelten,als sie es in der Türkei tun würden, um ihre Kinder vor"Schaden"und sich selbst vor"Schande"zu bewahren? Daß sie ihre Kinder nach den Grundsätzen ihrer heimatlichen Kultur erziehen, ist erwiesen und auch nicht anders zu

1) Schrader/Nikles/Griese, S. 167.

erwarten, da die Eltern in der Türkei enkulturiert worden sind und den wesentlichen Teil ihres Lebens dort verbracht haben.
Zusammenfassend kann man daher sagen, daß zwar zahlreiche interethnische Kontakte bestehen, daß aber damit die Mitgliedschaft türkischer Jugendlicher in deutschen peer groups in keiner Weise erwiesen ist. Türkische Mädchen dürften aufgrund der größeren Beschränkungen, denen sie unterliegen, noch seltener Zugang zu deutschen Gleichaltrigengruppen haben.

3.2.2.4.3.2. Das Normsystem der peer groups und die Identitätsfindung türkischer Jugendlicher

Wie Schrader/Nikles/Griese wohl richtig darstellen, üben peer groups auch dann Einfluß auf ausländische Jugendliche aus, wenn sie selbst nicht in ihnen interagieren. Für sie stellen also deutsche Gleichaltrigengruppen, und mit ihnen deren Normsystem, Orientierungspunkte dar.[1] Für interethnische peer groups konstatieren die genannten Autoren, daß die Normen der dominierenden Deutschen verbindlich sind, was sie als eine günstige Voraussetzung für die Assimilation und die darauffolgende Identitätsbildung ansehen.[2]
Während der erste Teil der Aussage zu akzeptieren ist, muß der zweite abgelehnt werden. Angenommen, ein Kind ist im Schulalter in die Bundesrepublik eingereist. Es hat dann - auch nach Schrader/Nikles/Grieses eigener Ansicht - die kulturelle Rolle des Heimatlandes bereits übernommen und kann demnach nicht mehr assimiliert werden. Will solch ein Jugendlicher an einer Gruppe gleichaltriger Deutscher partizipieren und dort soziale Anerkennung finden, ist er aber gezwungen, seine heimatliche Kultur zu verdrängen und sich total auf den Kontext der deutschen peer group zu konzentrieren. Während die Lehrer in der Schule noch in der Lage sein könnten, auf kulturelle Besonderheiten einzugehen, ist dies von Gleichaltrigen kaum zu erwarten. Hier gilt oftmals das Recht des Stärkeren. Wer sich innerhalb der Gruppenhierarchie keinen Platz erobert, der ihn

1) Schrader/Nikles/Griese, S. 168.
2) Schrader/Nikles/Griese, S. 168.

zufriedenstellt und auf dem er Anerkennung und Achtung von seiten der Gruppenmitglieder erwarten kann, wird in der Gruppe auch nicht die gewünschte Stütze und Orientierung finden. Wenn ein ausländischer Jugendlicher andererseits um dieser Anerkennung willen seine Herkunft verleugnet und sich total anzupassen versucht, kann das nicht als eine Ich-Findung und Stärkung der Persönlichkeit bezeichnet werden.[1)]
Haben schon als Schulkinder in die Bundesrepublik eingereiste Ausländer solche Probleme, müßten diese nach der Drei-Gruppen-Theorie noch verstärkt bei den "Vorschulkindern" auftreten, da Vorschulkinder bereits in der Primärsozialisation eine diffuse Basispersönlichkeit entwickelt haben und damit weder der einen noch der anderen Kultur angehören. Aber selbst bei Jugendlichen, die hier geboren sind, ist eine volle Integration nicht zu erwarten, da auch sie weitgehend in der heimatorientierten Familie enkulturiert werden.
Die Jugendlichen haben zwei extreme Möglichkeiten: zum einen können sie in der Familie integriert bleiben und befolgen, was dort von ihnen verlangt wird. Dann geraten sie, zumindest in ihrer Freizeit, weitgehend in die Isolation. Von den deutschen Gleichaltrigen werden sie entweder nicht beachtet, mitleidig belächelt oder sogar verachtet. Wollen sie dies vermeiden, so müssen sie sich - das ist die zweite Möglichkeit - den Normen der deutschen Jugendsubkultur anpassen. Dadurch geraten sie in einen Gegensatz zu ihren Eltern. Bei ihrer finanziellen und sozialen Abhängigkeit kann ein Bruch mit diesen nicht das Ziel der jungen Ausländer sein, schon gar nicht das der jungen Türkinnen.
Andererseits muß man annehmen, daß das peer-group-orientierte, recht freizügige Leben deutscher Jugendlicher große Anziehungskraft besitzt. Die Ausländer, in diesem Fall die türkischen Mädchen, werden also danach streben, soweit wie möglich daran teilzunehmen.
Im Spannungsfeld zwischen diesen beiden Polen müssen sich die türkischen Jugendlichen ihren Weg suchen. Ein peergroup-orientiertes Freizeitverhalten in deutschen bzw. interethnischen Gruppen zur Stabilisierung der Person und

1) Vgl. oben S.140 zu den Funktionen der peer-groups.

Stärkung der Ich-Identität dürfte demnach mehr Wunsch als Wirklichkeit sein und die peer group und ihre Normen ein zusätzliches Konfliktfeld.
Damit soll nicht gesagt werden, daß in peer-group-Beziehungen nicht auch eine Chance für die Integration bzw. für die Auseinandersetzung mit der deutschen Kultur liegen könnte. Eine solche Auseinandersetzung läßt sich ohnehin nicht vermeiden, da die Alternative einer absoluten Ghettobildung weder möglich noch wünschenswert ist.[1]

3.3. Empirische Studie zum Freizeitverhalten türkischer Mädchen in Köln

Zur Erfassung des Freizeitverhaltens türkischer Mädchen dient in erster Linie eine Fragebogenuntersuchung. Diese wird ergänzt anhand eines Tonbandprotokolls, durch das ein Gespräch einer Gruppe türkischer Mädchen über Fragen der Freizeit und dabei entstehende Probleme dokumentiert wird. Während eines Zeitraums von anderthalb Jahren hatte ich außerdem Gelegenheit zur teilnehmenden Beobachtung in einer Freizeitgruppe türkischer Mädchen im Alter von 12 bis 16 Jahren, wobei ich im ersten halben Jahr Zuschauer war und anschließend die Leitung der Gruppe übernahm. Erkenntnisse und Erfahrungen aus dieser Gruppenarbeit sollen im folgenden mitverarbeitet werden. Entsprechende Untersuchungen über das Freizeitverhalten von deutschen Jugendlichen werden zum Vergleich herangezogen, um die Ergebnisse einordnen zu können und Konfliktsituationen deutlich werden zu lassen.

---

1) s.o. S. 36.

3.3.1. Hypothesen als Leitlinien der Studie

Schon im Anschluß an vorangegangene Kapitel wurden einige schlußfolgernde Uberlegungen angestellt. Aus den bisher gewonnenen Erkenntnissen werden nun Hypothesen formuliert, an denen sich die Studie orientiert.

Hypothese 1:

Türkische Mädchen müssen aufgrund der heimatlichen Familienstruktur schon früh Aufgaben der erwachsenen Frau im Sinne der traditionellen Rollenverteilung zwischen den Geschlechtern übernehmen. Dadurch wird die frei disponible Zeit eingeschränkt.

Hypothese 2:

Verbote und Gebote der Eltern orientieren sich an heimatlichen Normen und schränken die Bewegungsfreiheit der Töchter zusätzlich ein.

Hypothese 3:

In der Türkei ist gerade bei Mädchen eine Jugendphase nur ansatzweise ausgebildet. Unter dem Einfluß der deutschen Kultur wird diese stärker ausgeprägt. Durch die mit der Jugendphase verbundenen Neuorientierungen entsteht vor allem ein Bedürfnis nach peergroup-Beziehungen, das aber nur unzureichend befriedigt wird.

Hypothese 4:

Zahlreiche Freizeitaktivitäten deutscher Jugendlicher bedeuten für türkische Mädchen zusätzlichen Konfliktstoff. Sie schränken sich darum in ihrem Freizeitverhalten selbst ein, um Konflikten mit Eltern und gleichaltrigen Deutschen auszuweichen.

Hypothese 5:

Türkische Mädchen kopieren solche Freizeitaktivitäten deutscher Jugendlicher, die der Kontrolle der Eltern entzogen sind oder von ihnen geduldet werden. Auf diese Weise verarbeiten sie deutsche Kultureinflüsse und bemühen sich um Anerkennung bei deutschen Gleichaltrigen.

Hypothese 6:

Türkische Mädchen geraten durch die unterschiedlichen und zum Teil entgegengesetzten Anforderungen der deutschen und türkischen Kultur in einen Kulturkonflikt. In der Jugendphase kann sich der Kulturkonflikt zu einer Identitätskrise ausweiten.

3.3.2. Die Problematik bei der Auswahl der Versuchsperson

Mit der durchgeführten Befragung wurde keine Repräsentativuntersuchung angestrebt, da allein schon die technischen Schwierigkeiten und der bisher wenig überschaubare Forschungsgegenstand den Rahmen einer Diplomarbeit gesprengt hätten. Ein solches Vorhaben wäre aber auch deshalb schwierig, weil die Gesamtheit der in Köln lebenden türkischen Mädchen kaum zu ermitteln ist und ein repräsentativer Querschnitt nicht zur Verfügung steht. Zur Verdeutlichung dieser Schwierigkeiten sei auf folgende Statistiken verwiesen:
Nach Angaben des Statistischen Amtes der Stadt Köln lebten Ende des Jahres 1976 in Köln 2821 türkische Jugendliche im Alter von 13 bis 18 Jahren (Jahrgang 1958 bis 1963). Das sind ca. 40% aller in Köln registrierten ausländischen Jugendlichen, die zusammengenommen etwa 10% aller Kölner Jugendlichen gleichen Alters umfassen. Der Anteil wird wahrscheinlich in den nächsten Jahren aufgrund der Familienzusammenführung und durch Neugeburten steigen.[1)]
Interessant ist die Aufspaltung der Zahl der jugendlichen Türken nach Geschlecht. Nach der Statistik waren von den

1) s.o. S. 9 f.

2821 türkischen Jugendlichen 1864 männlichen und nur 957 weiblichen Geschlechts[1], also nur halb so viele. Der Grund mag darin zu suchen sein, daß Mädchen häufiger in der Türkei gelassen oder als Jugendliche wieder dorthin zurückgeschickt werden. Hinzu kommt, daß ein beträchtlicher Anteil der ausländischen Kinder überhaupt nicht registriert ist. Die Dunkelziffer liegt bei den Mädchen offenbar erheblich höher als bei den Jungen. Ein recht großer Fehlbetrag ergibt sich schon aus der Kölner Schulstatistik. Diese gibt bei den 10- bis 15jährigen für das Schuljahr 1973/74 folgende Zahlen an: ca. 1200 von 4600 ausländischen Kindern gingen nicht zur Schule, das ist ein Anteil von 26%. Er verringerte sich im Schuljahr 1974/75 geringfügig auf 22% bei einem Zahlenverhältnis von 5300 zu 1200.[2] Der Prozentsatz der Kinder, die keine Schule besuchen, liegt besonders bei den älteren Ausländerkindern sehr hoch, bei den Türken am höchsten von allen Ausländern und bei den Mädchen höher als bei den Jungen. Am schwersten zu erfassen sind die Ausländerkinder, die als Klein- oder Schulkinder in die Bundesrepublik eingereist sind. Viele der in der Bundesrepublik lebenden ausländischen Kinder werden jedoch bereits hier geboren. Mit Zunahme dieser Tendenz sinkt die Zahl der Nichtregistrierten. Bis 1980 hofft man das Problem der Dunkelziffer gelöst zu haben.[3] Bis dahin ist ein beträchtlicher Teil der jugendlichen Türkinnen nicht erreichbar, noch nicht einmal über die Schule.

3.3.3. Vorteile der Schule als Ort der Befragung

Trotz der angeführten Schwierigkeiten ist es aus technischen und inhaltlichen Gründen das günstigste, eine Befragung an den Schulen durchzuführen. Außer dem Vorteil, daß man dort eine größere Anzahl von Mädchen relativ leicht gleichzeitig befragen kann, bietet die Autorität der Schule auch eine Hilfe, um die Mädchen von der Notwendigkeit zu überzeugen, den Fragebogen auszufüllen und die

---

1) Angaben des Statistischen Amtes der Stadt Köln.
2) Köln-Studie, S. 227.
3) Köln-Studie, S. 220.

Fragen wahrheitsgemäß zu beantworten. Ein Besuch bei den Mädchen zu Hause hätte wahrscheinlich das Ergebnis negativ beeinflußt. Einige Eltern hätten möglicherweise den Sinn der Befragung nicht eingesehen oder diese verhindert, weil sie eine nachteilige Beeinflussung der Tochter befürchteten. Zumindest bestand die Gefahr, daß die Mädchen nicht freimütig geantwortet hätten.
Auch in der Schule äußerten einige Mädchen Bedenken, ehrliche Antworten zu geben. Es wurde z.B. gefragt, ob es auch mit Sicherheit nicht die Eltern oder sonst jemand erfahren würde, wenn man angebe, einen Freund zu haben. Um den Mädchen die unberechtigte Angst vor Indiskretionen zu nehmen, wurde ausführlich erklärt, was mit den Fragebogen geschehen werde, vor allem, daß das Fehlen von Name und Adresse die volle Anonymität garantiere.
Dadurch daß die Befragung in Schulen stattfand, ist zum einen die Gruppe derer nicht erfaßt, die nicht zur Schule gehen und deren Freizeitverhalten deshalb wahrscheinlich anders geartet ist. Der Nachteil muß in Kauf genommen werden, zumal diese Gruppe auch auf keine andere Weise in angemessener Zahl hätte erfaßt werden können. Zum anderen konnten keine berufstätigen Mädchen in die Untersuchung einbezogen werden. Es war aber immerhin möglich, den Fragebogen von 21 Mädchen einer Kölner Berufsschule im Berufsvorbereitungsjahr beantworten zu lassen. Die übrigen 79 Mädchen besuchen Kölner Hauptschulen. Insgesamt wurden also 100 Mädchen interviewt.
Die Befragung wurde zu Beginn des Jahres 1977 durchgeführt.

3.3.4. Hinweise zur Auswahl und Übersetzung der Fragen

Den Mädchen lag ein Bogen mit 15 Fragenkomplexen (86 Einzelfragen insgesamt)[1] vor, zu deren Beantwortung 1-2 Schulstunden zur Verfügung standen. Bis auf wenige Mädchen, die ausdrücklich einen deutschen Text wünschten, erhielten alle einen Fragebogen in türkischer Sprache.
Die Übersetzung - ausgeführt von einer Fachkraft - war nicht immer einfach, da die Struktur der türkischen Sprache sich stark von der der deutschen unterscheidet. Außerdem

---

1) siehe Anlage.

sind einige Begriffe, die im Deutschen durchaus verständlich und normal sind, im Türkischen ungebräuchlich.[1] Es wurde soweit wie möglich versucht, unmißverständlich zu formulieren und den Sinn der deutschen Fragen in der Übersetzung zu erfassen.
In der Regel standen Antworten zum Ankreuzen zur Auswahl, einige Fragen mußten frei beantwortet werden. Gefragt wurde nach grundlegenden Daten (Herkunft, Schulbildung, Alter usw.) der Mädchen und der Eltern. Ferner interessierten alle Tätigkeiten außerhalb der Schule. Bei der Fragestellung wurde die türkische Lebensweise, wie sie sich aufgrund von Literaturstudium, Beobachtungen und Vorgesprächen darstellte, berücksichtigt. Bei der Auswahl und der Formulierung der Fragen wurde Wert darauf gelegt, die türkische Mentalität, den Sittenkodex sowie die Intimsphäre nicht zu verletzen. Außerdem mußten die Fragen möglichst leicht verständlich und frei von Bewertung sein; die Antworten sollten nicht durch die Fragestellung manipuliert werden.

Um auch Aktivitäten erfassen zu können, die durch vorgeformte Fragen nicht berücksichtigt werden konnten, wurden die Mädchen aufgefordert, einen Tagesablauf zu beschreiben (Zeitbudget-Methode[2]). Zusätzlich sollten Besonderheiten an anderen Tagen und am Wochenende erwähnt werden. Daß diese Möglichkeit von vielen nicht sehr intensiv genutzt wurde, mag ein Zeichen mangelnder sprachlicher Ausdruckskraft oder mangelnden Verständnisses für die Frage sein. Schließlich haben diese Mädchen keine Erfahrung mit Fragebögen. Möglicherweise fehlte die Bereitschaft, über sich Auskunft zu geben. Es kann aber auch durchaus sein, daß durch die Beantwortung der regulären Fragenalles Wesentliche erfaßt war, so daß die Mädchen die zusätzliche Angabe für überflüssig hielten.

---

1) s.o. S. 107.
2) Von Scheuch erfolgreich angewendet; vgl. Erwin K. Scheuch und Rolf Meyersohn (Hrsg.): Soziologie der Freizeit, Köln 1972.

3.3.5. Die Sozialdaten der Mädchen

3.3.5.1. Altersmäßige Verteilung

Tabelle 25: Altersverteilung

Alter in Jahren	Anzahl der Befragten
13	21
14	31
15	16
16	11
17	6
keine Angabe	15
	100

Die Mädchen sind zwischen 13 und 17 Jahren alt. Die meisten älteren gehören der Berufsschule an, doch befinden sich auch unter den Hauptschülerinnen drei 16jährige und eine 17jährige. Die Mädchen, die keine Altersangabe machen, sind mindestens 13 Jahre alt.

3.3.5.2. Regionale und soziale Herkunft der Mädchen

Da Freizeitverhalten in starkem Maße von der familiären Sozialisation abhängt und diese wesentlich durch Schichtzugehörigkeit geprägt wird[1], wird in der Studie nach diesen Daten gefragt. Für die türkischen Mädchen ist nicht nur die Schichtzugehörigkeit in der Bundesrepublik von Bedeutung, sondern für die Sozialisation spielt auch die soziale Herkunft im Heimatland eine Rolle. Ebenso sind Heimatort und Heimatregion zu beachten.

3.3.5.2.1. Regionale Herkunft

Über den Herkunftsort in der Türkei gibt die folgende Tabelle Auskunft. Um festzustellen, ob vor der Ausreise in die Bundesrepublik bereits eine Land-Stadt-Wanderung stattgefunden hat, wird gleichzeitig der Geburtsort angegeben.

---

1) Vgl. Nave-Herz, S. 76 f.

Tabelle 26: Frage I 3: An welchem Ort wohnen Sie in der Türkei?
Frage I 4: Wo sind Sie geboren?

Antwort	Wohnort	Geburtsort
Istanbul Ankara Izmir	27 5 3	19 6 5
Großstadt insgesamt	35	30
Provinzhauptstadt	46	35
Distrikthauptstadt	13	24
Dorf	6	9
BRD	-	1
unbestimmt	-	1
	100	100

Fast die Hälfte der Mädchen gibt an, aus einer Provinzhauptstadt zu kommen. Nur 6 nennen ein Dorf, 13 eine Provinzhauptstadt als Herkunftsort. Zwar wird bestätigt, daß der größte Teil der in Deutschland lebenden türkischen Arbeitnehmer aus Städten stammt[1], es ist aber dennoch nicht auszuschließen, daß ein Teil der Mädchen die Provinzhauptstadt als Herkunftsort angibt, zu der der Heimatort gehört.
Die Angaben über die Herkunftsregionen, die sich aus den gleichen Fragen bzw. Antworten entnehmen lassen, entsprechen ebenfalls der Statistik über die Herkunft aller Türken in der Bundesrepublik.

Tabelle 27: Zu Frage I 3 u. 4: Herkunft nach Regionen in der Türkei [2]

Antwort	Wohnregion	Geburtsregion
Marmara	45	36
Zentralanatolien	15	19
Ägäische Region	10	12
Schwarzmeer-Region	11	13
Mittelmeer-Region	10	12
Ostanatolien	5	4
Südostanatolien	4	2
BRD	-	1
unbestimmt	-	1
	100	100

1) s.o. S. 47.
2) Regionen nach Kündig-Steiner, S. 81.

Der größte Teil der Mädchen stammt aus westlichen, also stärker entwickelten Gebieten. Ost- und Südostanatolien sind nur schwach vertreten. Die vier "südostanatolischen Mädchen" geben außerdem Malatya als Wohnort an, eine Provinzhauptstadt, die sehr weit im Westen Südostanatoliens liegt.
Der Vergleich zwischen Geburtsort und Wohnort in der Türkei zeigt einen leichten Zuwachs der Großstadtmetropole Istanbul sowie einen relativ großen Zuzug in Provinzhauptstädte. Den stärksten Verlust weisen die Distrikthauptstädte auf mit einer Differenz von 11. Bei den Regionen erhält die Marmararegion den stärksten Zuwachs.
Im großen ganzen zeigen die Ergebnisse die gleiche Tendenz, die in der Türkei allgemein zu beobachten ist. Eine Wanderung von Osten nach Westen, vom Land in die Städte.
Die regionale Herkunft der Mädchen läßt vermuten, daß die Eltern nicht zu der traditionalistischen Gruppe zu zählen sind, sondern - in den Kategorien Abadans - zur transitionellen Gruppe tendieren, zu dem Bevölkerungsteil, der zwar noch an vielen alten Traditionen festhält, der aber bereits mit westeuropäischer Lebensweise in Berührung gekommen ist und einiges davon übernommen hat.[1)]

3.3.5.2.2. <u>Berufliche Tätigkeit der Eltern in der Türkei</u>

Diese Vermutung wird gestützt durch die Übersicht über die Berufsstruktur im Heimatland und die Schulbildung der Eltern.
Leider läßt sich bei ziemlich vielen Vätern die berufliche Tätigkeit in der Heimat nicht ermitteln. Dennoch zeigt sich eindeutig das Übergewicht der Handwerker gegenüber einer geringen Zahl von Arbeitern oder Bauern.
Ein Mädchen gibt als Beruf des Vaters in der Türkei "Doktor" an, während er in Deutschland offenbar als Arbeiter tätig ist. Die beiden Mädchen, die bei der Tätigkeit des Vaters in der Türkei "Reporter" nennen, geben das gleiche für die Bundesrepublik an. Diese Berufsstruktur

---

1) s.o. S. 45 ff. (47).

Tabelle 28:Frage XIII 4: Welchen Beruf hat Ihr Vater in der Türkei ausgeübt?

Berufliche Tätigkeit	Zahl der Nennungen
Handwerker	29
Arbeiter	9
Angestellter/Beamter	6
Händler/Kaufmann	4
Fahrer	7
Landwirt	2
Reporter	2
Doktor	1
Sonstiges	10
nicht feststellbar	16
keine Antwort/weiß nicht/ entfällt	14
	100

ist vergleichbar mit der, die Akpınar für die Gecekondubewohner - Bewohner der Vorstädte - feststellt, wenn dort auch nicht zwischen Handwerkern und Arbeitern differenziert wird.[1)] Auf jeden Fall handelt es sich in Akpinars Angaben wie in der eigenen Studie nicht um die untersten Einkommensschichten.
Von den Müttern der befragten Mädchen waren in der Türkei nur 16 berufstätig.

Tabelle 29: Frage XIV 6: War Ihre Mutter in der Türkei (auch) berufstätig?

Berufliche Tätigkeit	Zahl der Nennungen
Arbeiterin	6
Schneiderin	4
Bäuerin	3
Putzfrau	1
nicht feststellbar	2
	16

Das Ergebnis spricht ebenso wie das über die Berufsstruktur der Väter dafür, daß der größte Teil der befragten Familien tatsächlich aus Städten stammt, denn in den Städten sind nach der türkischen Statistik von 1970 nur 10,84% der Frauen berufstätig, auf dem Land dagegen viel mehr, weil die Frauen in der Landwirtschaft mithelfen müssen.[2)]

---

1) Akpınar, S. 21.
2) s.o. S. 75.

3.3.5.2.3. Schulbildung der Eltern

Über die Schulausbildung der Eltern gibt die folgende Tabelle Auskunft:

Tabelle 30: Frage XIII 5: Wie lange ist Ihr Vater etwa zur Schule gegangen bzw. welchen Schulabschluß hat er?
Frage XIV 8: Wie lange ist Ihre Mutter etwa zur Schule gegangen?

Dauer der Schulbildung	Zahl (Väter)	Zahl (Mütter)
keine Schulbildung	8	29
weniger als 5 Jahre	15	18
Grundschulabschluß	42	27
mehr als 5 Jahre	20	13
Militär/Koranschule	3	-
keine Antwort/weiß nicht	12	13
	100	100

Der Anteil der Väter ohne Schulbildung ist mit 8 relativ gering. Die meisten haben die Grundschule beendet. 20 Väter sind sogar länger als 5 Jahre zur Schule gegangen.
Bei den Müttern liegt die Zahl der Analphabeten erwartungsgemäß erheblich höher. Knapp 30% sind überhaupt nicht zur Schule gegangen. Die Zahl der Grundschulabsolventen liegt sogar noch darunter. Immerhin haben aber 13 Frauen länger als 5 Jahre die Schule besucht.
Insgesamt kann man die schulische Ausbildung der Eltern als für türkische Verhältnisse recht gut bezeichnen, wodurch wiederum die Vermutung unterstützt wird, daß es sich bei den befragten Personen um Vertreter der transitionellen Gruppe handelt.

3.3.5.2.4. Berufsstruktur der Eltern in der Bundesrepublik

Die Sozialisation der türkischen Mädchen hängt nicht allein von der Situation der Eltern im Heimatland ab, sondern wird auch durch die Schichtzugehörigkeit in Deutschland bestimmt. Der Berufsstruktur der Eltern in der Bundesrepublik nach gehören fast alle Mädchen der typischen "Gastarbeiter"-Schicht an, das heißt, sie gehören in Deutschland eindeutig zur Unterschicht.

Tabelle 31: Frage XIII 3: Als was arbeitet Ihr Vater?

Berufliche Tätigkeit	Zahl der Väter
Arbeiter bei Ford	38
Arbeiter woanders	20
handwerkliche Tätigkeit	14
Fahrer	4
Sonstiges (meist Dienstl.)	14
nicht feststellbar	3
entfällt/keine Antwort	2
	100

Mehr als die Hälfte der Väter sind Arbeiter,die meisten bei den Fordwerken. Unter "handwerklicher Tätigkeit" wurden Elektriker, Maurer, Schweißer, KFZ-Mechaniker u.ä. gefaßt, die in der Regel als Facharbeiter tätig sein dürften. Bei den unter "Sonstige" zusammengefaßten Tätigkeiten handelt es sich im wesentlichen um Arbeiten im Dienstleistungsbereich. Die beiden Väter, deren Beruf Reporter ist, wurden ebenfalls dort eingeordnet.
Während in der Türkei nur 16 Mütter berufstätig waren, sind es in der Bundesrepublik 59. Als "Nur"-Hausfrauen leben 41, darunter 7, die in der Türkei einer beruflichen Tätigkeit nachgingen. Die Tätigkeitsbereiche der Mütter verteilen sich wie folgt:

Tabelle 32: Frage XIV 4 u.5.: Ist Ihre Mutter berufstätig? Wenn ja, als was arbeitet Ihre Mutter?

Berufliche Tätigkeit	Zahl der Mütter
Putzfrau	17
Arbeiterin	17
Schneiderin	2
Verkäuferin	1
Restaurant/Küche	3
Büroangestellte	2
Büglerin	1
nicht feststellbar	16
	59

Insgesamt 34 Mütter sind als Arbeiterin oder Putzfrau beschäftigt. Bei 16 läßt sich die Tätigkeit nicht feststellen, es ist aber anzunehmen, daß sie ebenfalls als Arbeiterin oder im Dienstleistungsgewerbe tätig sind. Die Berufe der Mütter zeigen die gleiche Einkommens- und Niveaustruktur wie die der Väter.

3.3.5.3. Aufenthaltsdauer der Mädchen in der Bundesrepublik

Die folgende Tabelle gibt Auskunft über die Aufenthaltsdauer der Mädchen in der Bundesrepublik und somit auch über den Zeitpunkt der Einreise.

Tabelle 33: Frage I 1: Wie lange leben Sie schon in Deutschland?

Aufenthaltsdauer	Zahl der Mädchen
weniger als 2 Jahre	19
2 bis 4 Jahre	41
4 bis 6 Jahre	13
6 bis 8 Jahre	14
mehr als 8 Jahre	11
keine Antwort	2
	100

Die meisten Mädchen sind weniger als 6 Jahre in Deutschland. Nur 11 sind bereits länger als 8 Jahre hier, von denen ein Mädchen hier geboren wurde. Der überwiegende Teil der Mädchen ist also nach der Einteilung von Schrader/Nikles/Griese als "Schulkind" in die Bundesrepublik eingereist.[1]

3.3.6. Ausbildungs- und Berufswünsche der türkischen Mädchen

Die Frage, welchen Beruf die Mädchen ergreifen möchten, betrifft zwar nicht unmittelbar das Freizeitverhalten, kann aber einige Aussagen ergeben über die Stellung der Türkinnen in unserer Gesellschaft, über die Selbsteinschätzung ihrer Situation und über den Grad der Entscheidungsfreiheit, den die Eltern gewähren. Letzteres soll sich vor allem an der Frage zeigen, wer über die Berufswahl entscheidet.
Untersuchungen in der Türkei[2] wie in Deutschland[3] stellen bei den türkischen Eltern den Wunsch fest, daß ihre Kinder - und zwar Mädchen in fast gleichem Maße wie Jun-

1) s.o. S. 135 und 142 f.
2) s.o. S. 71 f.
3) Renner, S. 25 und S. 139; Regierungs-Präsident Köln, S. 118; Heiner Holtbrügge: Türkische Familien in der Bundesrepublik, Duisburg 1975, S. 79 und S. 112; Czarina Wilpert: Zukunftserwartungen der Kinder türkischer Arbeitnehmer, Berlin 1976, S. 6 ff.

gen - eine qualifizierte Ausbildung erhalten. Allerdings sind die Erwartungen so hoch geschraubt, daß sie jeglicher Realität widersprechen.
Den Ergebnissen der Berliner Untersuchung zur Folge sind auch die Berufswünsche der Jugendlichen überzogen und unrealistisch.[1)] Bei den Berufsvorstellungen dürften sich die türkischen Mädchen an den deutschen Gleichaltrigen orientieren.
In der vorliegenden Untersuchung wurde nach dem voraussichtlichen Beruf und nach dem Wunschberuf gefragt. Keines der Mädchen gab an, Arbeiterin werden zu wollen. 9 Mädchen nannten keine Berufswahl, aber einen Berufswunsch; zwei davon schreiben ausdrücklich, daß sie in Deutschland nicht arbeiten werden, eine nennt sogar den Grund: ihr Verlobter erlaubt es nicht.
64 Mädchen geben als Beruf, den sie wahrscheinlich ergreifen werden, solch einen an, der mit einer abgeschlossenen Hauptschulausbildung normalerweise erreichbar wäre, der aber für viele Mädchen wegen der ungünstigen Bildungssituation und der allgemeinen Jugendarbeitslosigkeit eine Illusion bleiben wird. Mit Abstand an der Spitze steht die Berufswahl 'Friseuse' (39 Nennungen); es folgen Schneiderin (8 Nennungen), Sekretärin (7 Nennungen), Angestellte (4 Nennungen), krankenpflegerische Berufe (4 Nennungen), Verkäuferin (1 Nennung), Dekorateur (1 Nennung).
Unterschiedliche Angaben auf die Fragen nach tatsächlicher Berufswahl und dem Berufswunsch machen insgesamt nur 15 Mädchen. Weitere 15 Mädchen ließen entweder die eine oder die andere Frage unbeantwortet. Nicht in allen Fällen ist der Wunsch höher angesetzt als die Wahl, genauso wie die Wahl nicht immer von der Realität ausgeht. Bei den Wunschberufen rangiert 'Friseuse' wiederum an erster Stelle, obwohl er gegenüber den Wahlberufen 9 Nennungen verliert. 'Schneiderin' folgt wieder an zweiter Stelle (11 Nennungen). Fener werden 'Ärztin', 'Sekretärin', 'Lehrerin', 'Krankenschwester'genannt und neben einigen weiteren fehlen auch nicht 'Pilotin' und 'Hosteß'. 18 Mädchen geben sowohl als Wahl- wie als Wunschberuf völlig überzogene Berufsbilder an.

---

1) Wilpert, S. 14.

Die Untersuchung bestätigt also einerseits die Überschätzung der eigenen Chancen durch die Mädchen; man kann daraus schließen, daß diese Mädchen das volle Ausmaß ihrer mißlichen Situation nicht einsehen können oder wollen. Andererseits liegen die Berufsvorstellungen bei den meisten nicht so hoch, daß sie nicht von einem durchschnittlichen Hauptschüler erreichbar wären und nicht genausogut von deutschen Schülern gewählt würden. Das zeigt, daß die türkischen Mädchen gewillt sind, genau wie ihre deutschen Schulkameraden einen Beruf zu ergreifen, der ihren Fähigkeiten und Neigungen entspricht. Sie sind weder bereit, sich auf alttürkische Traditionen festlegen zu lassen und zu Hause zu bleiben, noch in Deutschland weiterhin die unterste Stufe der Berufsskala zu besetzen, wie ihre Eltern es tun mußten.
Deutlich wird das Streben nach Selbständigkeit durch die Beantwortung der Frage: "Wer bestimmt Ihren Beruf?" Die Autoritätsstruktur der türkischen Familie ließe erwarten, daß derlei Entscheidungen vom Vater oder zumindest von beiden Eltern getroffen werden. Den Angaben der Mädchen zufolge haben sie selbst ein erhebliches Mitspracherecht. Nur 9 Mädchen nennen Vater, Mutter oder beide als Bestimmer des Berufes, 54 bekunden, die Entscheidung mit den Eltern gemeinsam zu fällen, und 30 behaupten sogar, sie allein hätten über ihren Beruf zu bestimmen.
Die Mädchen nehmen also ein starkes Mitsprache- und sogar Selbstbestimmungsrecht für sich in Anspruch. Dadurch kommt zumindest der Wille zur Eigenverantwortung zum Ausdruck.

3.3.7. Familienorientierte und individuelle Tätigkeiten während der Freizeit

3.3.7.1. Aufgaben der türkischen Mädchen in Familie und Haushalt

Zum traditionellen Rollenbild der Frau gehören als ihre wichtigsten Aufgaben die Betreuung der Kinder und die Versorgung des Haushalts. Das trifft sowohl auf die türkischen wie auf die deutschen Verhältnisse zu. Auch wenn sich in der Bundesrepublik das Rollenbild etwas gewandelt hat, werden auch deutsche Mädchen stärker als ihre Brüder mit Aufgaben der Haushaltspflege betraut. Deutsche jugendliche Mädchen verbringen einen beträchtlichen Teil der "Freizeit" mit der Arbeit im Haushalt und haben somit weniger Zeit zur Disposition als Jungen.[1)]

3.3.7.1.1. Betreuung jüngerer Geschwister

Wenn in einer Familie kleine Geschwister vorhanden sind, werden in der Regel nicht die älteren Brüder, sondern die Schwestern mit der Betreuung beauftragt. Während diese Rollenverteilung unter Deutschen verstärkt in Frage gestellt wird und das Problem der Geschwisterbetreuung wegen verminderter Kinderzahlen abnimmt, existiert das traditionelle Rollenverständnis in der türkischen Gesellschaft - auch in moderneren Schichten - mit kaum verminderter Selbstverständlichkeit fort. Die meisten der Mädchen mit jüngeren Geschwistern werden deshalb mit deren Beaufsichtigung betraut sein. Jüngere Geschwister sind bei vielen der befragten Mädchen zu erwarten, da die Mütter größtenteils unter 40 Jahre alt sind und die Geburtenzahlen bei Türkinnen recht hoch liegen, und zwar am höchsten von allen ausländischen Nationalitäten in der Bundesrepublik.[2)]

Tabelle 34: Frage III 1;2: Anzahl der Geschwister insgesamt

Zahl der Geschwister	0	1	2	3	4	5	über 5	keine Antwort	
Zahl der Mädchen	1	16	34	16	15	8	8	1	100

Von 100 Mädchen hat nur eines gar keine Geschwister; Einzelkinder sind also eine große Ausnahme. Gut ein Drittel der Mädchen gibt an, 2 Geschwister zu haben, 16 Mädchen haben sogar 5 und mehr Geschwister.
Für die Frage, ob die Mädchen ihre Geschwister beaufsichtigen, ist nur die Zahl der jüngeren Geschwister relevant.

1) Vgl. Bauer, S. 95 und S.104.
2) Genaue Angaben: Statistisches Bundesamt Wiesbaden: Eheschließungen, Geburten und Sterbefälle von Ausländern 1975; in: Wirtschaft und Statistik, Heft 3, Stuttgart 1977, S. 154-158.

Tabelle 35: Frage III 3;4: Zahl der jüngeren Geschwister?

Zahl der jüngeren Geschwister	0	1	2	3	4	5	>5	keine Antw.	
Zahl der Mädchen	16	26	27	18	9	2	1	1	100

Da 16 Mädchen keine jüngeren Geschwister haben, kommen sie für eine Betreuung von vornherein nicht in Betracht. Die übrigen beantworteten die Frage nach der Geschwisterbetreuung wie folgt:

Tabelle 36: Frage III 5: Betreuen Sie Ihre Geschwister?

Antwort	Zahl der Mädchen
täglich	29
mehrmals wöchentlich	16
einige Male im Monat	10
nie	22
keine Antwort	7
	84

Diagramm 1)

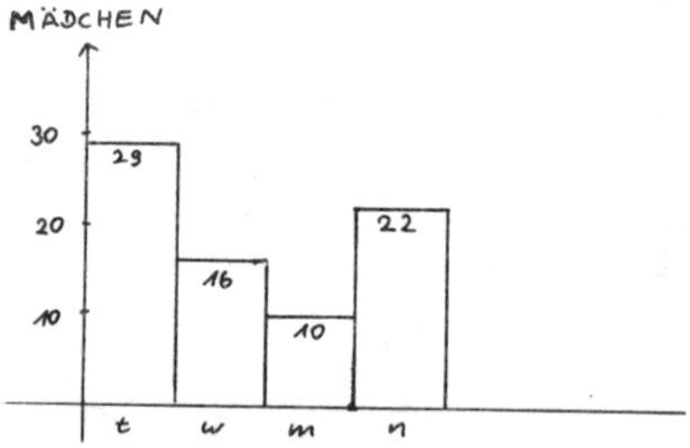

Die Zahl derjenigen, die keine jüngeren Geschwister zu beaufsichtigen brauchen, obwohl sie welche haben, ist mit 26,2% relativ hoch. Das kann damit zusammenhängen, daß sich die jüngeren Geschwister in der Türkei aufhalten. Betrachtet man die Gesamtzahl der Mädchen, so ergibt sich folgendes Bild:

Diagramm 2)

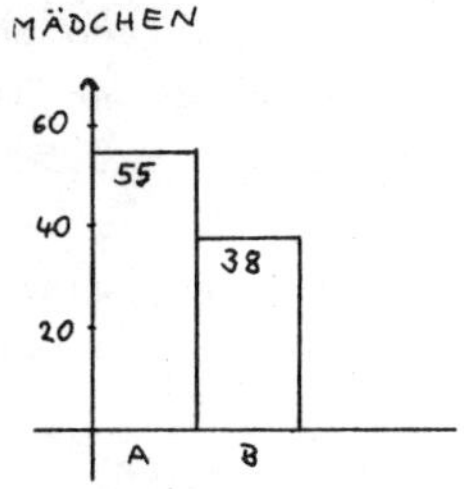

A. Diejenigen, die Geschwister zu betreuen haben.
B. Diejenigen, die keine Geschwister zu betreuen haben.

Es stehen den 55 Mädchen, die täglich, mehrmals wöchentlich oder zumindest einige Male im Monat jüngere Geschwister beaufsichtigen, 38 Mädchen gegenüber, die dies nie zu tun brauchen. Mehr als die Hälfte aller türkischen Mädchen ist also durch Geschwister in Anspruch genommen. Das kann sich negativ auf einen regelmäßigen Schulbesuch auswirken oder die Mädchen hindern, einen Beruf zu erlernen. Zumindest aber wird die Freizeit stark beansprucht, und die Mädchen werden in ihrer Flexibilität eingeschränkt.

3.3.7.1.2. Hausarbeit

Stärker noch als deutsche Mädchen dürften die Türkinnen durch Hausarbeit beansprucht sein.

Tabelle 37: Frage III 6: Welche Arbeit erledigen Sie im Haushalt?

Antwort	Zahl der Mädchen
Ich versorge den ganzen Haushalt allein	6
Ich helfe meiner Mutter täglich	69
mehrmals wöchentlich	17
einige Male im Monat	4
Ich brauche nicht im Haushalt zu helfen	2
keine Antwort	2

Bei den 6 Mädchen, die für den Haushalt allein verantwortlich sind, ist die Mutter berufstätig; 4 von ihnen haben

gleichzeitig jüngere Geschwister zu versorgen. Während nur 2 angeben, nie im Haushalt helfen zu müssen, beteiligt sich der überwiegende Teil täglich an der Hausarbeit. Da in türkischen Familien lange und ausgiebig gekocht wird, in vielen Familien sogar täglich Brot gebacken wird, und da bei großen Familien neben dem Abwasch auch im übrigen viel Arbeit anfällt, dürften die Mädchen recht lange mit Hausarbeit beschäftigt sein.
Die Mädchen der Freizeitgruppe helfen alle im Haushalt oder versorgen ihn sogar allein. Die Arbeit, die während der Schulzeit und auch während der Gruppenstunden liegenbleibt, muß am Abend nachgeholt oder durch Vorarbeit am frühen Morgen vor dem Schulbesuch erledigt werden. Ein Mädchen erzählt, sie backe jeden Tag Brot. Häufig komme sie nur dazu, wenn sie einige Stunden vor Beginn der Schule aufstehe. Ein anderes Mädchen kann nicht mehr zur Gruppenstunde kommen, weil sie ihre Arbeit sonst nicht mehr schafft. Nach der Schule muß sie für das Mittagessen ihrer Geschwister sorgen und danach die Wohnung und Küche in Ordnung bringen. Bis dahin ist es zu spät, um zur Gruppenstunde zu gehen. Einige Male verließ sie unter einem Vorwand eher die Schule, um rechtzeitig mit den häuslichen Pflichten fertig zu werden.
Auf dem Fragebogen wird auch in der Form der Zeitbudgetmethode nach dem Alltagsablauf und den Besonderheiten des Wochenendes gefragt.
Während die Betreuung von Geschwistern bei den Tätigkeiten des der Befragung vorangegangenen Nachmittags, an anderen Wochentagen und am Wochenende nur zweimal genannt wird, geben 54 Mädchen an, am Nachmittag vor der Untersuchung u.a. mit Hausarbeit beschäftigt gewesen zu sein. 6 Mädchen nennen Putzen und andere Hausarbeit als besondere Tätigkeit am Wochenende, und ein Mädchen gibt an, am Wochenende weniger Haushaltspflichten zu haben. Der Anteil derjenigen, die am Vortag der Befragung im Haushalt gearbeitet haben, ist etwas geringer als aufgrund der Ergebnisse bei den vorgegebenen Antwortmöglichkeiten erwartet werden konnte. Das mag damit zusammenhängen, daß die Zeitbudgetfragen nicht sehr sorgfältig ausgefüllt wurden. Wie die geringen Nennungen bei der Geschwisterbetreuung zeigen, werden andere Tätigkeiten nur wenig genannt, weil sie nicht in einer Beispielliste aufgeführt sind.

3.3.7.1.3. Haushaltseinkauf

Die Frage, ob die Mädchen für die Familie Einkäufe tätigen, hat einen ambivalenten Charakter. In unserer Gesellschaft gehört Einkaufen zu den normalen Tätigkeiten einer Hausfrau. Es ist eine Aufgabe, die häufig auch von Kindern, insbesondere von Töchtern, übernommen wird. Richten sich die Eltern der befragten Mädchen nach den Regeln der traditionellen türkischen Gesellschaft, so schicken sie ihre Töchter nicht zum Einkaufen, da dieses im Orient stets Sache der Männer gewesen ist. Werden die Töchter jedoch damit beauftragt, so zeigt sich daran ein Einstellungswechsel und eine Umorientierung auf deutsche Gepflogenheiten. Es handelt sich aber dabei um etwas, was relativ leicht zu vollziehen ist und was von vielen Frauen auch schon vollzogen wurde.
Der Auftrag, den Familienbedarf einzukaufen - für deutsche Mädchen oft lästige Pflicht -, könnte für die türkischen Mädchen eine gute Gelegenheit sein, das Haus zu verlassen und damit eine Gelegenheit, Freunde und Freundinnen zu treffen.

Tabelle 38: Frage III 7: Gehen Sie für die Familie einkaufen?

Antwort	Zahl der Mädchen
täglich	24
mehrmals wöchentlich	58
einige Male im Monat	11
nie	7
	100

Wie die Tabelle zeigt, ist Einkaufen für die Mädchen eine ganz normale Tätigkeit. Während nur 7 Mädchen nie einkaufen, gehen 24 jeden Tag; hierbei ergibt sich kein Zusammenhang mit der Berufstätigkeit der Mutter.

3.3.7.2. Deckung des Eigenbedarfs der Mädchen

Weiter ist zu fragen, wie weit beim eigenen Einkauf die Entscheidungsbefugnis geht, ob sich die Mädchen auch Kleidung und andere persönliche Gebrauchsgegenstände selbst einkaufen dürfen und wer das bezahlt.

3.3.7.2.1. Der eigene Einkauf

Auch bei erwachsenen Frauen ist der eigene Einkauf durchaus nicht selbstverständlich; dies wird an folgendem Beispiel deutlich: Eine junge Türkin lebt in Deutschland bei ihrem Bruder und dessen Frau und versorgt bei einer deutschen Dame den Haushalt. Der Bruder fühlt sich für seine Schwester in jeglicher Hinsicht so verantwortlich, daß diese anfangs nur sehr wenig selbständig handeln konnte. Wenn sie ein Kleidungsstück sah, das ihr gefiel, mußte sie dies ihrem Bruder genau beschreiben. Wenn dieser seine Zustimmung gab, ging er persönlich in das Geschäft und kaufte das Kleidungsstück.
Aufgrund solcher Erfahrungen könnte man erwarten, daß jüngere türkische Mädchen ihre Kleidung nie selbst kaufen dürfen, während normalerweise mit wachsendem Alter die Entscheidungsbefugnis zunimmt.

Tabelle 39: Frage VIIc1: Kaufen Sie Ihre Kleidung und was Sie sonst benötigen, selbst?

Antwort	Zahl der Mädchen	
ja	26	70
ja manchmal	44	
nein	27	
keine Antwort	3	
	100	

Tabelle 40: Frage VII c2: Wessen Geld wird dazu verwendet?

Antwort	Zahl der Mädchen
eigenes	8
von Eltern/Verwandten	56
teils-teils	6
entfällt	27
keine Antwort	3
	100

Die überwiegende Zahl der Mädchen gibt an, ihre Kleidung ganz oder zum Teil selbst zu kaufen (70%). Weniger als 30% kaufen die Kleider nicht selbst. Von der ersten Gruppe bekommen die meisten das Geld von den Eltern oder anderen Verwandten (56, also 80% von 70 Mädchen); nur 14 (20%)

bezahlen die Kleidung ganz oder teilweise selbst. Vergleicht man die Ergebnisse des Kleiderkaufes mit dem Alter der Mädchen, so ergibt sich folgendes Bild:

Tabelle 41: Selbständigkeit beim Kleiderkauf in Abhängigkeit vom Alter (in %)

Alter	ja	manchmal	nein	keine Antwort	
13	14,2	42,9	38,1	4,8	100
14	16,1	54,9	25,8	3,2	100
15	31,2	18,7	43,8	6,3	100
16	27,3	63,6	9,1	-	100
17	50,0	50,0	-	-	100
?	46,7	33,3	20,0	-	100

Diagramm 3)

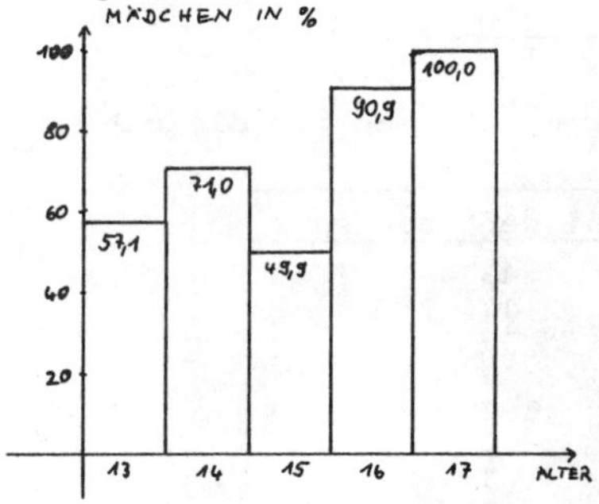

Mädchen, die ihre Kleidung immer oder manchmal selbst kaufen

Diagramm 4)

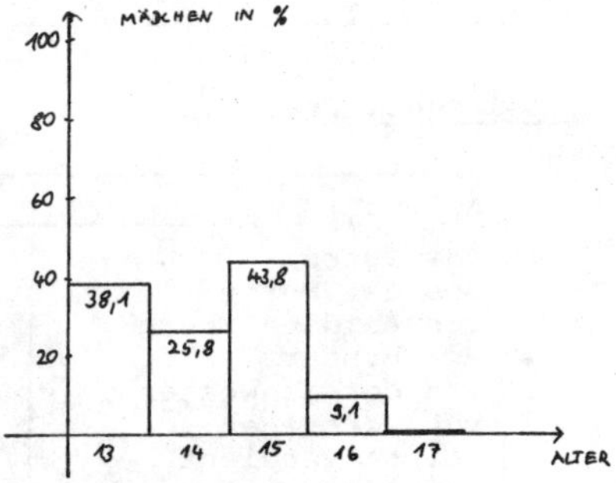

Mädchen, die ihre Kleidung nie selbst kaufen

Es zeigt sich, daß diejenigen, die ihre Kleidung nie selbst kaufen, unter den jüngeren, den 13-, 14- und 15jährigen zu suchen sind. Die älteren sind hauptsächlich den Berufsschülerinnen zuzurechnen. Von ihnen kauft nur eine 15jährige ihre Kleider nie selbst.
Es hat hier also offensichtlich ein Prozeß der Verselbständigung eingesetzt.

3.3.7.2.2. Das Geldbudget

Da nur wenige Mädchen angeben, ihren persönlichen Bedarf durch eigenes Geld zu decken, ist zu vermuten, daß das Taschengeld nicht allzu reichlich bemessen ist. Da auch in zahlreichen Untersuchungen festgestellt worden ist, daß die Menge des für die Freizeit verfügbaren Geldes relativ großen Einfluß auf deren Gestaltung hat[1], wird nach dieser Geldmenge gefragt.

Tabelle 42: Frage VII b 1: Wieviel Geld steht Ihnen im Monat etwa zur Verfügung?

Antwort	Zahl der Mädchen
weniger als 10,- DM	24
10 bis 20,- DM	39
20 bis 50,- DM	23
mehr als 50,- DM	12
keine Antwort	2
	100

Tabelle 43: Frage VII b 2: Von wem bekommen Sie dieses Geld?

Antwort	Zahl der Mädchen
vom Vater	43
von der Mutter	17
von beiden Eltern	37
vom Bruder	1
von der Schwester	1
von sonstigen	0
selbst verdient	1
keine Antwort	1
	100 [2]

Die Geldmenge, die den einzelnen Mädchen zur Verfügung steht, ist recht unterschiedlich; die niedrigen Werte überwiegen jedoch. Die meisten können bis zu 20,- DM monatlich verbrauchen, 24% weniger als 10,- DM. Die Mädchen können sich finanziell also nicht besonders viel leisten. Hierbei sind die Berufsschülerinnen nicht besser

1) Schrader, S. 86; Schmitz-Scherzer, S. 86. Einschränkend Nave-Herz, S. 75 f., die auf Unterschiede bei der Freizeitgestaltung zwischen Angehörigen der einzelnen Berufsgruppen innerhalb der gleichen Einkommensgruppe verweist. Diese sind durch unterschiedliche Bedürfnisstrukturen erklärbar, die durch die Berufsarbeit, aber auch durch den familiären und schulischen Sozialisationsprozeß vermittelt sein können.

2) Doppelnennung war möglich.

gestellt als die Hauptschülerinnen. Die Berufstätigkeit der Mutter übt nur einen geringen Einfluß auf die Taschengeldmenge der Töchter aus. Allerdings wird die Mutter dreimal so häufig als alleiniger Auszahler des Taschengeldes genannt, wenn diese berufstätig ist; 23,7% der berufstätigen Mütter geben ihren Töchtern Geld und nur 7,3% der nicht berufstätigen. Umgekehrt wird von Mädchen, deren Mütter nicht berufstätig sind, doppelt so oft der Vater als alleiniger Spender genannt, 63,4% zu 28,8%. Die Mutter gewinnt offenbar mit der Berufstätigkeit mehr Verfügungsgewalt über finanzielle Mittel, während bei nicht berufstätigen Frauen die vorherrschende Rolle des Mannes auf diesem Gebiete erhalten bleibt.
Über wieviel Geld deutsche junge Mädchen verfügen, kann nicht mit neueren Zahlen belegt werden. Aus den vorhandenen Angaben wird jedoch ersichtlich, daß die Beträge im Durchschnitt zwar höher als bei den Türkinnen liegen, daß aber auch starke Schwankungen vorkommen.[1)] Allensbach führte 1967 eine Studie über Konsumverhalten Jugendlicher durch und erfragte u.a., welche finanziellen Mittel ihnen als Freizeitbudget zur Verfügung stehen.[2)] Danach hatten 69% der Befragten mehr als 50,- DM und 19% sogar über 400,-DM.[3)] Die Zahlen liegen damit erheblich höher als bei früheren Untersuchungen und zeigen auch die Unterschiede zu türkischen Jugendlichen deutlich auf.

3.3.7.3. Musikhören

Die von Schilling befragten deutschen Jugendlichen hören sehr oft und sehr gerne Musik mit Hilfe der Medien Radio, Schallplatten oder Tonband. Radiohören wird von den Mädchen sogar noch öfter genannt als von Jungen, von Lehrlingen mehr als von Schülern.[4)] Mit steigendem Alter nimmt die Attraktivität des Radios zu.

---

1) Vgl. hierzu: Wolfgang Schulz: Freizeitverhalten als pädagogisches Problem (1965); in: Hermann Giesecke (Hrsg.), Freizeit und Konsumerziehung, Göttingen 1968, S. 199; Viggo Graf Blücher: Freizeit in der industriellen Gesellschaft, Stuttgart 1956; Ruth Münster: Geld in Nietenhosen, Stuttgart 1961, S. 47.
2) Allensbach, Institut für Demoskopie: Junge Käufer, Allensbach 1967/1968.
3) Schmitz-Scherzer, S. 85.
4) Schilling, S. 100, 102, 109.

Das Hören von Musik ist bei den türkischen Jugendlichen offenbar genausoweit verbreitet und beliebt wie bei den deutschen. Möglicherweise nimmt es sogar noch einen breiteren Raum ein, denn auf die Frage "Hören Sie gern Musik?" antworten 95% der Mädchen mit ja; nur 2 verneinen die Frage, und 3 geben keine Antwort.
Als Medium zum Musikhören dient in erster Linie das Radio. Bei deutschen Jugendlichen im Kölner Raum genießen vor allem die Pop- und Jugendsendungen des WDR und des SWF große Popularität, bei Schülern jedoch mehr als bei Lehrlingen. Letztere begeistern sich eher für Radio Luxemburg. Um eventuell eine Differenzierung vornehmen zu können, wird auch nach den verschiedenen Sendern gefragt.

Tabelle 44: Frage IV 2: Hören Sie WDR oder Südwestfunk?
Frage IV 3: Hören Sie Radio Luxemburg?
Frage IV 4: Hören Sie Schallplatten oder Musikkassetten?

Antwort	WDR/SWF	RTL	Schallpl./ Kassetten
täglich	32	26	67
mehrmals wöchentlich	33	24	26
einige Male im Monat	16	15	6
nie	12	32	1
keine Antwort	6	3	-
	100	100	100

Das WDR/SWF-Programm hat offenbar eine leichte Präferenz gegenüber Radio Luxemburg. 65 Mädchen hören täglich oder mehrmals wöchentlich WDR/SWF, 50 Radio Luxemburg. Während aber nur 12 nie WDR/SWF hören, sind dies bei RTL 32.

Die Frequentierung des Radios ist insgesamt als recht hoch zu bezeichnen.[1] Allerdings ist zu berücksichtigen, daß im Radio auch anderes als Musik gesendet wird. Vor allem die allabendlichen Sendungen für Türken im IV. WDR-Programm dürften hier von Bedeutung sein, da sie sich sehr großer Beliebtheit erfreuen.[2] Daß aber die Musik eindeutig im Vordergrund steht, zeigt die noch höhere Präferierung von Schallplatten und Musikkassetten. Kein Mädchen läßt

1) Vgl. Kunkel, S. 40.
2) Horst Reimann: Ausländische Arbeitnehmer und Massenmedien; in: Gastarbeiter, hrsg. v. Helga und Horst Reimann, München 1976, S. 125; vgl. Mehrländer, S. 223 f.

die Frage unbeantwortet und nur eines gibt an, nie Schallplatten oder Kassetten zu hören. Für 67% gehören sie zum täglichen Leben und insgesamt 93% hören täglich oder mehrmals wöchentlich Schallplatten oder Musikkassetten. Ihre Beliebtheit ist also außerordentlich hoch. Man kann sich vorstellen, daß auch bei den Türken die Musik die tägliche Hausarbeit begleitet.[1)]
Die Fragestellung erlaubt es nicht, Auskünfte über die Art der Musik zu erhalten. Bei deutscher Musik dürfte es sich meistens um Schlager und Pop-Musik handeln. Der Bereich der türkischen Musik dürfte weiter zu fassen sein. Die Präferierung der Schallplatte bzw. des Tonbandes lassen darauf schließen, daß ein größerer Teil der Musik aus der Heimat stammt. Bei Besuchen in Familien spielen mir die Mädchen oft ihre Lieblingsplatten vor. Sie bestehen teils aus deutscher bzw. englischer Pop-Musik und teils aus orientalischen Klängen. Auch moderne türkische Schlager erfreuen sich bei der Jugend großer Beliebtheit, wie auch Hörer in der Sendung "Funkhaus Wallrafplatz", die am 27.6.77 vom WDR II ausgestrahlt wurde, betonten. In der Gruppenstunde erlebte ich einige Male, daß Mädchen ein türkisches Lied in orientalischem Rhythmus sangen. Im allgemeinen ist aber deutsche bzw. englische Musik beliebter - die gleiche, die auch von den Schulkameraden bevorzugt wird. Des öfteren baten die Mädchen darum, während der Gruppenstunden einen Kassettenrecorder mitbringen zu dürfen, auf dem dann die neuesten deutschen Hits gespielt wurden. Auch bei kleineren Gruppenparties lief nur deutsche Popmusik.
Der Besitz von Musikkassetten, die augenscheinlich auch erschwinglich sind, gehört offenbar zum Prestige. Der überwiegende Teil der Mädchen gibt auch an, eigene Platten oder Kassetten zu besitzen (81), 14mal wird der Bruder als Eigentümer der Platten genannt.3 Mädchen bekunden, daß diese allen Familienmitgliedern gemeinsam gehören.

---

1) Auch bei Deutschen ist Musikhören oft Sekundärbeschäftigung, d.h. man hört sie, wenn man sich mit etwas anderem beschäftigt; vgl. Schmitz-Scherzer, S. 158.

3.3.7.4. Fernsehen

Über das Fernsehverhalten von Deutschen liegen zahlreiche Forschungsergebnisse vor. Dabei wird der Anstieg des Fernsehkonsums in den letzten Jahren häufig als Indiz für eine allgemeine Konsumhaltung gewertet.[1)]
Wie Schmitz-Scherzer (1971) und Kemperdick (1972) feststellen, ist die Zahl der vor dem Fernseher verbrachten Stunden nicht wesentlich abhängig vom Interesse, das man einer Sendung entgegenbringt. Schmitz-Scherzer begründet das mit einem Gewöhnungseffekt. Das Fernsehen ist so in den Tagesablauf integriert, daß es automatisch zu bestimmten Tageszeiten eingeschaltet wird.[2)] Nach den Ermittlungen von Blücher nimmt das Fernsehen im Freizeitbereich der Jugend zwar einen hervorragenden Platz ein, es wird aber nicht häufiger frequentiert als von Erwachsenen. Blücher nimmt einen mittleren Wert von 8 Stunden pro Woche an. Außerdem soll die Fernsehhäufigkeit mit steigendem Alter nachlassen.[3)] Horn untersuchte das Fernsehverhalten der 3- bis 13jährigen und fand eine steigende Inanspruchnahme des Fernsehens, bei den Jüngeren 47-49 Minuten täglich, in der mittleren Altersgruppe 72-80 und bei den Ältesten 98-108 Minuten.[4)] Mit ca. 11 Stunden pro Woche für die 13jährigen liegt dieses Ergebnis höher als in Blüchers Untersuchung. Nach neueren Berechnungen von Horn wenden 14- bis 29jährige an Werktagen gut 1 1/2 Stunden für den Fernsehkonsum auf. Samstags steigt er um 46% auf 2 1/4 Stunden und sonntags um 60% auf 2 1/2 Stunden. Überdurchschnittlich häufig wird das Fernsehen von den 14- bis 16jährigen und den Jugendlichen mit Volksschulbildung genutzt.[5)] Diekershoff/Kliemt/Diekershoff untersuchten Lese- und Fernsehgewohnheiten von 14- bis 17jährigen Arbeitern und Lehrlingen (Mädchen und Jungen).[6)] Sie erfragten nicht

---

1) Einschränkend Nave-Herz, S. 64.
2) Schmitz-Scherzer, S. 33; W. Kemperdick: Untersuchung des Zusammenhangs zwischen Interesse und Aktivität - aufgeführt am Beispiel des Fernsehens, Bonn 1972.
3) Blücher, S.41; zitiert nach Schmitz-Scherzer, S. 62.
4) Imme Horn: Das Fernsehverhalten von Drei- bis Dreizehnjährigen; in: Medien- und Sozialpädagogik, 1.Jg. Heft 1, 1973, S. 19.
5) Imme Horn: Jugend und Fernsehen, ZDF Schriftenreihe Medienforschung, Heft 14, Mainz 1975, S.20.
6) Karl-Heinz Diekershoff/Gundolf Kliemt/Sibylle Diekershoff: Lese- und Fernsehgewohnheiten von Vierzehn- bis Siebzehnjährigen; in: Medien- und Sexualpädagogik, 1. Jg. Heft 1, 1973.

die zeitliche Benutzung nach Stunden, sondern die Regelmäßigkeit. Sie stellten folgende altersmäßige Differenzierung fest:

Tabelle 45: Häufigkeit des Fernsehens bei Jugendlichen (in %)

Antwort	15 J. N = 539	16 J. N = 1.040	17 J. N = 1.269
Regelmäßig	49,0	36,7	33,2
Hin und wieder	44,0	53,0	55,0
Kaum	5,4	8,9	11,0
Überhaupt nicht	0,7	0,8	0,6
keine Antwort	0,9	0,6	0,2
	100,0	100,0	100,0

Quelle: Diekershoff/Kliemt/Diekershoff, S. 18

Mit steigendem Alter sinkt der regelmäßige Fernsehkonsum; "hin und wieder" und "kaum" nehmen zu. Nur 0,6% sehen mit 17 Jahren überhaupt nicht fern. Am häufigsten und regelmäßig wird also wahrscheinlich im Alter von 13 bis 15 Jahren ferngesehen; aber auch bei älteren Jugendlichen ist der Fernsehkonsum noch recht hoch (1/3 regelmäßig). Diese Angaben werden auch von Schilling bestätigt.[1)] Die Verringerung der vor dem Bildschirm verbrachten Zeit mit steigendem Alter der Jugendlichen führen die Autoren auf die wachsende Zahl der unterschiedlichen Freizeitinteressen zurück. Maletzke hält Mädchen für "fernsehanfälliger" als Jungen, weil sie mehr Zeit in der Familie verbringen.[2)] Schilling stellt tatsächlich aber das Gegenteil fest: Mädchen sehen weniger fern als Jungen.[3)] Opaschowski weist auf die Abhängigkeit der Fernsehnutzung vom Alter und von der Schulbildung hin.[4)] In den genannten Untersuchungen ist ein signifikanter Unterschied zwischen Werktag und Wochenende nicht feststellbar. Opaschowski meint vergleichend, daß heute jeder 18jährige durchschnittlich mehr Stunden seines Lebens vor dem Fernsehen verbracht hat als in der Schule.[5)]

---

1) Schilling, S. 123.
2) Gerhard Maletzke: Fernsehen im Leben der Jugend, Hamburg 1959, S. 101, 119.
3) Schilling, S. 123.
4) Opaschowski, S. 61.
5) Opaschowski, S. 61.

Erwähnenswert in bezug auf Fernsehhäufigkeit und Interesse an den Sendungen sind auch die Ergebnisse von Domke, der bei jugendlichen Berufsschülern eine überdurchschnittliche Fernsehhäufigkeit feststellt, während der Beliebtheitsgrad des Fernsehens sehr gering ist. Die jüngeren, die am meisten fernsehen, langweilen sich in ihrer Freizeit am meisten.[1] In diesem Auseinanderklaffen von Verhalten und Interesse sieht Domke mangelnde Fähigkeit zur Eigeninitiative.

Die türkischen Mädchen scheinen die Fernsehkonsumhaltung vollkommen internalisiert zu haben, da die Fernsehhäufigkeit ausgesprochen hoch ist. Ein Auseinanderklaffen von Verhalten und Interesse kann bei den türkischen Mädchen zumindest vordergründig nicht festgestellt werden, da 91% angeben, gern fernzusehen, und nur zwei diese Frage verneinen. Ob dahinter jedoch ein tatsächliches Interesse steht, ist zweifelhaft, da die Fernsehsendungen offenbar recht wahllos hintereinander angesehen werden. In den Fragen nach dem Fernsehverhalten wird nach der Häufigkeit des Ansehens von Sendungen für Türken, von Jugendsendungen, Abendprogramm und Spätfilmen gefragt. Damit soll nicht nur die Häufigkeit an sich geprüft werden, sondern auch der Grad der Freizügigkeit, den die Mädchen in bezug auf Fernsehkonsum genießen, sowie die Affinität zur türkischen Kultur einerseits und zur deutschen jugendlichen Subkultur andererseits. Daß speziell für Türken hergestellte Sendungen gesehen werden dürfen, ist ziemlich selbstverständlich; ob sie tatsächlich angesehen werden, ist eine andere Frage. Die Jugendsendungen laufen meist am Nachmittag und dürften für die Mädchen eher zugänglich sein als das Abend- oder gar Spätprogramm. Besonders das letzte dürfen wahrscheinlich nur wenige sehen, da die Inhalte häufig für Erwachsene bestimmt sind. Es ist zwar nicht anzunehmen, daß die Eltern davon mehr verstehen als die Kinder, aber allein die Bilder widersprechen doch häufig den türkischen Moralvorstellungen. Einige Mädchen aus der Freizeitgruppe berichten, daß sie bei Kußszenen oder dergleichen immer den

---

1) Horst Domke: Die Freizeit der Berufsschuljugend. Eine empirische Untersuchung an fünf Berufsgruppen, Dissertation, Erlangen/Nürnberg 1970, S. 161.

Blick abwenden müssen. Falls sie dies nicht tun, haben sie mit einer Ohrfeige der Eltern oder auch des Brudes zu rechnen. Wie gegen so manches Verbot haben die Mädchen aber auch hierbei einen Trick entwickelt: Sie bedecken das Gesicht mit der Hand und schielen durch die Spalten der Finger.

Tabelle 46: Frage V 2: Sehen Sie die Sendungen für Türken?

Antwort	Zahl der Mädchen
ja, immer	72
ja, manchmal	25
nein	2
keine Antwort	1
	100

Die Sendungen für Türken im Fernsehen werden sehr häufig gesehen; 72% sehen sie immer, nur 2% sehen sie nie. Gleichermaßen oder eher noch beliebter sind die Radiosendungen für Türken, die sich auf täglich 40 Minuten belaufen. Die Zahl von 800 Briefen monatlich an die Redaktion dieser Sendungen zeigt die große Resonanz, die diese Sendungen bei den Türken finden.[1] Die Identifizierung mit der türkischen Kultur ist demnach noch ziemlich stark. Daß aber gleichzeitig das Verhalten deutscher Jugendlicher Vorbild für die türkischen Mädchen ist, beweist der Umfang des Fernsehkonsums allgemein, besonders die hohe Frequentierung von Jugendsendungen.

Tabelle 47: Frage V 3-5: Sehen Sie Jugendsendungen? Sehen Sie das Abendprogramm? Sehen Sie Spätfilme?

Antwort	Jugend-sendungen	Abend-programm	Spät-filme
täglich	36 } 89	53 } 85	22 } 67
mehrmals wöchentlich	53	32	45
einige Male im Monat 2)	-	10	11
nie	9	4	19
keine Antwort	2	1	3
	100	100	100

1) WDR-Sendung: "Funkhaus Wallraffplatz" vom 27.6.77. Vgl. außerdem: Mehrländer, S. 223 ff.

2) Die Frage war versehentlich im türkischen Fragebogen nicht ausgedruckt.

Offensichtlich sieht der größte Teil der türkischen Jugendlichen täglich oder zumindest mehrmals pro Woche am Nachmittag und am Abend fern. Das Abendprogramm wird von mehr als der Hälfte täglich gesehen. Dies darf man sich allerdings nicht als ein intensives Zuschauen vorstellen; in vielen türkischen Familien läuft das Fernsehen den ganzen Nachmittag "nebenbei" - mit ausgeschaltetem Ton.[1] Ich habe oft erlebt, daß alle unterhaltenden Sendungen - das Verstehen der Sprache ist dabei ja nicht so wichtig - angesehen wurden, während bei politischen Sendungen oder beim Beginn der Tagesschau vorübergehend abgeschaltet wurde.
Angesichts der großen Zahl der Mädchen, die regelmäßig Spätfilme am Fernsehen anschauen, könnte man auf eine erstaunliche Toleranz der Eltern gegenüber ihren Kindern zumindest in dieser Hinsicht schließen: 67% sehen täglich oder mehrmals wöchentlich Spätfilme, nur 19% tun dies nie. Hier muß man nun unterscheiden zwischen "dürfen" und "tun". Es wird bewußt nicht gefragt, was ihnen erlaubt ist und was nicht, um die Mädchen nicht in den Konflikt zu bringen, sich gegen ihre Eltern äußern zu müssen. Da Gehorsam oberstes Gebot für ein türkisches Kind ist, besonders für ein Mädchen, wird es nicht gern offen zugeben, etwas zu tun, was den Eltern nicht gefällt, auch wenn die Mädchen dieses Tun von ihren deutschen Klassenkameraden abgeguckt haben und es inzwischen für richtig halten. Daß das Fernsehen nicht immer mit Erlaubnis und Wissen der Eltern geschieht, berichten mehrere Mädchen in einem Gespräch nach dem Ausfüllen des Fragebogens. Sie geben zu, heimlich abends aufzustehen, nachdem ihre Eltern zu Bett gegangen sind. Einige der Eltern arbeiten auch in Nachtschichten, so daß von ihnen keine Kontrolle darüber erfolgen kann, was die Kinder abends spät zu Hause tun. Solche Gelegenheiten werden gern zum Fernsehen genutzt. Bei der Fragebogenerhebung läßt sich ein Einfluß des Alters auf das Fernsehverhalten, speziell auf das Sehen von Spätfilmen, nicht feststellen; ebensowenig spielt die Berufstätigkeit der Mutter eine Rolle.

---

1) von Türken bestätigt in der WDR-Sendung "Funkhaus Wallraffplatz" vom 27.6.77; vgl. auch Kunkel, S. 39.

3.3.7.5. Lesen

Das dritte Medium, das für deutsche Jugendliche und für unsere Gesellschaft insgesamt eine bedeutende Rolle spielt, ist das gedruckte Wort.[1] Für die türkische Gesellschaft nimmt seine Bedeutung erst in der letzten Zeit zu; erst allmählich gewöhnen sich die Leute ans Zeitunglesen. Bücher finden außerhalb der Schule nur wenig Verbreitung. Wie in der Vergangenheit, so ist auch heute noch das hauptsächliche Kommunikationsmittel die Sprache, der unmittelbare mündliche Kontakt. Dieser geht notgedrungen durch das Leben in der Bundesrepublik stark zurück, so daß man sich an Briefeschreiben, Radiohören, Fernsehen und Zeitunglesen gewöhnt - sofern man lesen und schreiben kann. In der Bundesrepublik werden einige Zeitungen des Heimatlandes in türkischer Sprache gedruckt.[2]

Um festzustellen, wie groß bei den Mädchen das Interesse an Informationen aus dem Herkunftsland und an der eigenen ethnischen Gruppe ist, wird in der eigenen Studie untersucht, wieviele der Mädchen eine türkische Tageszeitung lesen.

Tabelle 48: Frage VI 2: Lesen Sie türkische Zeitungen?

Antwort	Zahl der Mädchen
täglich	42
mehrmals wöchentlich	36
einige Male im Monat	12
nie	10
keine Antwort	-
	100

Wenn die Antworten der Wahrheit entsprechen, muß das Interesse an heimatsprachlichen Zeitungen sehr groß sein: 78% lesen täglich oder mehrmals wöchentlich eine türkische Zeitung, nur 10% tun dies nie. Was die Mädchen an den Zeitungen interessiert, konnte damit leider nicht festgestellt werden. Versuche, mit den Mädchen der Freizeitgruppe über politische Themen des Heimat- oder des

1) Vgl. Nave-Herz, S. 66 und 73; Schilling, S. 150.
2) Genauere Angaben über die Verbreitung von Zeitungen und Zeitschriften Mehrländer, S. 222; Reimann, S. 122; Arbeitskreis für ökonomische und soziologische Studien Wien (Hrsg.): Gastarbeiter: Wirtschaftliche und soziale Herausforderung, Wien 1973, S.110; nach Reimann, S.122; Kunkel, S. 40.

Einreiselandes zu sprechen, gelangen höchstens zur Zeit der Wahlen in der Türkei, wo die Mädchen Plädoyers für die eine oder andere Partei abgaben, allerdings ohne über ausreichende Informationen zu verfügen. Die Diskussion von Zeitungsartikeln über "Gastarbeiterprobleme", die in deutschen Zeitungen aufgegriffen wurden, fand auch kein großes Interesse; lediglich die wenigen mir bekannten höheren Schülerinnen waren für solche Themen zu gewinnen.

Das Verhalten deutet darauf hin, daß die meisten Türkinnen, genau wie die deutschen Mädchen, vornehmlich an unterhaltender und entspannender Lektüre interessiert sind. Das Bildungsniveau dürfte sich hier wiederum prägend auswirken. Hinzu kommen bei den türkischen Mädchen die Sprachschwierigkeiten, die sie daran hindern, sich mit längeren und schwereren deutschen Texten auseinanderzusetzen. Nach Schmitz-Scherzer lesen 50% der von ihm befragten Berufsschülerinnen keine regionale Tageszeitung und 99% keine überregionale Zeitung; für die Oberschülerinnen lauten die entsprechenden Zahlen 21% und 82,3%.[1] Bücher und anspruchsvollere Lektüre werden von Mädchen mit geringem Bildungsniveau sehr selten gelesen, dagegen sind Jugendzeitschriften, anspruchslose Erwachsenenillustrierten und Comics sehr begehrt.[2]

Eine 1971 durchgeführte Untersuchung an 325 Kölner Hauptschulen erforscht die Lesehäufigkeit und Verbreitung von Kioskzeitschriften bei 11- bis 15jährigen Jungen und Mädchen.[3] Dabei kam man zu folgenden Ergebnissen:
Bilderhefte (Comics) werden von 81% der Mädchen und 90% der Jungen gelesen, von drei Viertel aller Befragten regelmäßig, am stärksten im 13. Lebensjahr. Danach läßt das Interesse nach. Am beliebtesten sind Micky-Maus-Hefte. Noch größerer Beliebtheit als Comics erfreuen sich Illustrierten, die von 95% aller Befragten gelesen werden, nicht selten 7-10 verschiedene von einer Person. Am wenig-

1) Schmitz-Scherzer, S. 89.
2) Bauer, S. 95 f.
3) Gaby Klingen-Troost: Lesehäufigkeit und Verbreitung von Kioskzeitschriften bei 11- bis 15jährigen Hauptschülern einer Großstadt; in: Medien und Sexualpädagogik, 2. Jg. Heft 2, 1974, S. 14-18.

sten Beachtung finden politische und Sachzeitschriften, bei den Mädchen noch weniger als bei den Jungen. Sehr beliebt sind Sexzeitschriften oder solche, deren Inhalt auch auf sexuelle Themen zugeschnitten sind. Den höchsten Verbreitungsgrad erzielt die Zeitschrift "Bravo", die der genannten Gruppe zuzurechnen ist. Andere Untersuchungen bestätigen die hohe Beliebtheit von "Bravo" bei Kindern ab dem 8. Lebensjahr bis zu Jugendlichen von 16 bis 17 Jahren. Mädchen lesen "Bravo" noch häufiger als Jungen. Das Bildungsniveau spielt auch hier wieder eine bedeutende Rolle. Bezüglich des Beliebtheitsgrades für die einzelnen Altersstufen ergibt sich nach Lierhaus ein verhältnismäßig geringes Interesse vom 8. bis 11. Lebensjahr; im 12. beginnt es rapide zu steigen und flaut vom 15. Lebensjahr an wieder merklich ab.[1)]

Der Beliebtheitsgrad der Zeitschrift "Bravo" bei türkischen Mädchen kann als Indiz dafür angesehen werden, in wie starkem Maße sie das Verhalten deutscher Jugendlicher nachahmen. Da die Zeitschrift relativ leicht zugänglich ist, ermöglicht sie ein jugendkonformes Verhalten, ohne gegen die Verhaltensregeln der Eltern zu verstoßen. Zwar widersprechen die Inhalte dieser Zeitschrift mit Sicherheit in vielen Punkten den Vorstellungen der türkischen Eltern; diesen ist aber eine Kontrolle häufig gar nicht möglich, da sie die deutsche Sprache nur unzureichend beherrschen, nicht lesen können oder keine Zeit haben, sich mit der Lektüre ihrer Tochter auseinanderzusetzen. Außerdem ist es den Töchtern auch möglich, z.B. in der Schule, heimlich zu lesen. Wenn also die türkischen Mädchen bestrebt sind, sich wie die deutschen Mädchen zu verhalten, werden vor allem die jüngeren im starken Maße "Bravo" lesen.

Die Anteile derjenigen, die "Bravo" oder sonstige Illustrierten lesen, sind etwa gleich groß; auch die Zahl derjenigen, die dies nie tun, liegt gleichmäßig bei etwas mehr als einem Viertel aller Mädchen. Zwar liegt der Prozentsatz der "Bravo"-Leserinnen unter dem der deutschen

---

1) Marianne Lierhaus: Die Bedeutung der Zeitschrift "Bravo" für 14- bis 17jährige Sonderschülerinnen; in: Medien und Sexualpädagogik, 1.Jg. Heft 3, 1973, S. 11.

Tabelle 49: Frage VI 3;4: Lesen Sie "Bravo" oder eine andere Jugendzeitschrift? Lesen Sie deutsche Illustrierten?

Antwort	Bravo	Illustrierten
jede Woche	41	36
etwa einmal im Monat	22	22
einige Male im Jahr	8	10
nie	26	27
keine Antwort	3	5
	100	100

Mädchen, ist aber doch beträchtlich. In Gesprächen mit den Mädchen im Anschluß an die schriftliche Befragung wurden außer "Bravo" noch "Pop" und "Pop Foto" sowie eine türkische Musikzeitschrift als Jugendzeitschriften genannt. Einige Mädchen hatten "Bravo" mit in der Schule und wollten über ihre Lieblingspopstars diskutieren. Ein Mädchen sagte, sie sei an den Aufklärungsartikeln gar nicht interessiert, es gehe ihr nur um die Popstars. Ein anderes Mädchen, von dem ich weiß, daß es recht streng erzogen wird, bekommt "Bravo" regelmäßig vom Vater mitgebracht. Andere hatten ebenfalls die Erlaubnis der Eltern,"Bravo" zu lesen; sie waren aber sicher, daß sie dies nur durften, weil die Eltern den Inhalt der Zeitung nicht kennen.

Die hohe Beliebtheit von Illustrierten entspricht dem Rang, den sie auch bei deutschen Jugendlichen einnehmen. Nach der Untersuchung von Klingen-Troost rangieren Erwachsenenillustrierten wie "Stern", "Quick", "Jasmin" usw. an zweiter Stelle der Beliebtheitsskala nach den Jugendzeitschriften; bei den Mädchen folgen dann Frauenzeitschriften ("Brigitte", "Petra" usw.), Sachzeitschriften ("Auto", "Das Tier" usw.), Sexzeitschriften("Wochenend", "Sexy" usw.), Funk- und Fernsehzeitschriften, Informationszeitschriften ("Spiegel" usw.). In Einzelnennungen kamen - nach "Bravo" - "Wochenend" und "Sexy" auf die nächsten beiden Plätze; auf dem 5. Platz rangierte die Frauenzeitschrift "Brigitte".[1]

Für die türkischen Mädchen läßt sich eine solche Aufstellung nicht vornehmen. Ein Mädchen der Freizeitgruppe be-

1) Klingen-Troost, S. 16.

richtete davon, daß ihr Vater in einer Druckerei arbeite und jegliche Art von Illustrierten mit nach Hause bringe; sie selbst dürfe aber nicht alle lesen.
Auf die Frage "Was lesen Sie sonst noch?" geben einige Mädchen nochmals Illustrierten und Zeitungen an, andere nennen Pop- und Fernsehzeitschriften namentlich. Viel häufiger werden jedoch (insgesamt 45 mal) Romane angegeben, und zwar liegen türkische Fotoromane an der Spitze. Einige Mädchen, die solche Fotoromane mit in der Schule hatten und sie heimlich unter der Bank lesen, zeigten mir ein Exemplar: es handelte sich um Liebesgeschichten in Comicsform. Man kann sie mit Hilfe von Annoncen, die in türkischen Tageszeitungen zu finden sind, in der Türkei bestellen.
Ein Mädchen gibt ausdrücklich an, Buchromane zu lesen; ein anderes nennt historische Romane. Bücher ganz allgemein werden siebenmal erwähnt; 11 Mädchen lesen Kinderbücher und Märchen. Einige schreiben dabei, daß es sich um türkische Literatur handelt. Meist in Türkisch werden auch die "Erzählungen" sein, die von 12 Mädchen genannt werden. Das Alter derjenigen, die Kinderliteratur lesen, ist nicht genau festzustellen, da mehrere von ihnen keine Altersangabe machen. Bei den restlichen ist keine älter als 15. Der relativ hohe Anteil an Kinderliteratur könnte ein Zeichen dafür sein, daß sich einige Mädchen noch nicht sehr erwachsen fühlen. Soweit es sich jedoch um deutschsprachige Bücher handelt, spielt wohl auch die Tatsache eine Rolle, daß Kinderbücher relativ leicht lesbar sind; andere Bücher sind den Mädchen wegen mangelnder Sprachkenntnisse oft nicht zugänglich. Daß sie sich aber Bücher verschaffen wollen, zeigt die Tatsache, daß 8 Kinder Schulbücher als Lesestoff angeben. 3 Mädchen nennen religiöse Bücher; je einmal werden erwähnt: Sachbücher, Krimis, türkische Gedichte, Sportzeitschriften, Micky-Maus-Hefte.

Das Interesse am Lesen bei ausländischen Jugendlichen zu wecken, bemüht sich die Stadtbücherei Köln. Genaue Zahlen über die Frequentierung der Bibliotheken durch Ausländer sind nicht vorhanden, doch läßt sich feststellen, daß viele Kinder Lesen bereits als etwas Selbstverständliches betrachten. In der Zweigstelle Antwerpener Straße in Köln entleihen ca. 250 griechische und türkische Kinder regelmäßig deutschsprachige Kinderbücher. Für ältere und für der deutschen Sprache unkundige Ausländer bemüht man sich um heimatsprachliche Literatur. Aber wegen fehlender finanzieller Mittel und mangelnder Buchtradition ist es nicht ganz einfach, aus der Türkei geeignetes Material zu beschaffen.[1] Auch andere Organisationen bemühen sich um den Aufbau einer heimatsprachlichen Bibliothek. So kann z.B. die Ökumenische Kontaktstelle für Nichtchristen in Köln eine Anzahl türkischer Bücher zur Ausleihe anbieten. Sehr gute Erfolge, vor allem unter Kindern und Jugendlichen, kann der Bibliotheksbus in Duisburg verzeichnen, der seit 1974 die fünf wichtigsten Ausländergruppen mit muttersprachlicher und inzwischen auch teilweise deutscher Literatur versorgt. Kinder- und Jugendbücher sind am beliebtesten. An zweiter Stelle stehen Musikkassetten, die 17,7% des Gesamtangebots stellen. Hier wird noch einmal die Bedeutung dieses Mediums sichtbar.[2]

3.3.7.6. Besuche von Verwandten mit der Familie

Beschreibungen von Verwandtentreffen, Festen und geselligen Anlässen im zweiten Teil dieser Arbeit[3] bringen zum Ausdruck, daß das Leben in türkischen Familien traditionsgemäß viel gemeinschaftsbezogener verläuft. Da sich nicht nur die Kernfamilie als Einheit versteht, sondern der verwandtschaftliche Zusammenhalt überhaupt sehr groß ist - man lebt oft auch räumlich nicht weit voneinander entfernt -, sind Verwandtenbesuche nicht selten. Ebenso ist ein Picknick im Grünen im Kreis der Familie beliebt. Es ist bekannt, daß verwandte Türken auch in der Bundesrepublik in dieselbe Stadt oder gar in dasselbe Viertel ziehen, um ihre alten Bindungen und Gewohnheiten aufrechterhalten zu können.[4] Machen das die heranwachsenden Töchter

---

1) Köln-Studie, S. 254 f.
2) Ministerium für Arbeit, Gesundheit und Soziales des Landes NRW (Hrsg.): Situation der Familien ausländischer Arbeitnehmer in Nordrhein-Westfalen am Beispiel Duisburgs, Düsseldorf 1976, S. 171 ff.
3) s.o. S. 103 und 109 ff.
4) Mehrländer gibt an, daß 15% aller Ausländer ihre Verwandten in der Freizeit besuchen. Dieser Prozentsatz erscheint recht gering; er kann aus der nicht erfolgten Differenzierung zwischen Nationalitäten sowie zwischen Familien und einzelnen Arbeitern resultieren. Mehrländer, S.219.

noch mit? Wenn ja, wie stehen sie zu den Verwandtenbesuchen? Es wäre denkbar, daß sie zwar von zu Hause aus zu traditionellen Verhaltensweisen angehalten werden, sich aber nur ungern fügen und stattdessen lieber mit Gleichaltrigen zusammen wären. Die folgenden Tabellen geben darüber Auskunft.

Tabelle 50: Frage VIII 1: Wie oft kommen Verwandte oder Bekannte zu Ihrer Familie zu Besuch?
2: Wie oft besuchen Sie mit der Familie Verwandte oder Bekannte?

Antwort	Besuch bekommen	Besuche machen
mehrmals wöchentlich	74	34
einige Male im Monat	23	45
einige Male im Jahr	2	12
nie	0	8
keine Antwort	1	1
	100	100

Drei Viertel aller Mädchen bekommen mehrmals in der Woche Besuch, fast alle übrigen zumindest mehrmals im Monat. Naturgemäß ist die Häufigkeit, mit der eigene Besuche getätigt werden, geringer. Trotzdem geben noch 34% an, mehrmals wöchentlich Besuche zu machen. Obwohl niemand erwähnt, nie Besuch zu bekommen, sind 8 Mädchen da, die nie selbst mit der Familie zu Verwandten oder Bekannten gehen, und 12, die dies nur sehr selten tun. Bis auf wenige Ausnahmen scheint die Kommunikationsstruktur des Heimatlandes auch im Ausland intakt zu bleiben. Man hat den Eindruck, als hätten manche Familien ständig Besuch, es sei denn, sie seien gerade selbst unterwegs. Wie die Mädchen das beurteilen, zeigt die folgende Tabelle.

Tabelle 51: Frage VIII 3: Bekommen Sie gern Besuch und machen Sie gern Besuche mit der Familie?

Antwort	Zahl der Mädchen
sehr gern	43
es geht	49
nicht so gern	7
keine Antwort	1
	100

Nur 7 Mädchen lehnen die Besuche ab, jedoch ist auch die Zustimmung nicht ungeteilt. Der Anteil derjenigen, die sehr erfreut von den Besuchen sind, liegt etwas niedriger als die Zahl derer, die sich nicht übermäßig darüber freuen. Eine signifikante Abhängigkeit vom Alter läßt sich nicht feststellen. Die 15- bis 17jährigen lehnen die Besuche - entgegen der Erwartung - geringfügig weniger ab als die 13- bis 14jährigen.
Die relative Beliebtheit der Verwandtenbesuche mag damit zusammenhängen, daß sie häufig die einzige Möglichkeit für die Mädchen bieten, woanders hinzukommen. Das geht aus dem Gespräch der türkischen Jugendlichen in dem Tonbandprotokoll hervor: Während die Jungen freien Ausgang haben, müssen einige Mädchen immer in Begleitung der Eltern sein - sie dürfen höchstens einen Verwandtenbesuch allein unternehmen.

3.3.7.7. Sonntagsausflüge und Picknick

Die heimatliche Gewohnheit, sich im Freien zu treffen, Neuigkeiten auszutauschen und sich zu unterhalten, wird in Deutschland so gut wie möglich aufrechterhalten. Häufig sieht man in Köln türkische Familien spazierengehen. Die warmen Sommerabende werden zu Zusammenkünften auf Wiesen und in Parkanlagen genutzt; besonders am Sonntag trifft man sich gern zum Familienpicknick im Grünen.[1] In größeren Gruppen sitzen traditionsgemäß die Frauen mit den Kindern zusammen, während die Männer unter sich bleiben.
Auch in deutschen Familien ist der Sonntagsspaziergang weit verbreitet. Die heranwachsenden Söhne und Töchter versuchen sich allerdings dieser Familienpflicht möglichst zu entziehen. Das bestätigen die Ergebnisse Schillings, wonach Sonntage zwar stärker als Werk- und Samstage der Familie gewidmet werden, Spaziergänge, Ausflüge und Wanderungen aber relativ selten und ungern mitgemacht werden. Besonders Lehrlinge unternehmen selten Ausflüge mit der Familie. Am ehesten sind dazu jüngere Jugendliche bereit sowie höhere Schülerinnen.[2]

---

1) Köln-Studie, S. 365.
2) Schilling, S. 124.

Da gegenseitige Verwandtenbesuche sehr häufig von den türkischen Mädchen praktiziert werden, ist anzunehmen, daß auch Sonntagsausflüge mit der Familie fester Bestandteil im Freizeitverhalten der Mädchen sind.

Tabelle 52: Frage VIII 4: Wie oft gehen Sie mit der Familie auf Sonntagsausflüge, zum Picknick usw.?

Antwort		Zahl der Mädchen	
einmal in der Woche	(w)	27	} 67
ein- bis zweimal im Monat	(m)	40	
einige Male im Jahr	(j)	20	
nie	(n)	11	
keine Antwort		2	
		100	

Diagramm 5)

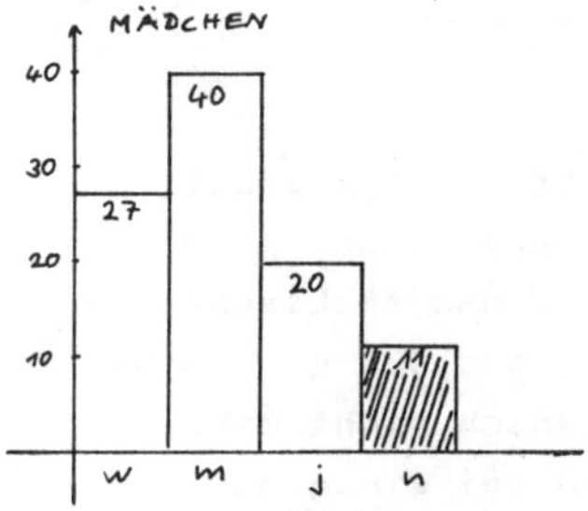

Diagramm 6)

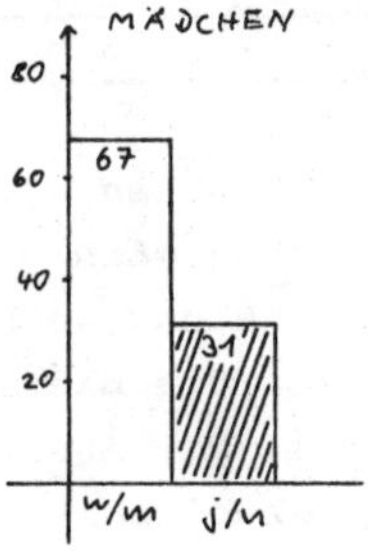

Das Ergebnis bestätigt die Vermutung, daß Familienausflüge von den meisten Mädchen regelmäßig mitgemacht werden; die Bindung an die Familie ist also sehr stark. Daraus, daß 20 Mädchen nur sehr selten und 11 Mädchen niemals auf Familienausflüge gehen, läßt sich allerdings nicht schließen, daß diese von der Familie unabhängig geworden sind und ihre eigenen Wege gehen. Es ist genausogut möglich, daß die Familie keine Ausflüge unternimmt.

3.3.7.8. Handarbeit und Anfertigung von Aussteuer

Handarbeiten galt in unserer Gesellschaft früher als eine typische Beschäftigung junger Mädchen. Es war üblich, daß ein Mädchen die Wäsche für ihre Aussteuer selbst bestickte. Wenn auch Handarbeiten in letzter Zeit wieder in Mode gekommen zu sein scheint, spielt die Aussteuer nur noch

eine untergeordnete Rolle. Jedenfalls muß sie nicht mehr unbedingt selbstgemacht sein.
Auch in der türkischen Gesellschaft gehört es zu den Aufgaben der Frauen und Mädchen, Handarbeiten herzustellen, und es ist auch - besonders auf dem Lande - üblich, früh mit dem Sammeln und Anfertigen von Aussteuer zu beginnen. Von einigen türkischen Mädchen, die in Köln leben, weiß ich, daß sie diese Sitte pflegen. Ob dies allgemein gesagt werden kann, sollte im Fragebogen geklärt werden.

Tabelle 53: Frage XI 5: Haben Sie schon Ihre Aussteuer?

Antwort	Zahl der Mädchen
ja	13
nein	33
zum Teil	47
keine Antwort	7
	100

Fast 2/3 der Mädchen besitzen bereits ihre Aussteuer oder einen Teil davon. Ein Drittel gibt dagegen an, noch keine Aussteuer zu haben. Wenn man bedenkt, daß türkische Mädchen stark auf die Ehe fixiert sind, ist das ein recht großer Anteil. Die Aussteuer ist demnach nicht mehr eine absolute Notwendigkeit, wenn es auch bei einigen Mädchen vorkommen könnte, daß die Mütter, weil sie eine Aussteuer für nötig halten, ohne Wissen der Töchter für deren Ausstattung sorgen.

Tabelle 54: Frage XI 6: Fertigen Sie Ihre Aussteuer selbst an?

Antwort	Zahl der Mädchen
ja	13
nein	41
zum Teil	33
keine Antwort	13
	100

Die Zahl derjenigen, die ihre Aussteuer ganz oder teilweise selbst anfertigen, ist etwa genauso groß wie derjenigen, die dies nicht tun. Das Selberherstellen von Aussteuerwäsche ist demnach nicht mehr selbstverständlich, hat aber noch eine erhebliche Bedeutung.

Einige Anzeichen deuten darauf hin, daß Handarbeiten auch bei den türkischen Mädchen mehr Sache der Mütter und Großmütter geworden ist und daß es hauptsächlich die Mütter sind, die ihre Töchter drängen, sich mit derlei Dingen zu beschäftigen.
In der Zeitbudgetbefragung nennen nur 7 Mädchen Handarbeit als Tätigkeit am vergangenen Tag. Als Betätigung in einer Freizeitgruppe wünschen sich nur 9 Mädchen Handarbeit. In meiner eigenen Freizeitgruppe steht Handarbeiten etwa in der Mitte einer gedachten Beliebtheitsskala. Das heißt, die Mädchen bekunden zwar ein recht reges Interesse am Handarbeiten, entwickeln aber bei der konkreten Durchführung wenig Geduld und Ausdauer. Dagegen äußern die Mütter sehr häufig die Bitte, ich möge doch mit den Mädchen handarbeiten. Nachdem wir uns in der Gruppe einige Zeit mehr mit Bastelarbeiten und Diskussionen beschäftigt hatten, blieben einige Mädchen zu Hause. Der Grund war - wie ich erfuhr -, daß die Eltern glaubten, ihre Tochter lerne in der Gruppenstunde nicht genug. Am zufriedensten sind die Eltern, wenn die Töchter Kochen oder Handarbeiten lernen.

3.3.7.9. Zusammenfassende Bemerkungen

Aus der bisherigen Auswertung des Fragebogens läßt sich folgendes festhalten:
Die türkischen Mädchen entwickeln eine doppelte kulturelle Identität. Sie leben stark im Kontext der traditionellen türkischen Kultur, wobei sich gleichzeitig starke Affinitäten zum Freizeitverhalten junger deutscher Mädchen entwickeln; deren Verhalten wird soweit übernommen, wie es sich in den Rahmen der türkischen Kultur einpassen läßt.
Die türkischen Mädchen haben fast alle für den Haushalt zu sorgen. Die Hälfte der Mädchen betreut regelmäßig jüngere Geschwister. Die Zeit, die für Schularbeiten verwendet wird, kommt noch hinzu; sie dürfte beträchtlich sein, wie aus den Angaben über das Verbringen des späten Nachmittags hervorgeht und was aufgrund der schulischen Schwierigkeiten durchaus zu erwarten ist.
Der Rahmen der freidisponiblen Zeit wird somit zum großen Teil von "demi-loisir"-Tätigkeiten ausgefüllt, meist solchen, die der Rolle der türkischen Frau als Hausfrau und

Mutter entsprechen; insofern nehmen sie zum Teil schon früh die Rolle eines Erwachsenen ein.
Die große Beliebtheit von heimatsprachlichen Sendungen in Rundfunk und Fernsehen sowie von türkischen Zeitungen beweist die enge Bindung an die heimatliche Kultur und Tradition. Das familienorientierte gesellige Leben, wie es in der Türkei traditionsgemäß praktiziert wird, wird in Deutschland fortgeführt und von den Mädchen aktiv mitgetragen. Sie beteiligen sich in hohem Maße an Familienausflügen und Verwandtenbesuchen. Ein großer Teil der Mädchen scheint dies Verhalten voll zu akzeptieren und die Werte der türkischen Kultur internalisiert zu haben.

Nicht zu übersehen ist aber auch die Kritik an Besuchen bei Verwandten, die eher auf eine Loslösung von den Eltern hindeutet. Im Gebrauch der Medien zeigt sich ebenfalls die allmähliche Annäherung an die deutsche Jugendsubkultur. Der Fernsehkonsum ist enorm hoch; Musikhören - am Radio, von Schallplatten oder von Kassetten - ist äußerst beliebt. Das knapp bemessene Taschengeld wird offenbar gern dafür ausgegeben. Zum großen Teil lesen die türkischen Mädchen das gleiche wie ihre deutschen Alterskameraden.
Beim Kauf von Kleidern haben die Mädchen bereits eine gewisse Selbständigkeit erlangt; viele kaufen die Kleider und den persönlichen Bedarf wenigstens teilweise selbst ein. In der Wahl des Berufes orientieren sich die Mädchen an den deutschen Schulkameraden. Auch wenn der Blick für das Realisierbare manches Mal verlorengeht, zeigen sie den Willen, einen Beruf zu erlernen, um selbst für ihren Lebensunterhalt sorgen zu können. Bei der Entscheidung über die Berufswahl schreiben sich die Mädchen ein starkes Mitsprache- oder sogar Selbstbestimmungsrecht zu. Man kann annehmen, daß dies ebenfalls eine Fehleinschätzung ist. Es bringt aber den Willen zum Ausdruck, eigenverantwortliche Entscheidungen zu treffen und vom Elternhaus unabhängiger zu werden.

3.3.8. Peer-group-orientierte Tätigkeiten während der Freizeit

3.3.8.1. Kontakte zu Jugendlichen gleichen Geschlechts

Freundschaften zu einem Partner gleichen Geschlechts spielen nach Schilling für deutsche Jugendliche zwar keine dominierende, aber doch eine wichtige Rolle. In seiner Befragung geben 10,1% der Jungen und 28,6% der Mädchen an, einen Freund bzw. eine Freundin zu haben.[1] Einen gleichgeschlechtlichen Freundeskreis haben demgegenüber 62,5% der Jungen und 54,3% der Mädchen.[2] Der Freundeskreis erfreut sich also größerer Beliebtheit, besonders bei den Jungen, die sich viel weniger stark als Mädchen an einen einzigen Freund binden. Während die Freundschaft zwischen zweien meist über Jahre hinaus anhält, treffen sich im Freundeskreis eher jüngere Jugendliche. Von der Freundin erwarten die Mädchen in erster Linie gleiche Interessen, Zusammenhalt und Verständnis: "daß man mit ihr alles besprechen kann".[3] Die Freundin soll also die zentrale Bezugsperson sein, die in mancher Hinsicht die Familie ersetzt. Sie soll mehr Person der "Tiefenbindung" als Freizeitpartnerin sein.[4] Der Freundeskreis dient eher der gemeinsamen Freizeitgestaltung. Mädchen treffen sich überwiegend zu Hause, also bei einer der Freundinnen (zu 57,9%)[5] und beschäftigen sich dort mit passiv-rekreativen Tätigkeiten (diskutieren, lachen, faulenzen, Musik hören, spielen). Mit dem Alter nehmen Tätigkeiten außerhalb des Hauses zu. Während Jungen, besonders Hauptschüler, häufig Sport mit ihren Freunden treiben, ziehen Mädchen Spaziergänge vor (22,3%).Lehrlinge besuchen mit steigendem Alter häufiger Partys, Diskotheken, Tanzveranstaltungen.[6]
Es ist anzunehmen, daß gleichgeschlechtliche Freundschaften für türkische Mädchen eine sehr große Rolle spielen, da die vielfältigen Probleme, die junge Mädchen in diesem Alter im allgemeinen bewegen, nach einer Vertrauensperson

---

1) Schilling, S. 168.
2) Schilling, S. 168.
3) Schilling, S. 171.
4) Schilling, S. 171.
5) Schilling, S. 176.
6) Schilling, S. 178.

verlangen. Gerade bei den Türkinnen dürften selten die Eltern das volle Vertrauen der Tochter genießen.[1] Eine Freundin eignete sich dazu besser, zumal einer Freundschaft unter Mädchen von der türkischen Tradition her nichts im Wege steht. Ob als Freundin allerdings häufig ein deutsches Mädchen in Frage kommt, muß bezweifelt werden, da die Barrieren groß sein dürften und das Vertrauenspotential gering.

Tabelle 55: Frage IX 1: Haben Sie türkische Freundinnen?
2: Haben Sie deutsche Freundinnen?

Antwort	Zahl der Mädchen zu 1	Zahl der Mädchen zu 2
ja	95	78
nein	5	21
keine Antwort	0	1
	100	100

Die Frage "Haben Sie türkische Freundinnen?" beantworten 95 Mädchen mit ja und 5 mit nein. Deutsche Freundinnen zu haben, geben 78 Mädchen an, 21 verneinen die Frage, eins gibt keine Antwort. Unter den 5 Mädchen, die keine türkische Freundin haben, befindet sich nur eins, das auch keine deutschen Mädchen als Freundinnen nennt.
Quantitativ ist demnach die Hinwendung zu Gleichaltrigen des gleichen Geschlechts enorm hoch, und zwar nicht nur zur eigenen ethnischen Gruppe, sondern auch zu deutschen Mädchen. Daran läßt sich erkennen, wie stark das Bedürfnis ist, Bezugspersonen oder sogar Vertrauenspersonen außerhalb der Familie zu besitzen, ferner, daß ein Ablösungsprozeß von den Primärbindungen eingesetzt hat. Dieser kann nicht ohne Kämpfe und Konflikte vor sich gehen, wenn Knoll mit seiner Feststellung recht hat: "Der verstehende Freund wird umso mehr ersehnt, je mehr der Jugendliche mit seinen inneren Problemen zu kämpfen hat. Wenn man sich mit dem Freund ausgesprochen hat, überwindet man die Schwierigkeiten mit den Eltern, im Beruf, in der Schule und mit sich selbst wieder leichter."[2]

---

1) s.o. S. 80 ff.
2) Karl Knoll: Die Gesellung der Deutschen Jugend in der Gegenwart, Dissertation, München 1962, S. 138; zitiert nach Schilling S. 165.

Die Schwierigkeiten in der Schule bezüglich der Sprache und der Leistungsanforderungen sind hinlänglich bekannt.[1)]
Von Schwierigkeiten mit den Eltern wird häufig berichtet: "Zwischen mir und meinen Eltern besteht kein Vertrauen! Sie haben kein Vertrauen zu mir", sagt ein Mädchen auf dem Tonbandprotokoll und bestätigt, was viele andere ebenfalls empfanden. Die Mädchen der Freizeitgruppe berichten häufig von Dingen, die sie tun, die sie bewegen, bei denen sie sich aber nicht trauen, ihren Eltern etwas davon mitzuteilen, aus Angst, es würde Krach geben. Wenn die Eltern etwas erfahren, sind die Konsequenzen häufig genug Beschimpfungen, Schläge oder Hausarrest, vor allem aber ein weiterer Verlust an Vertrauen und Zuneigung von seiten der Eltern. Daß die Mädchen eben dies nicht wünschen, zeigen folgende Aussagen, die auf dem Tonband festgehalten sind: "Man muß alles hintenherum machen. Das schlimmste ist, man muß so häufig die Eltern belügen." Eine offene Auseinandersetzung scheuen die meisten nicht nur, um sich selbst Ärger zu ersparen, sondern auch weil sie Verständnis für das Verhalten der Eltern haben. Ein Mädchen drückt das so aus: "Sie kennen das nicht anders. Sie wollen das auch nicht anders. Sie haben es so gelernt. Das muß in ihnen drin sein!"
In meiner Gruppe führten wir ein Gespräch über Freundinnen und das Vertrauenspotential, das die Eltern besitzen. Dabei wurde deutlich, daß einer Freundin die Funktion zugesprochen wird, Vertrauensperson zu sein, besonders in den Fällen, über die man nicht mit den Eltern reden möchte. Nur wenige der Mädchen aber glauben von sich sagen zu können, eine solche Freundin zu haben; die meisten haben mehrere Bekannte, denen sie viel, aber nicht alles anvertrauen, da Argwohn und "Verpetzen" zu häufig seien. In der Tat stelle ich in der Gruppe häufig "wechselnde Fronten" fest. Wer noch heute als die beste Freundin bezeichnet wird, kann morgen keines Blickes mehr gewürdigt werden. Die Anlässe sind zum Teil äußerst nichtig. Diejenigen, die als Freundin genannt werden, sind meist türkische Mädchen. Nur eine gibt an, eine deutsche Freundin zu haben, der sie vertrauen könne.

---

1) Vgl.dazu Hermann Müller (Hrsg.): Ausländerkinder in deutschen Schulen, Stuttgart 1974; Manfred Hohmann (Hrsg.): Unterricht mit ausländischen Kindern, Düsseldorf 1976.

3.3.8.1.1. Besuche von Freundinnen zu Hause

Der hohe Prozentsatz an Beziehungen zu deutschen Mädchen in der Fragebogenuntersuchung könnte sich vornehmlich auf Schul- und Pausenkontakte beziehen. Ob diese Kontakte während der Freizeit fortgesetzt werden und, wenn ja, wie intensiv sie sind, läßt sich am besten durch die Frage in Erfahrung bringen, ob sich die Freundinnen zu Hause treffen. In Schillings Studie über deutsche Mädchen wird die elterliche Wohnung als der häufigste Treffpunkt genannt; auch bei den Türkinnen wurde bereits festgestellt, daß sie einen großen Teil ihrer freien Zeit zu Hause verbringen.

Tabelle 56: Frage IX 3: Kommen türkische Mädchen zu Ihnen nach Hause?
4: Kommen deutsche Mädchen zu Ihnen nach Hause?

Antwort		Zahl der Mädchen zu 3	Zahl der Mädchen zu 4
täglich	(t)	10	3
mehrmals wöchentlich	(w)	44	21
einige Male im Monat	(m)	34	24
nie	(n)	12	51
keine Antwort		0	1
		100	100

Während türkische Mädchen sich untereinander häufig in der elterlichen Wohnung treffen, kommen deutsche Mädchen viel seltener zu Besuch, als es der hohen Zahl von Kontaktangaben entspricht. Die Säulendiagramme machen jeweils die Unterschiede deutlich:

Diagramm 7)

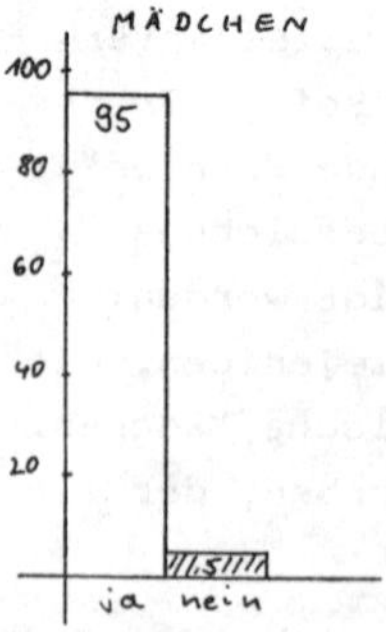

Türkinnen mit türkischen Freundinnen

Diagramm 8)

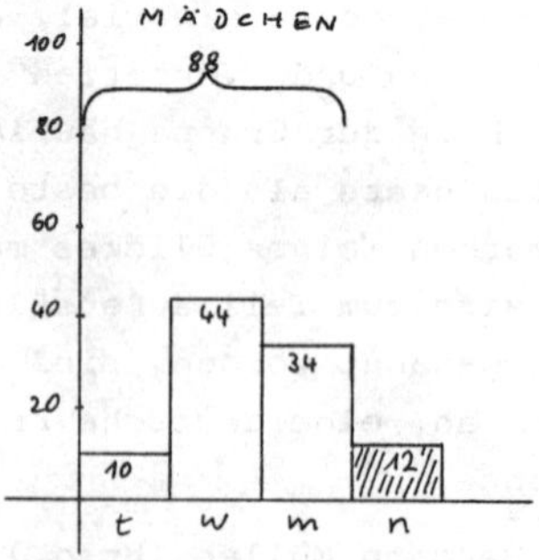

Türkinnen, die von türkischen Mädchen Besuch bekommen

Diagramm 9)

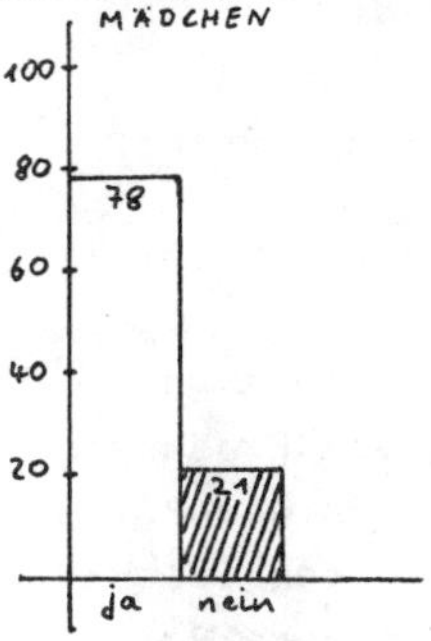

Türkinnen mit deutschen Freundinnen

Diagramm 10)

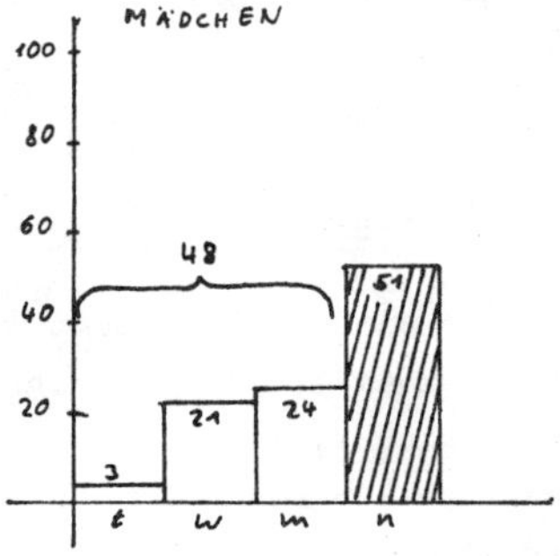

Türkinnen, die von deutschen Mädchen Besuch bekommen

Der große Unterschied läßt erkennen, daß die türkischen Mädchen zwar den Kontakt zu den deutschen suchen, ihn aber nicht immer ausbauen können. Die Gründe dafür sind zum Teil wieder bei den Eltern zu suchen, die nähere Kontakte verhindern möchten. So beklagt sich ein Mädchen im Tonbandprotokoll: "Ich darf nicht zu meiner deutschen Freundin, sie nicht zu mir; die Eltern haben Angst." Ein anderes sagt: "Die Türken haben Angst, was ihre Kinder in einer fremden Umwelt mitkriegen können."
Auf der anderen Seite muß aber die starke Ablehnung der Deutschen gegenüber den Türken erwähnt werden, die nicht nur Renner und andere festgestellt haben.[1] Die Mädchen der Freizeitgruppe beklagen sich mehrfach darüber, daß sie von den deutschen Klassenkameraden nicht verstanden und ausgelacht würden. Sehr häufig schwärmen die Mädchen von der Türkei und davon, wie nett die Leute dort seien im Gegensatz zu den Deutschen, die als kalt und gefühllos bezeichnet werden. Andere nennen die Deutschen kalt, egoistisch, geizig, überheblich, gefühllos, taktlos. Sie fühlen sich von den Deutschen verachtet und als minderwertig angesehen.

1) s.o. S. 144.

Es besteht also ein großer Unterschied zwischen dem Wunsch, einen deutschen Freundeskreis zu haben, und der Verwirklichung dieses Wunsches. Das Verständnis zwischen den deutschen und den türkischen Mädchen ist oft zu gering.

3.3.8.1.2. Mögliche Kontakthindernisse zu Deutschen

Ein Hindernis, das den Kontakt zwischen türkischen und deutschen Mädchen erschweren kann, liegt in der Ernährung. Äußerlich drückt sich das aus in Beschimpfungen wie "Zwiebelfresser" und "Kümmeltürke", auf die die Türken leicht mit "Kartoffelfresser" reagieren.[1] Eine besondere Rolle spielt jedoch das Schweinefleisch, das den Moslems verboten ist, da das Schwein als unreines Tier gilt. Selbst Türken, die sich über derartige religiöse Gebote hinwegsetzen, essen in den seltensten Fällen Schweinefleisch, da sie von Kindheit an daran gewöhnt sind, es als ungenießbar zu betrachten. Die Angst, Schweinefleisch vorgesetzt zu bekommen oder ausgelacht zu werden, wenn man sagt, daß man es nicht ißt, könnte die türkischen Mädchen davon abhalten, deutsche Freundinnen zu Hause zu besuchen. Um festzustellen, wie stark die Antipathie gegen Schweinefleisch ausgeprägt ist und welche Rolle derartige religiöse Vorschriften spielen, werden die Mädchen im Erhebungsbogen gefragt, welche Speisen sie nicht essen würden.

Tabelle 57: Frage XII 3 und 4: Gibt es Speisen, die Sie nicht essen würden? Welche?

Antwort	Zahl der Mädchen
Schweinefleisch	34
Sonstiges	33
Deutsches Essen	2
entfällt	27
keine Antwort	4
	100

Von den 100 Mädchen geben 27 an alles zu essen, 34 assoziieren mit der Frage nach abgelehnten Speisen Schweinefleisch und 2 Mädchen lehnen deutsches Essen generell ab.

1) Vgl. dazu Kunkel, S. 42.

Ebenfalls im Islam verboten sind Wein und sonstige alkoholische Getränke. Während das Weinverbot von vielen Türken eingehalten wird, ist Raki ein von den Männern oft und gern getrunkener Schnaps. Frauen trinken jedoch wenig Alkohol. Es ist daher zu erwarten, daß nur sehr wenige Mädchen überhaupt alkoholische Getränke zu sich nehmen und wenn, dann keinen Wein.
Unter deutschen Jugendlichen ist dagegen der Alkoholkonsum weit verbreitet[1], und wer akzeptiert werden will, kann sich nur schwer den allgemeinen Gepflogenheiten entziehen.

Tabelle 58: Frage XII 1: Trinken Sie Bier, Raki oder Ähnliches?
2: Trinken Sie Wein?

Antwort	Zahl der Mädchen zu 1	2
ja	16	4
nein	83	94
keine Antwort	1	2

Tatsächlich lehnen fast alle den Genuß von Alkohol ab. Wie erwartet, trinken jedoch mehr Mädchen Bier oder Schnaps als Wein. Das Verbot, Alkohol zu trinken, das wahrscheinlich von den Eltern verstärkt wird, kann ein weiterer Grund für die türkischen Mädchen sein, sich von deutschen Jugendlichen fern zu halten. Dies gilt besonders für Kontakte außerhalb des Hauses.

3.3.8.1.3. Treffen mit Freundinnen außerhalb des Hauses

Inwieweit die Mädchen Gelegenheit haben, sich auch außerhalb des Hauses mit Freundinnen zu treffen, sollen die nächsten Fragen klären. Es ist zu erwarten, daß Spaziergänge am Nachmittag eher möglich sind als ein Aufenthalt außerhalb des Hauses am Abend.

1) Vgl. Aktion Jugendschutz, Landesarbeitsstelle NW e.V.: Kinder- und Jugendalkoholismus, Protokoll einer Arbeitstagung vom 22.9.1975 in Dortmund; Bayerisches Staatsministerium des Innern (Hrsg.): Drogen, Alkohol, Nikotin. Dokumentation über eine Repräsentativerhebung bei Jugendlichen in Bayern, München 1974.

Tabelle 59: Frage IX 5: Gehen Sie mit ihren Freundinnen nachmittags spazieren?
6: Sind Sie nach Einbruch der Dunkelheit noch außer Haus?

Antwort	Zahl der Mädchen, die nachmittags spazierengehen	die bei Dunkelheit außer Haus sind
täglich (t)	7	3
mehrmals wöchentlich (w)	29	14
einige Male im Monat (m)	31	9
nie (n)	33	74
keine Antwort	0	0
	100	100

Diagramm 11)

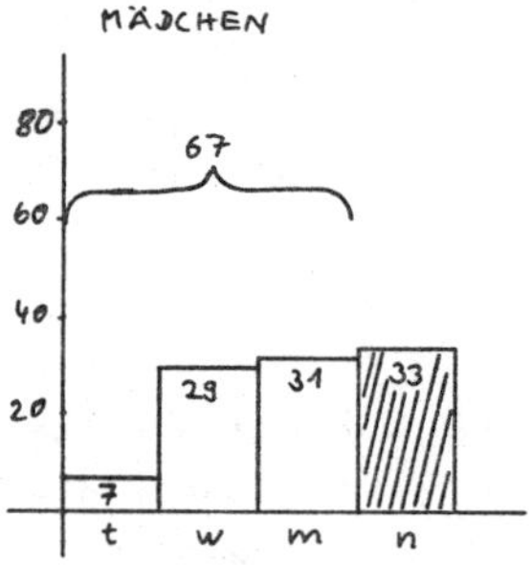

Diagramm 12)

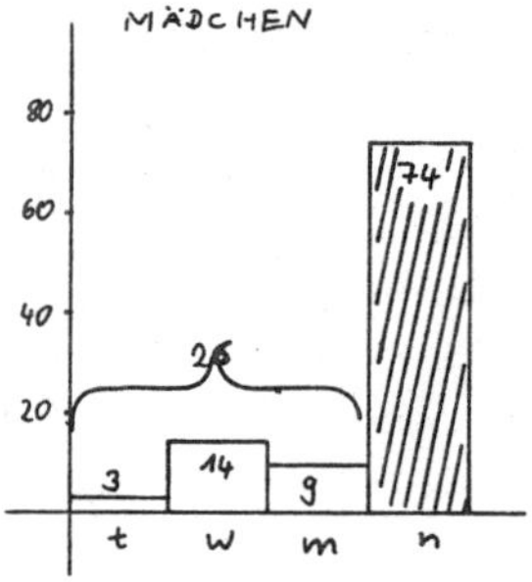

Das Ergebnis bestärkt die Annahme, daß sich die türkischen Mädchen während ihrer Freizeit hauptsächlich zu Hause aufhalten und besonders am Abend aufgrund von Verboten der Eltern wenig Gelegenheit haben, das Haus zu verlassen. Mehrere Untersuchungen zeigen, daß bei deutschen Mädchen die normative Kontrolle der Eltern nicht sehr groß ist[1], obwohl Kreutz feststellt, daß 80-90% der Eltern ihren Töchtern vorschreiben, wann sie abends zu Hause sein müssen und wie oft sie ausgehen dürfen. Auch der Umgang wird von 40-60% der Eltern kontrolliert.[2] Dennoch wird Kontakt zu Gleichaltrigen eher gefördert als unterbunden, besonders zu Mädchen[3], so daß deutsche Mädchen oft nicht begreifen, warum die Türkinnen so selten aus dem Haus dürfen. Darum beklagt sich ein türkisches Mädchen, das bereits 19

1) Schmitz-Scherzer, S. 60.
2) nach Bauer, S. 29.
3) Schilling, S. 218, 242,253.

Jahre alt ist: "Ich kann nie mitgehen. Sie sagen: 'Du bist doch volljährig; geh doch abends mit!' Aber sie können sich nicht in die Situation hineinversetzen. Ich habe viele Freundinnen dadurch verloren."[1]

3.3.8.2. Freizeitaktivitäten in Kontakt mit andersgeschlechtlichen Jugendlichen

Die Frage nach dem anderen Geschlecht und allem, was damit zusammenhängt, scheint das zentrale Problem der deutschen jungen Mädchen zu sein.[2] Das Freizeitverhalten außerhalb des Hauses muß zu einem großen Teil unter diesem Aspekt gesehen werden. Aktivitäten wie der Besuch von Kinos und Tanzveranstaltungen sind zwar auch um ihrer selbst willen beliebt, sie dienen aber gleichzeitig der Kontaktaufnahme und -pflege zum anderen Geschlecht.[3]

3.3.8.2.1. Kinobesuch

So gehen Jugendliche zum Beispiel vornehmlich als gemischtgeschlechtliche Gruppe oder in Begleitung eines andersgeschlechtlichen Partners ins Kino.[4] In der Untersuchung Schillings gehört der Besuch im Kino zu den Freizeitaktivitäten, die von Jugendlichen zwar recht gern, aber auch recht selten ausgeführt werden. 25,1% aller Befragten geben an, einmal pro Monat ins Kino zu gehen, 8,0% gehen zweimal, 5,5% dreimal und der größte Teil - 61,5% - keinmal pro Monat ins Kino. In anderen Untersuchungen wird eine viel stärkere Frequentierung festgestellt, allerdings stammen diese aus früheren Jahren.[5] Es kann durchaus eine Veränderung der Einstellung zum Kinobesuch eingetreten sein. Übereinstimmend mit anderen stellt Schilling einen häufigeren Kinobesuch der Lehrlinge gegenüber Schülern fest; außerdem nimmt der Kinobesuch mit steigendem Alter zu; ein Unterschied zwischen Jungen und Mädchen war kaum

---

1) Tonbandprotokoll.
2) Edith Göbel: Mädchen zwischen 14 und 18, Hannover/Berlin/Darmstadt/Dortmund 1964, S. 101.
3) Vgl. Schilling, S. 146.
4) Vgl. Schilling, S. 146.
5) Aufgeführt bei Schilling, S. 145.

festzustellen. Es fällt nur auf, daß Mädchen aus nichtkoedukativen Schulen sehr selten im Kino anzutreffen sind.[1] Nach Keilhacker, Blücher und anderen gehen Jungen generell häufiger ins Kino als Mädchen, da letztere ihr weniges Geld eher für Kosmetik und Kleidung ausgeben und außerdem nicht so oft die Erlaubnis der Eltern für den Kinobesuch bekommen würden.[2]
Wenn türkische Mädchen selten ohne Aufsicht das Haus verlassen dürfen und bereits der Kontakt zu gleichgeschlechtlichen Jugendlichen behindert ist, wird die Teilnahme an gemischtgeschlechtlichen peer groups und die Aufnahme einer gemischtgeschlechtlichen Paarbeziehung noch schwerer sein, da sie den Normen der türkischen Tradition völlig zuwiderläuft. Es ist darum zu erwarten, daß auch Aktivitäten wie Kinobesuch und Tanzveranstaltungen nur sehr selten und nur von wenigen türkischen Mädchen ausgeführt werden. Diese Erwartung erfüllt sich jedoch keineswegs. Nach den Ergebnissen des Fragebogens gehen türkische Mädchen sehr häufig ins Kino - öfter als deutsche Mädchen.

Tabelle 60: Frage VIII 5: Gehen Sie ins Kino?

Antwort	Zahl der Mädchen
einmal in der Woche (w)	24
ein- bis zweimal im Monat (m)	34
einige Male im Jahr (j)	15
nie (n)	26
keine Antwort	1
	100

Faßt man die erste und zweite Gruppe zusammen, so ergibt sich, daß sich über die Hälfte der Mädchen häufig und regelmäßig Filme im Kino ansehen. Allerdings ist die Zahl derjenigen, die sehr selten oder nie ins Kino gehen, ebenfalls nicht klein. Das Säulendiagramm zeigt die Verteilung:

1) Zitiert nach Schilling, S. 145.
2) Zitiert nach Schilling, S. 146; Margarete Keilhacker: Kino und Jugend. 15- bis 18jährige in ihrem Verhältnis zu Kino und Film, München 1960.

Diagramm 13)

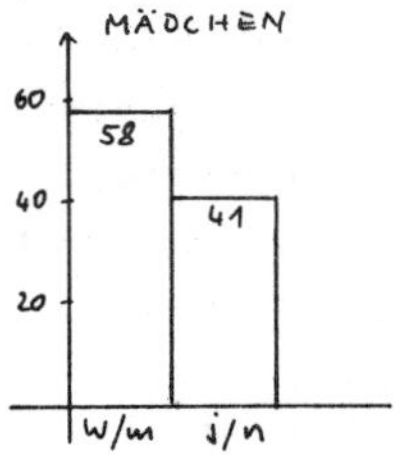

Das Ergebnis wird dadurch erklärbar, daß die Filme, die die Mädchen sehen, in der Regel keine deutschsprachigen Produktionen sind, die am Abend gezeigt werden, sondern türkische Filme, die am Sonntagvormittag in Kölner Kinos laufen. Hier zeigt sich wiederum die Orientierung an der türkischen Kultur. Zwar konnte durch den Fragebogen nicht ermittelt werden, von wem die Mädchen beim Kinobesuch begleitet werden, da die entsprechende Frage mißverstanden wurde; die mündlichen Gespräche ergeben jedoch, daß meistens ein Teil der Familie, und wenn auch nur ein Bruder, mit dabei ist.
Dieser Sachverhalt korrespondiert mit vorhandenen spärlichen Untersuchungen zum Freizeitverhalten ausländischer Arbeitnehmer. Mehrländer stellte fest, daß insgesamt 71% der ausländischen Männer und 57% der ausländischen Frauen manchmal ins Kino gehen. Die Türken liegen mit 74% über dem Durchschnitt; 57% von ihnen besuchen hauptsächlich Filme ihrer Muttersprache.[1)]

Die im zweiten Teil der Arbeit erwähnten Untersuchungen in der Türkei stellten ebenfalls eine große Beliebtheit des Kinos fest, auch und gerade bei Frauen, allerdings nur aus der Mittel- und Oberschicht. Frauen aus niedrigeren Schichten, die in den Vorstädten lebten und der traditionellen Lebensweise stark verbunden waren, gingen nur sehr selten ins Kino.[2)] Das kann damit zusammenhängen, daß das Kino noch eine recht neue Einrichtung ist. Für stark traditionalistische Familien und strenggläubige Moslems mag außerdem das islamische Bilderverbot (das Verbot, lebensfähige Wesen abzubilden) Vorbehalte gegenüber dem

1) Mehrländer, S. 220; siehe auch Borris, S. 208.
2) s.o. S. 111.

Film hervorrufen[1] - in der Türkei wie auch in der Bundesrepublik. Hinzu kommt, daß ein Kinobesuch in Deutschland heute eine Menge Geld kostet. Finanzielle, religiöse, möglicherweise auch moralische Bedenken könnten Gründe dafür sein, daß ein ebenfalls sehr hoher Prozentsatz der Mädchen selten oder nie ins Kino geht. Eine Abhängigkeit des Kinobesuchs vom Alter der Mädchen oder von einem anderen Faktor ließ sich nicht feststellen.

3.3.8.2.2. Tanzveranstaltungen

Tanzveranstaltungen, Besuche in Diskotheken und Partys erfüllen für deutsche Jugendliche weitgehend denselben Zweck wie der Besuch im Kino. Sie dienen in erster Linie der Aufnahme und der Pflege von Kontakten zu anderen Jugendlichen. Beim Tanzen kommt allerdings der Aspekt der Partnersuche viel stärker zum Tragen, und auch die Geselligkeit bekommt einen größeren Stellenwert. Gegenüber Treffpunkten zu Hause haben Kinos, Diskotheken usw. für die Jugendlichen den Vorteil, daß sie dort weniger stark unter der Kontrolle der Erwachsenen stehen.[2] Über die Häufigkeit der Besuche Jugendlicher von Tanzveranstaltungen gibt es nur wenig Material. Die Ergebnisse sind z.T. widersprüchlich.[3]

Schmitz-Scherzer ermittelte, daß der Besuch von Diskotheken für 58% der Berufsschülerinnen die häufigste Freizeitbeschäftigung ist, die mit steigendem Alter zunimmt. Höhere Schülerinnen bevorzugen Diskotheken weit weniger, die jüngeren mehr als die älteren.[4]

Schilling faßt in seiner Untersuchung Gastwirtschaften und Diskotheken nicht ganz glücklich zu einer Kategorie zusammen und unterscheidet sie von Tanzveranstaltungen; Partys werden wiederum gesondert betrachtet. Für die kombinierte Kategorie stellte Schilling eine Frequentierung von 9,8% an Wochentagen fest, am Samstag von 14,8 und am Sonntag von 13,2%; bei Partys ergeben sich ähnliche Zahlen.

---

1) Das zeigte sich z.B. an Protesten gegen den Film "Mohammed - der Gesandte Gottes".
2) A. Werner: Jugend und Freizeit; in: Hans-Georg Wehling. Jugend zwischen Auflehnung und Anpassung, Stuttgart 1973, S. 163.
3) Schilling, S. 141 ff.
4) Schmitz-Scherzer, S. 88 f.

Die Dominanz von Lehrlingen gegenüber Schülern wird für den genannten Bereich bestätigt, ebenso die wachsende Besuchshäufigkeit mit steigendem Alter. Während nun in diesen drei Teilbereichen die Jungen überwiegen, dominieren bei Tanzveranstaltungen - worunter Schilling offenbar Tanztees, Tanzabende mit einer Kapelle u.ä. versteht - die Mädchen. Lehrlinge sind auch hier öfter als Schüler vertreten; ebenso steigt der Besuch von Tanzveranstaltungen mit dem Alter. Insgesamt geben 22,8% der befragten Jugendlichen an, sehr oft, oft oder regelmäßig zu tanzen; besonders beliebter Tag zum Tanzen ist der Samstag; beliebtester Tanz ist Beat.[1] Tanzen gehört zu den Tätigkeiten, die die meisten Jugendlichen sehr gern, aber nicht sehr oft betreiben.[2] Man sollte den Tanz bezüglich seiner Häufigkeit also nicht überbewerten, von seiner Funktion für die Jugendlichen aber auch nicht unterschätzen. Die verschiedenen Arten der Tanzveranstaltungen bilden einen festen Bestandteil im Freizeitverhalten und Freizeitdenken deutscher Jugendlicher.

Haben nun die türkischen Mädchen die Möglichkeit oder überhaupt den Wunsch, sich diesem jugendlichen Verhalten anzuschließen? In der türkischen Tradition ist diese Form der Geselligkeit nicht verankert. Tanz spielt dort eine andere Rolle. Er dient nicht dem Kennenlernen oder der Kontaktpflege zu anderen Jugendlichen, schon gar nicht des anderen Geschlechts. Türkische Tänze sind vorwiegend folkloristischer Art, wenn auch in den Städten Tanzveranstaltungen nach westlichem Vorbild zunehmen und auch im privaten Bereich - z.B. bei Hochzeiten - neue Formen allmählich mehr Anklang finden.[3] In jedem Falle stehen Mädchen, die an solchen Festen teilnehmen, unter der Kontrolle der Eltern, der Brüder oder der Verwandten. Auch für die türkischen Mädchen in der Bundesrepublik kommen somit eigentlich nur solche Tanzveranstaltungen in Betracht, bei denen die Aufsicht gewährleistet ist. Da dies für die bei uns üblichen Tanzveranstaltungen für Jugendliche meistens nicht zutrifft, ist zu erwarten, daß daran, wenn überhaupt, nur sehr wenige türkische Mädchen teilnehmen.

---

1) Schilling, S. 137-144.
2) Schilling, S. 110.
3) s.o. S. 97 ff.

Tabelle 61: Frage X 6: Gehen Sie zu Tanzveranstaltungen?

Antwort	Zahl der Mädchen
einmal in der Woche (w)	4
ein- bis zweimal im Monat (m)	13
einige Male im Jahr (j)	4
nie (n)	77
keine Antwort	2
	100

Diagramm 14)

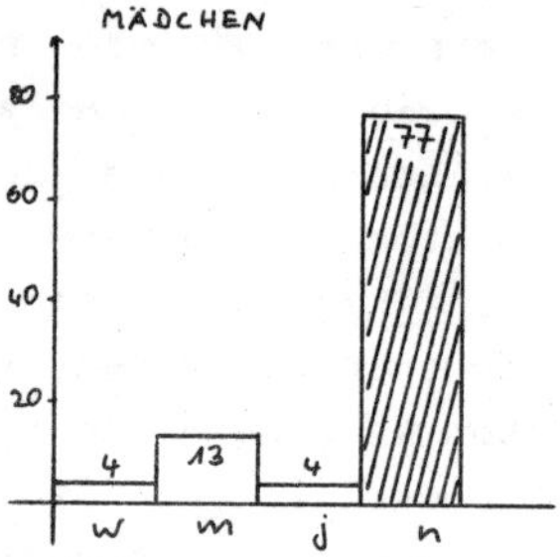

Faßt man die erste und zweite Kategorie zusammen zu der Gruppe derjenigen, die oft und regelmäßig zum Tanzen gehen, ebenso die Kategorien 3 und 4 zur Gruppe derer, die dies nur ausnahmsweise oder nie tun, so ergibt sich folgendes Diagramm.

Diagramm 15)

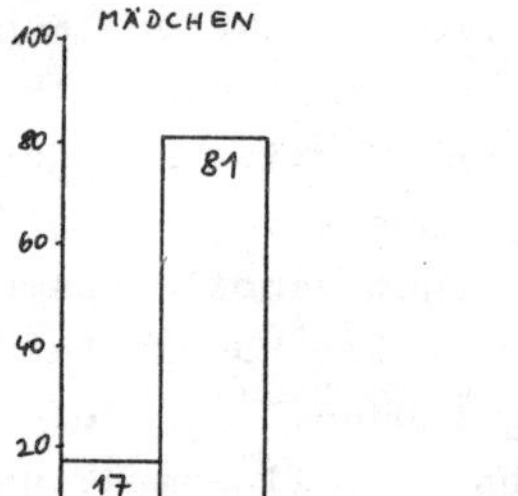

Es wird deutlich, daß Tanzveranstaltungen im Freizeitverhalten türkischer Mädchen so gut wie keinen Platz haben. Die wenigen, die regelmäßig Tanzveranstaltungen besuchen, verteilen sich bezogen auf die jeweilige Altersgruppe wie folgt: 1 Dreizehnjährige = 4,76%; 6 Vierzehnjährige = 19,35%; 4 Fünfzehnjährige = 25,-%; 2 Sechzehnjährige = 18,18%; keine Siebzehnjährigen und 4 ohne Altersangabe = 26,66%.

Diagramm 16)

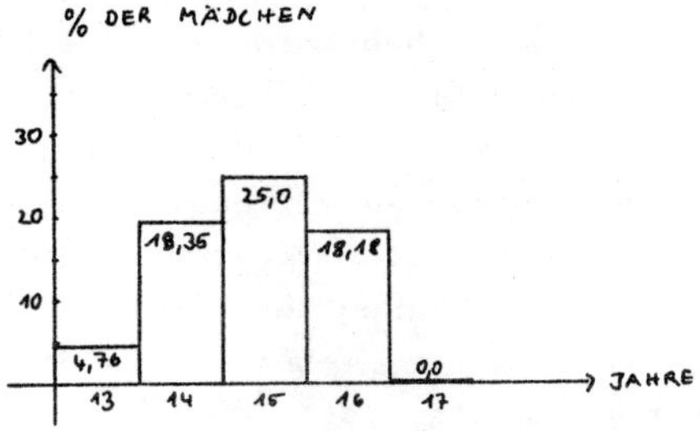

Im Gegensatz zu den Ergebnissen bei deutschen Mädchen kann man bei den türkischen nicht behaupten, daß die Häufigkeit des Besuchs von Tanzveranstaltungen mit dem Alter zunimmt. In der vorliegenden Studie gehen am häufigsten die 15jährigen tanzen. Von den Siebzehnjährigen gab nur eine an, einige Male im Jahr zum Tanzen zu gehen.
Ob die Mädchen nicht tanzen gehen möchten oder ob sie es nicht dürfen, konnte durch den Fragebogen nicht festgestellt werden. In Gesprächen und bei der Gruppenbeobachtung kam aber sehr deutlich zum Ausdruck, daß die Ursache für das seltene Tanzengehen die Verbote der Eltern sind, auf die die Töchter verschieden reagieren; nicht alle Mädchen, die Tanzveranstaltungen besuchen, tun dies mit Erlaubnis oder Wissen der Eltern.
So erzählte ein Mädchen im Anschluß an die Befragung, daß es abends, wenn die Eltern schlafen, manchmal heimlich aus dem Fenster klettert und zum Tanzen geht. Andere verlassen heimlich das Haus, wenn beide Eltern abwesend sind. Die Geschwister, auf die sie während dieser Zeit eigentlich aufpassen sollen, werden allein zu Haus zurückgelassen und bisweilen mit Geld bestochen, daß sie die Schwester nicht verpetzen. Solche Praktiken können zu regelrechten Erpressungen führen. So erfuhr ich von einem Jungen, der von seiner Schwester fast das gesamte Taschengeld forderte, wenn diese nicht verpetzt werden wollte. Wenn die Geschwister oder andere Bekannte nicht verschwiegen genug sind oder die Eltern von sich aus die "Eskapaden" der Tochter entdecken, kann dies üble Folgen haben. Nicht selten wird berichtet, daß die Mädchen Prügel erhalten und für längere Zeit die elterliche Wohnung nicht mehr verlassen dürfen, es sei denn, um zur Schule zu gehen. Eine Mutter, die erfahren hatte, daß sich ihre Tochter zusammen mit

anderen Jugendlichen beiderlei Geschlechts in einer Diskothek aufhielt, ging dorthin, schlug die Tochter vor den Augen aller Anwesenden und verbot ihr bei hoher Strafe, noch einmal diese Räumlichkeiten zu betreten.

Mädchen, die heimlich von zu Hause weggehen, die gegen den Willen und das Wissen der Eltern dorthin gehen, wo Jugendliche sich treffen, leben in ständiger Angst vor Entdeckung. Ertappt zu werden, ist nicht deshalb so schlimm, weil die Mädchen Schläge oder Hausarrest bekommen, sondern weil sie den Entzug der Zuneigung seitens der Eltern und ihrer Landsleute befürchten müssen, auf den die türkischen Mädchen in einer fremden Umgebung, in der sie sich nur schwer Anerkennung verschaffen können, stärker angewiesen sind als deutsche Mädchen. Hinzu kommt die finanzielle Abhängigkeit und der ungesicherte Status als Ausländer. Alle diese Argumente machen es für ein türkisches Mädchen, selbst wenn es nach dem Gesetz volljährig ist, fast unmöglich, sich von den Eltern zu trennen und sich eine eigene Wohnung zu nehmen.

Wer nicht in der Sorge vor Entdeckung leben will, muß sich nach den Wünschen der Eltern richten. Diese Wünsche ganz zu internalisieren und sich nicht von den deutschen Alterskameraden beeinflussen zu lassen, ist aber nicht leicht.

Als die Mädchen der Freizeitgruppe gefragt wurden, ob sie ab und zu tanzen gehen, antworteten sie mit der größten Selbstverständlichkeit und scheinbar ohne Bedauern: "Ein türkisches Mädchen geht nicht tanzen; das ist nun mal so!" Gleichzeitig probierten sie die neuesten Tänze aus. Bei einem kleinen Fest hatten die Mädchen Kassetten mit moderner Popmusik mitgebracht, nach deren Rhythmus eifrig getanzt wurde. Auf die Frage, woher sie das könnten, lauteten die Antworten: "vom Fernsehen", "von der Schwester abgeguckt", "von deutschen Freundinnen gelernt". Eins der Mädchen meinte dazu: "Als Türkin hat man es schwer; man kann nicht einfach tanzen gehen; da muß man sehen, woher man so etwas lernt."

Wie gerne die Mädchen im Grunde das Tanzvergnügen ihrer deutschen Klassenkameraden miterleben würden, zeigen die Antworten auf die letzte Frage im Fragebogen "Was würden Sie gern in einer Freizeitgruppe unternehmen?". "Tanzen gehen" steht dabei mit 22 Nennungen an zweiter Stelle der

Beliebtheitsskala hinter dem Wunsch nach Unterhaltung und vor dem Wunsch, Musik hören zu können.

3.3.8.3. Gemischtgeschlechtliche Paar- und Gruppenbildung

3.3.8.3.1. Allgemeine Problemstellung

"Wir können davon ausgehen, daß die heterosexuellen Freundschaftsbeziehungen als ein soziales Beziehungsfeld sui generis zu verstehen und als eine besondere zeittypische und einflußreiche Gesellungsform zu bezeichnen ist, deren Bedeutung für den Jugendlichen besonders im Freizeitbereich zur Geltung gelangt."[1] So wurde bereits festgestellt, daß viele Freizeitaktivitäten deutscher Jugendlicher innerhalb einer gemischtgeschlechtlichen Gruppe oder gemeinsam mit einem Partner des anderen Geschlechts stattfinden.
Etwa die Hälfte aller Jugendlichen ist in formellen Gruppen von Vereinen und Verbänden organisiert.[2] Noch beliebter sind informelle Gruppen wie Freundeskreise, Cliquen, Clubs etc., besonders bei Jugendlichen aus der Unterschicht. Sowohl in formellen als auch in informellen Gruppen und Gruppierungen sind Mädchen in der Minderheit.[3]
Häufig gelangen sie als "Anhängsel" eines Freundes in eine Gruppe hinein. Da die Freundschaft mit Jungen für Mädchen schon in frühem Jugendalter eine besonders beliebte Kontaktform ist[4], steigt die Mitgliedschaft der Mädchen in größeren heterosexuellen Gruppen mit etwa 14/15 Jahren sprunghaft an und erreicht mit etwa 16/17 Jahren ihren Höhepunkt.[5] Mit ansteigender Häufigkeit von Paarbeziehungen zum anderen Geschlecht nehmen gleichgeschlechtliche Freundschaften ab.
In der Beziehung von Mädchen zu Jungen lassen sich zwei Phasen unterscheiden:

a) die weniger stabile Phase der Pubertät,
b) die sich stabilisierende Phase der Adoleszenz.[6]

In der ersten Phase sind losere Kontakte und ein häufiger Partnerwechsel zu beobachten, was Giesecke als Zeichen von

---

1) Schilling, S. 188.
2) Schmitz-Scherzer, S. 60; Schilling, S. 263.
3) Bauer, S. 34 und 35.
4) Bauer, S. 36.
5) Schilling, S. 107, 242, 253.
6) Schilling, S. 195.

Prestigestreben und persönlicher Selbstbestätigung wertet.[1] In der zweiten Phase bilden sich bereits feste Beziehungen heraus, die, besonders bei jungen Arbeiterinnen, häufig in die Ehe einmünden.[2] Überhaupt ist eine Fixierung der Mädchen auf die Ehe zu verzeichnen. Wenn auch nicht jegliche Anknüpfung von heterosexuellen Kontakten dem Ziel einer späteren Heirat dient, so wird doch bereits in der Partnerbindung eine Art "Vor-Ehe" praktiziert. "In diesen 'Vor-Ehen' werden eheliche Verhaltensmuster antizipiert, nachgeahmt und eingeübt."[3] Die Ehe an sich wird nicht in Frage gestellt. Die Einstellung der Jugendlichen zu vorehelichen Sexualkontakten hat sich in den letzten zehn Jahren erheblich gewandelt. Nur sehr wenige Jugendliche lehnen sie ausdrücklich ab, was allerdings noch nichts über das praktische Verhalten aussagt. Liebe, Treue, Partnerschaft werden von den Jugendlichen sehr ernst genommen.[4] Die Beziehungen zu einem Partner anderen Geschlechts gehören einerseits zu den bedeutendsten Faktoren in dem Prozeß der Ablösung vom Elternhaus und des Aufbaus eines eigenverantwortlichen Lebens. Sie können andererseits aber auch dazu beitragen, ein Mädchen direkt aus der Abhängigkeit von den Eltern in die Abhängigkeit eines Freundes zu bringen, ohne daß eine Verselbständigung stattfindet.[5]

Vor allem bei jüngeren Jugendlichen kommt es häufiger vor, daß die Freundschaften vor den Eltern verheimlicht werden; im allgemeinen zeigen sich die Eltern jedoch aufgeschlossen gegenüber den Kontakten ihrer Kinder.[6]

Das Thema "Jungenfreundschaften" ist sicherlich eines der brisantesten in dem "Konfliktfeld türkisch-deutsche Kultur" in bezug auf die Mädchen. Das Verbot zu solchen Kontakten

---

1) nach Bauer, S. 37.
2) Zum Heiratsalter in der BRD vgl. Rosemarie Nave-Herz: Soziologische Aspekte der Frühehe; in: KZSS 19/3, 1967, S. 484-507.
3) Volkmar Sigusch/Gunther Schmidt: Veränderungen der Jugendsexualität zwischen 1960 und 1970; in: Inhaltsprobleme der Sexualpädagogik, Sexualpädagogik II, hrsg. v. W. Fischer u.a., Heidelberg 1971, S. 62-86.
4) Schilling, S. 188 und 190.
5) Bauer, S. 35.
6) Schilling, S. 199.

in der türkischen Tradition dürfte dafür verantwortlich sein, daß die türkischen Mädchen in ihrer Freizeit so viele Beschränkungen erfahren. Das freizügige Leben der deutschen Jugendlichen, die "Sexualisierung" der Umwelt, wie sie besonders in den Zeitschriften und Kinos zum Ausdruck kommt, muß die Eltern überall Gefahren für ihre Kinder, besonders für die Töchter, befürchten lassen. Das wirkt sich in strengen Verboten aus, angefangen vom Verbot zur Teilnahme am Sexualkundeunterricht in der Schule bis zum Verbot, allein mit der Straßenbahn zu fahren. Die Sorge der Eltern, besonders der Mütter, drückt sich aus in dem Satz: "Deutschland ist zu frei, zu unmoralisch, die deutsche Moral ist nicht gut, schlecht für die Kinder."[1)]

3.3.8.3.2. Erwartungen und Ergebnisse in bezug auf Freundschaft und Verlobung bei den türkischen Mädchen

Wenn also der Einfluß der Eltern auf die Kinder groß ist und sich die Töchter gemäß den Wünschen der Eltern verhalten, werden nur sehr wenige Mädchen angeben, einen Freund zu haben. Die Zahl der Verlobten könnte dagegen einigermaßen groß sein, da in der Türkei häufig schon sehr früh von den Eltern Ehepartner für die Töchter bestimmt werden.

Es ist zu erwarten, daß die Verlobten der Mädchen hauptsächlich Türken sind und möglicherweise auch in der Türkei leben, da die meisten Eltern dorthin zurück wollen und möchten, daß auch ihre Kinder mitgehen.[2)] Ein Verlobter wäre ein gutes Mittel, die Tochter dazu zu bewegen. Dagegen werden Freunde der Mädchen überwiegend in Deutschland leben. Wenn es zutrifft, daß sich die Ausländer in starkem Maße zu deutschen Jugendlichen hingezogen fühlen und der Kontakt zu ihnen auch zustande kommt[3)], könnten die Freunde der Mädchen auch Deutsche sein.

---

1) Kunkel, S. 94.
2) Kunkel, S. 96.
3) Vgl. Schrader/Nikles/Griese, S. 174 und oben S.142 ff. (144).

Tabelle 62: Frage XI 1: Sind Sie verlobt?
2: Haben oder hatten Sie einen Freund?

Antwort	Zahl der Mädchen
a) verlobt ja	5
b) Freund ja	37
a/b nein	53
keine Antwort	5
	100

Die Ergebnisse bestätigen weder die Hypothese, daß nur sehr wenige Mädchen einen Freund haben, noch die Hypothese, daß viele Mädchen verlobt seien. Von 100 Mädchen geben nur fünf an, verlobt zu sein. Keines der Mädchen ist unter 15 Jahre alt, so daß es scheint, als träfen die Eltern erst relativ spät eine Auswahl. Die recht große Zahl von Mädchen, die angeben, einen Freund zu haben oder gehabt zu haben (37 Nennungen), läßt sogar vermuten, die Mädchen hätten häufig die Gelegenheit, sich selbst einen Ehepartner auszusuchen und könnten auch schon vor der Hochzeit allgemeine Erfahrungen mit dem anderen Geschlecht sammeln. Die Kontakte werden offensichtlich tatsächlich geschaffen, ob mit oder ohne Wissen und Billigung der Eltern, sei zunächst dahingestellt.

3.3.8.3.2.1. Freund-Orientierung

Zunächst muß einkalkuliert werden, daß einige Mädchen einen Jungen als 'Freund' bezeichnen, mit dem sie noch nie gesprochen haben und den sie nur heimlich anhimmeln, oder daß es sich nur um eine flüchtige Bekanntschaft handelt; auf der anderen Seite verschweigen möglicherweise aber auch einige Mädchen, trotz der Versicherung der vollsten Anonymität, die Existenz eines Freundes aus Angst, es könne jemand davon erfahren. Beide Faktoren dürften sich in etwa ausgleichen, so daß man feststellen kann: die befragten türkischen Mädchen sind in gleichem Maße "freundorientiert" wie deutsche Mädchen. In Schillings Untersuchung geben 37,9% der Mädchen an, einen Freund zu haben, von den Türkinnen sind es 37%. Rechnet man die Verlobten hinzu, kommt man sogar auf 42%. Während in Schillings Untersuchung bei einer Differenzierung nach dem Alter ein stetiger Anstieg der Freundschaften zu verzeichnen ist,[1] ergibt sich für die Türkinnen eine unregelmäßige Kurve. Auffallend ist der plötzliche hohe Sprung zwischen den 13- und 14jährigen Mädchen. Die Vierzehnjährigen, die die größte Altersgruppe der Befragten bildeten, geben fast zu 60% an, einen Freund zu haben. Die absteigende Tendenz bei höherem Alter kann auf die geringe Zahl der Befragten zurückzuführen sein. Es ist aber auch möglich, daß mit zunehmendem Alter die Eltern mehr auf ihre Töchter aufpassen als vorher, da sie die Gefahr für höher erachten. Für diese These spricht die Aussage einer 19jährigen Türkin: "Als ich jung war, durfte ich auch alles, aber so mit 17/18 war alles aus."[2]

Abbildung 17a)

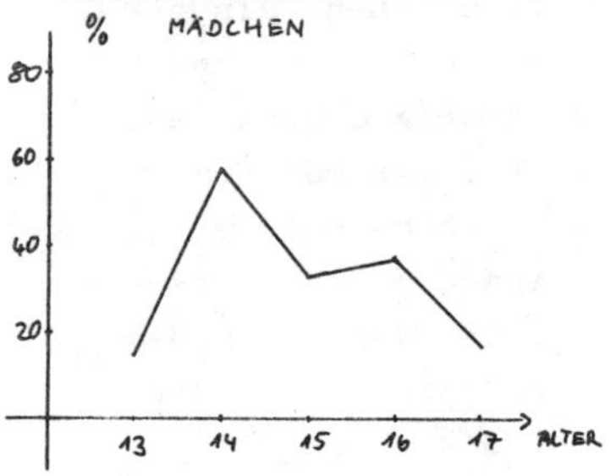

Diagramm 17b)

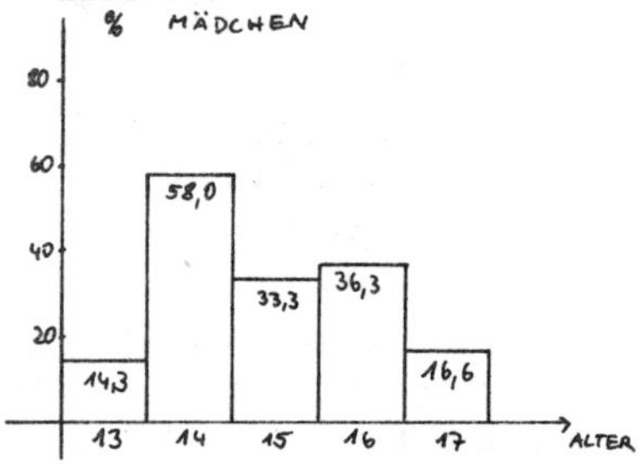

Jungenfreundschaften in Beziehung zum Alter in zwei Darstellungen

3.3.8.3.2.2. Die Beziehung zwischen Partnerwahl und Nationalität

So sehr die Freund-Orientierung auf eine Nachahmung oder Internalisierung der deutschen peer-Kultur hinweist, so sehr spricht die Nationalität der Freunde wie auch der Verlobten für ein Festhalten an der Heimatkultur. Die Verlobten sind, wie erwartet, ausschließlich Türken. Drei von ihnen leben in der Türkei, zwei in Deutschland. Daß aber unter den insgesamt 37 genannten Freunden nur ein Deutscher ist, widerlegt die These von Schrader/Nikles/Griese, daß sich die türkischen Mädchen an deutsche

1) Schilling, S. 192.
2) Tonbandprotokoll.

Jugendliche anschließen.[1] Im Gegenteil: die Hinwendung zur eigenen Ethnie ist außerordentlich stark. Die Freunde der türkischen Mädchen leben noch nicht einmal alle in der Bundesrepublik. 17, also fast die Hälfte, wohnen in der Türkei. Die Freundschaft wird wahrscheinlich während eines Urlaubs zustande gekommen sein, den 68% der Mädchen immer oder überwiegend in der Türkei verbringen.
Gründe, warum Freundschaften zwischen Türkinnen und Deutschen so selten sind, mögen zum einen in der Ablehnung durch deutsche Jungen zu finden sein. Eine viel gewichtigere Rolle spielen jedoch sicher die familiären Normen. Wie türkische Mädchen in dem Tonbandprotokoll berichten, würde eine Türkin bei der Heirat mit einem Deutschen aus dem Familienverband ausgeschlossen werden,und es gäbe kein Zurück mehr. Die Familie würde darunter sehr leiden. Selbst wenn die Eltern, die in Deutschland leben, einverstanden wären, gäbe es großen Ärger mit den Verwandten. Sie würden sagen: "Die ist nur nach Deutschland gefahren, um sich einen deutschen Jungen zu angeln." Das Mädchen hätte bei den Verwandten einen sehr schlechten Ruf.
Ein wichtiger Grund, warum türkische Eltern einen deutschen Schwiegersohn nicht akzeptieren würden, ist der religiöse Bereich, wozu nach türkischer Sitte die Beschneidung der Jungen gehört. Dies ist für die Türken so wichtig, daß sich ein deutscher Mann, der eine Türkin heiraten wollte, beschneiden lassen müßte.[2] Die Verbindung eines türkischen Mannes mit einer Deutschen wäre nur halb so schlimm, wenn die Eltern auch nicht erfreut davon wären. Das islamische Recht erlaubt ja die Heirat eines Mannes mit einer christlichen Frau, nicht aber die Verbindung einer Frau mit einem christlichen Mann.[3]

3.3.8.3.3. Probleme bei der Anknüpfung von Freundschaften mit Jungen

Allerdings darf die recht hohe Zahl von Freundschaften mit türkischen Jungen, die in der Fragebogenauswertung festgestellt wurden, nicht darüber hinwegtäuschen, daß große

1) Schrader/Nikles/Griese, S. 174.
2) Tonbandprotokoll.
3) s.o. S. 58.

Schwierigkeiten der Anknüpfung und vor allem der Pflege solcher Kontakte im Wege stehen. Die Mädchen berichten von Tricks und Lügen, die sie gegenüber den Eltern anwenden, um sich mit Freunden treffen zu können. Andererseits kommt es vor, daß Eltern den Töchtern verbieten, zur Schule zu gehen, weil sie befürchten, daß sie dort einen Freund haben könnten.

Folgender Fall einer mir bekannten Türkin ist beispielhaft für viele ähnliche:

Ein Mädchen ging eine Freundschaft mit einem türkischen Jungen aus der Nachbarschaft ein. Sie trafen sich in den Unterrichtspausen, nach der Schule und zu jeder Gelegenheit, die sich zufällig ergab oder die das Mädchen herbeiführen konnte, indem es unter einem Vorwand das Haus verließ. Da der Vater ganztägig, die Mutter zeitweise berufstätig ist, ergaben sich manche Kontaktmöglichkeiten. In der Zeit eines Praktikums in einem Betrieb konnte sie relativ ungestört mit dem Freund zusammentreffen. Das heimliche Verhältnis wurde entdeckt, aber nicht etwa durch die Eltern selbst, sondern durch eine Freundin, die den Eltern davon berichtete. Im Nu war die"Affäre" bei allen Türken der Umgebung bekannt. Eltern warnten ihre Töchter vor dem Umgang mit diesem "unordentlichen" Mädchen. Das Mädchen selbst bekam Schläge und strengen Hausarrest. Nur noch in Ausnahmefällen durfte sie allein das Haus verlassen.

An diesem Beispiel läßt sich manches aufzeigen:

a) Das Mädchen wußte, daß die Eltern ihr nicht erlauben würden, einen Freund zu haben. Darum hielt sie die Freundschaft geheim und lebte ständig in der Angst, entdeckt zu werden. Der Wunsch, einen Freund zu haben, war aber dennoch größer als die Sorge vor Entdeckung. Die sicher zu erwartende Strafe schreckte sie nicht ab. Daß Mädchen nicht gern so handeln, wurde früher schon einmal konstatiert. Den Zwang zur Lüge empfinden sie als unangenehm, zumal sie Verständnis für das Verhalten der Eltern haben.[1)]

1) Vgl. o.S. 193.

b) Die Mädchen werden durch die unterschiedlichen Sozialisationseinflüsse, denen sie ausgesetzt sind, dazu gebracht, eine doppelte Moral zu entwickeln, die Moral der Eltern und die Moral der peers (gleichaltrige Deutsche). Ich habe häufig erlebt, daß Mädchen ihren Freundinnen mit vollem Ernst vorgeworfen haben, unerlaubte Dinge zu tun. Sie versetzen sich in die Rolle der Eltern und sprechen Verbote aus, als sei es das Selbstverständlichste von der Welt, daß ein türkisches Mädchen "so etwas" nicht tut. Es wird mit Aufkündigung der Freundschaft gedroht,um sich von dem Verhalten der anderen distanzieren zu können und nicht selbst in schlechten Ruf zu geraten. Auf der anderen Seite tun die Mädchen genau das, was sie anprangern, anscheinend mit der gleichen Selbstverständlichkeit. Dabei versetzen sie sich in die Rolle "deutsche Jugendliche" und handeln entsprechend dieser Rolle, wie sie vorher entsprechend der Rolle "türkische Erwachsene" gehandelt haben. Die eigene Rolle und die eigene Identität bleiben dabei auf der Strecke.
Das Mädchen, das die Freundin bei den Eltern angeschwärzt hat, handelte genau nach diesem Prinzip, denn sie selbst war von anderen Mädchen verachtet worden mit der Begründung, ihr Lebenswandel sei nicht, wie es sich gehöre.

Die entgegengesetzten kulturellen Rollen, in die die Mädchen schlüpfen müssen, lassen sie als Intriganten erscheinen. Der eigenen Freundin kann man nicht vertrauen, obwohl gerade die türkischen Mädchen mit ihren Problemen im Elternhaus und in der Schule jemanden brauchen, mit denen sie alles bereden können - sofern die Theorien über die peer-Beziehungen im Jugendalter ihre Berechtigung haben. Mißtrauen, gegenseitige Vorwürfe, Aufkündigung der Freundschaft habe ich in der Freizeitgruppe häufig erlebt. Ein Zusammengehörigkeitsgefühl kommt nur schwer auf. Tadel, die an die ganze Gruppe gerichtet sind, werden höchst persönlich genommen. Jede fühlt sich individuell angegriffen und weist ihre Verantwortung oder eigenes Verschulden weit von sich. Stattdessen beschuldigt man einen anderen.

c) An sich widerspricht ein solches Verhalten der gemeinschaftsbezogenen Lebensweise der türkischen Gesellschaft, von der man gegenseitige Hilfe und Unterstützung erwartet. Daß es diese Gemeinschaft noch gibt, ist häufig festzustellen. Aber eben diese Gemeinschaft bringt für die Mädchen Probleme. Die Beobachtung und Beaufsichtigung hört nicht auf, wenn man aus dem Sichtfeld der Eltern getreten ist. Das Kontrollsystem, wie es in der Türkei, besonders auf dem Lande existiert, funktioniert auch in deutschen Großstädten wie Köln, wie sich am obigen Beispiel ablesen läßt. Das Gemeinschafts- und Kontrollsystem dient auch als Informationssystem. Alle türkischen Familien des Viertels kennen den Fall. Es ist schwierig, etwas geheim zu halten.

d) Noch ein weiterer Punkt wird in dem Beispiel des Mädchens erwähnt. Schläge scheinen neben Hausarrest ein durchaus übliches Mittel der Strafe zu sein. Häufig berichten Mädchen davon, Schläge erhalten zu haben, oder sie äußern die Furcht vor Schlägen. Auch ein Alter von 15/16 Jahren kann sie nicht davor bewahren. "Einmal wollte ich schwimmen gehen mit einem Mädchen, das meine Eltern kennen. Erst sagte meine Mutter 'ja', als ich schon alles gepackt hatte,'nein'. Weil ich doch gehen wollte und meiner Mutter Widerworte gab, hat mich mein Vater geschlagen."[1)]

3.3.8.3.4. <u>Probleme in bezug auf die Verlobung</u>

Die geringe Zahl von verlobten Mädchen bei der Befragung mag damit zusammenhängen, daß sich in der Türkei das Heiratsalter allmählich nach oben verschiebt. Dennoch könnte ein Mädchen, das angibt, noch nicht verlobt zu sein, bereits als Kind einem Mann versprochen worden sein. Mir sind Fälle bekannt, bei denen das Mädchen nichts davon weiß - vielleicht solange, bis die Eltern, z.B. während eines Heimaturlaubs, die Verlobung endgültig beschließen. Zwar kann das Mädchen dann noch Einspruch erheben, der Druck von seiten der Eltern und Verwandten läßt ihr aber oft keine andere Wahl als 'ja' zu sagen.

---

1) Tonbandprotokoll.

Ein Mädchen berichtet folgendes:
"Vor zwei Jahren sind wir in die Türkei gefahren. Verwandte von uns sind gekommen; die haben einen Sohn, der ist so 18/20... Und dann kamen wir wieder nach Deutschland. Auf einmal sagt meine Mutter: 'Wir haben dich dem Sohn von deiner Tante und deinem Onkel versprochen. Du sollst den heiraten'. 'Wie bitte?',sag' ich. 'Tja, du mußt den heiraten. Wir haben alles schon besprochen; es ist alles geplant. Nächstes Jahr verlobst du dich, und darauf das Jahr heiratest du.' Ich sag: 'Mutti, du kannst mich doch nicht einfach so weggeben!' 'Doch, ja, es ist alles schon besprochen; es gibt kein Zurück.' Das ist jetzt zwei Jahre her; zwei Jahre kämpfe ich dagegen, daß ich den nicht heiraten muß. Ich kann den gar nicht leiden. Die meinen, die Liebe kommt nach und nach. - Ich hasse den total. Schon als der ein Kind war, hab ich den im Sandkasten beschmissen. Also heiraten werd' ich den auf jeden Fall nicht, da können sie sich auf den Kopf stellen."[1]

Dieses Mädchen wehrt sich heftig gegen die Tradition. Obwohl es in anderen Situationen Rücksicht auf die Eltern nimmt, will es sich in diese Sache nicht hineinreden lassen. Den Eltern ist der Standpunkt der Tochter völlig unverständlich. Sie versuchen um jeden Preis, ihren Willen durchzusetzen. Damit die Tochter sich nicht in einen anderen Mann verliebt, kapseln sie sie völlig ab. Als sie noch "jung"war - mit etwa 14/15 Jahren -, lebte sie viel freier; jetzt, mit 18 oder 19, darf sie gar nichts mehr, da die Eltern befürchten, der Einfluß der fremden Umwelt könne zu groß werden.
Nicht alle Eltern bestehen so hartnäckig darauf, daß sich die Tochter ihrem Willen beugt. Ein 16jähriges Mädchen zum Beispiel, das ebenfalls während eines Türkei-Aufenthaltes verlobt werden sollte, lehnte mehrere Vorschläge ab. Dies konnte sie sich erlauben, weil die Eltern Verständnis für den Wunsch der Tochter haben, die Entscheidung selbst zu fällen, wenn sie auch nicht selbst die Kontakte zu einem jungen Mann knüpfen darf. Auch die Mutter hatte die Entscheidung über ihren Ehemann selbst gefällt.

1) Tonbandprotokoll.

Lange wird allerdings auch dieses Mädchen nicht mehr zögern können, da die Verwandten, aus deren Reihen der Ehemann stammen soll, auf eine baldige Heirat drängen.
Während das erste Mädchen die Sitte des Verheiratetwerdens als solche in Frage stellt, will das zweite lediglich ein Mitspracherecht. In einem dritten Fall wird ein 16jähriges Mädchen vorgestellt, das sich anscheinend ohne Bedenken den Familiensitten und der heimatlichen Tradition beugt, obwohl man es von ihr am wenigsten erwarten würde, da jedermann dieses Mädchen als sehr gut in die deutsche Gesellschaft integriert bezeichnen würde: Es spricht gut deutsch - echtes Kölsch -, trägt moderne Teenagerkleidung, schwärmt für Hitparadenstars und tuschelt mit den Freundinnen über die Jungen der Nachbarschaft. Von einem deutschen Mädchen ist es auf den ersten und auch auf den zweiten Blick kaum zu unterscheiden.
Seit zwei Jahren ist es verlobt mit seinem Vetter, dem es als Kleinkind versprochen worden war. Die Verlobung war während eines Urlaubsaufenthalts in der Türkei von den Vätern besiegelt worden. Das Mädchen scheint darüber weder besonders glücklich noch sonderlich traurig zu sein; es nimmt dies als Selbstverständlichkeit hin. Danach gefragt, ob es sich den Ehemann lieber selber ausgesucht hätte, antwortet es mit Nein.
Ihr zukünftiges Leben stellt sich die junge Türkin folgendermaßen vor: Sie wird mit dem Ehemann in der Türkei leben. Arbeiten wird sie nicht, sondern den Haushalt versorgen und den ganzen Tag Platten hören. Sie wünscht sich zwei Kinder, einen Jungen und ein Mädchen, aber auf keinen Fall mehr. Sie ist sich darüber im klaren, daß sie ihren Mann bedienen muß; auf seine Mithilfe im Haushalt kann sie nicht rechnen. Eine schlechte Ehe kalkuliert sie mit ein. Im Notfall würde sie auch eine Scheidung nicht ausschließen. Aber das sie Schläge erhalten wird, falls der Mann nicht bekommt,was er will, empfindet sie als völlig normal.

Die Gleichgültigkeit, mit der das Mädchen seine Situation schildert, findet man bei vielen anderen auch. Sie mag ein Zeichen sein für das Gefühl, ohnehin keine Chance zu haben, sein Leben nach eigenen Vorstellungen zu gestalten. Das gilt keineswegs nur in bezug auf Verbote und Beschränkungen durch die Eltern bzw. durch die türkische Kultur. Der Versuch, sich völlig in die deutsche Gesellschaft einzugliedern, wie es von deutscher Seite häufig verlangt wird, würde keine Vorteile bringen. Der Gewinn an Freiheit wäre nur äußerlich, denn der Zugang zu den "zentralen Statuslinien der Gesellschaft" und somit soziale Anerkennung und Prestige bliebe versagt.

3.3.9. Türkische Mädchen und Freizeitgruppen

Der letzte Komplex des Erhebungsbogens beschäftigt sich mit den Fragen, inwieweit türkischen Mädchen adäquate Freizeitangebote bekannt sind und ob der Wunsch besteht, sich einer Freizeitgruppe anzuschließen. Falls Interesse vorhanden ist, sind die Mädchen aufgefordert, ihre Vorstellungen über den Teilnehmerkreis und die Inhalte der Gruppe zu äußern.

Tabelle 63: Frage XV 1: Kennen Sie Freizeitangebote für türkische Mädchen?
2: Haben Sie schon einmal an so einer Veranstaltung teilgenommen?

Antwort	Zahl der Mädchen 1	2
ja	19	12
nein	80	87
keine Antwort	1	1
	100	100

Nicht einmal 20% der Mädchen kennen eine Einrichtung, die für sie adäquate Freizeitmöglichkeiten anbietet. Von den 19 Mädchen, die von einer Freizeiteinrichtung wissen, haben nur 12 davon Gebrauch gemacht. Hingegen geben 87 an, noch nie an einer entsprechenden Veranstaltung teilgenommen zu haben. Daß die Mädchen das Wort "Freizeitgruppe" nicht mißverstanden haben, zeigt der häufige Wunsch nach Beteiligung an solch einer Gruppe und an den Vorschlägen zu ihrer Zusammensetzung und ihrer inhaltlichen Gestaltung.

Tabelle 64: Frage XV 3: Möchten Sie gerne bei einer Freizeitgruppe mitmachen?

Antwort	Zahl der Mädchen
ja	85
nein	14
keine Antwort	1
	100

Nur 14 Mädchen äußern kein Interesse an einer Freizeitgruppe, während eine große Mehrheit von 85 Mädchen sich gerne einer Gruppe anschließen möchte. Hier zeigt sich ein krasses Mißverhältnis zwischen konkreten Möglichkeiten und Bedürfnissen. Daraus wird deutlich, daß die Freizeiteinrichtungen für Jugendliche, von denen es in Großstädten wie Köln recht viele gibt, für türkische Mädchen aufgrund ihrer sozial-kulturellen Situation nicht akzeptabel sind. Denn daß die Programme dieser Freizeiteinrichtungen im Prinzip den Wünschen der Mädchen entsprechen, zeigt sich an den Vorstellungen, die sie für ihre eigene Wunschgruppe entwickeln.

Tabelle 65: Frage XV 6: Was möchten Sie gerne in einer Freizeitgruppe unternehmen? 1)

Antwort	Zahl der Nennungen
Unterhaltung	22
Tanzen	21
Musikhören	19
Spazierengehen	19
Schulaufgaben	18
Diskussionen	17
Handarbeit	9
Lesen	4
Spielen	3
Kochen/Backen	3
Verschiedenes	3
Basteln/Werken	2
Freundschaften pflegen	2
weiß nicht/keine Antwort	14
entfällt	14

Der Schwerpunkt liegt eindeutig auf Aktivitäten, die einem konsumorientierten low-level-Freizeitstil entsprechen.[2)]

---

1) Antwortkategorien waren nicht vorgegeben; Mehrfachnennungen waren erwünscht.

2) s.o. S. 132 f.

Unterhaltung, Tanzen, Musikhören und Spazierengehen sind Tätigkeiten, die vornehmlich der Rekreation dienen, die keine besonderen Anstrengungen erfordern und bei denen die Teilnehmer weitgehend passiv bleiben können, die aber stark auf Kontakten zu Gleichaltrigen ausgerichtet sind. Das sind die gleichen Tätigkeiten, die auch von deutschen Jugendlichen - besonders aus der Unterschicht - bevorzugt werden.[1)]
Ebenfalls großes Gewicht wird auf eine Tätigkeit gelegt, die ein deutscher Jugendlicher wohl kaum als Freizeitverhalten verstehen würde: Schulaufgaben machen. Das kann zweierlei Gründe haben. Die Mädchen werden zum einen mit den Anforderungen, die in der Schule an sie gestellt werden,nicht fertig und wären daher froh, wenn sie außerhalb der Schule eine Hilfe erhielten. Offenbar reichen die bestehenden Initiativen, die Hausaufgabenhilfen für Ausländer anbieten, nicht aus und sind zu stark auf Kinder ausgerichtet. Eine Hausaufgabenhilfe für ausländische Mädchen könnte zum anderen für die jungen Türkinnen eine Chance sein, überhaupt Aktivitäten außerhalb der Schule und der Familie entwickeln zu können. Einer Hilfe bei den Schulaufgaben würden sich die Eltern so leicht nicht widersetzen.
Die Mädchen nennen noch eine Reihe weiterer Aktivitäten, mit denen man die Zeit in einer Gruppe füllen könnte. Zum Teil werden Tätigkeiten angesprochen, die dem traditionellen Rollenbild der Frau entsprechen und die darum Ansatzpunkte für den Aufbau einer Gruppe bieten können.
Hinsichtlich der Gruppenzusammensetzung kann man annehmen, daß die Mädchen sowohl Kontakt zu deutschen Jugendlichen als auch gemischtgeschlechtliche Gruppen wünschen. Hierbei ist aber zu bedenken, daß die Eltern gemischtgeschlechtlichen Gruppen ablehnend gegenüberstehen und daß sie möglicherweise von ethnisch gemischten Gruppen eine zu starke Beeinflussung ihrer Töchter befürchten. Das Wissen um die Ansichten ihrer Eltern könnte die Mädchen bei der Beantwortung der Frage beeinflussen. Außerdem könnten auch die Mädchen selbst Vorbehalte gegen interethnische Gruppen haben, weil sie eine diskriminierende Behandlung befürchten.

---

1) s.o. S. 133.

Tabelle 66: Frage XV 4: Sollten nur türkische Jugendliche teilnehmen oder auch deutsche?

Antwort	Zahl der Mädchen
nur Türken	44
auch Deutsche	37
keine Antwort/entfällt	19
	100

Eine große Zahl von Mädchen entscheidet sich für eine ethnisch nicht gemischte Gruppe, was die These unterstützt, daß der Freizeitbereich für die türkischen Jugendlichen leicht zu einem zusätzlichen Konfliktfeld werden kann. Indem die Begegnung mit einer anderen Ethnie vermieden wird, kann man einer beträchtlichen Zahl von Problemen aus dem Wege gehen.
Ob das gleiche auch für die geschlechtliche Zusammensetzung der Wunschgruppe gilt, zeigt die nächste Tabelle.

Tabelle 67: Frage XV 5: Sollte die Gruppe nur für Mädchen sein oder sollten auch Jungen teilnehmen?

Antwort	Zahl der Mädchen
nur Mädchen	39
auch Jungen	44
keine Antwort/entfällt	17
	100

Eine eindeutige Entscheidung zugunsten einer gleich- oder gemischtgeschlechtlichen Gruppe fällt nicht. Die Mehrzahl möchte jedoch auch Jungen in der Gruppe sehen. Die alten Tabus gelten also nicht mehr uneingeschränkt. Zumindest besteht ein recht starker Wunsch nach einem Freizeitverhalten, wie es für viele deutsche Gleichaltrige selbstverständlich ist. Einige von den Mädchen, die der gleichgeschlechtlichen Gruppe den Vorzug geben, tun dies vielleicht nur mit Rücksicht auf elterliche Normen. Ein Mädchen schlug im Anschluß an die schriftliche Befragung vor, offiziell eine reine Mädchengruppe einzurichten und dann heimlich Jungen hinzukommen zu lassen.
Die Aufschlüsselung nach Alter ergibt folgendes Bild:

Tabelle 68: Gewünschte ethnische Zusammensetzung in Abhängigkeit vom Alter (in %)

Alter	nur Türken	auch Deutsche	keine Antw./entf.	
13	28,6	28,6	42,8	100
14	45,2	45,2	9,6	100
15	43,75	43,75	12,5	100
16	45,4	27,3	27,3	100
17	66,6	16,7	16,7	100
keine Angabe	53,3	40,0	6,7	100

Die Tabelle zeigt bei den 13-, 14- und 15jährigen ein gleich starkes Interesse an ethnisch gemischten wie an ethnisch einheitlichen Gruppen. Die 16- und 17jährigen dagegen bevorzugen eine rein türkische Zusammensetzung, worin ein kulturkonformeres Verhalten zum Ausdruck kommt.
Bei dem Wunsch bezüglich der geschlechtlichen Zusammensetzung einer Freizeitgruppe läßt sich eine stringente Linie in der Altersverteilung nicht feststellen.

Tabelle 69: Gewünschte geschlechtliche Zusammensetzung in Abhängigkeit vom Alter (in %)

Alter	nur Mädchen	auch Jungen	keine Antw./entf.	
13	47,6	23,8	28,6	100
14	38,8	51,6	9,6	100
15	56,25	37,5	6,25	100
16	36,35	27,3	36,35	100
17	33,3	50,0	16,7	100
keine Angabe	13,3	73,3	13,3	99,9

Während die 13- und 15jährigen relativ stark eine Mädchengruppe befürworten und auch bei den 16jährigen eine knappe Mehrheit für gleichgeschlechtliche Gruppen plädiert, möchten die 14- und 17jährigen eher eine Gruppe, der auch Jungen angehören.

Zusammenfassend kann festgestellt werden, daß türkische Mädchen ziemlich isoliert leben, aber bestrebt sind, die Isolierung zu überwinden. Sie bekunden großes Interesse an Freizeitgruppen, in denen sie mit anderen Jugendlichen zusammentreffen können. Bestehende Jugendfreizeiteinrichtungen kommen für sie offenbar nicht in Betracht, auch dann nicht, wenn die inhaltlichen Angebote den Wünschen der Mädchen entsprechen. Ihre sozial-kulturelle Situation verwehrt ihnen den Zugang zu diesen Gruppen.

3.3.10. Zusammenfassende Auswertung

Die wichtigsten Ergebnisse der Studie werden im folgenden bei der Uberprüfung der Hypothesen dargestellt. Diese haben sich im wesentlichen als richtig erwiesen. Wo weitere Erkenntnisse gewonnen werden konnten, werden die Aussagen der Hypothesen ergänzt und konkretisiert.

Hypothese 1:
Türkische Mädchen müssen aufgrund der heimatlichen Familienstruktur schon früh Aufgaben der erwachsenen Frau im Sinne der traditionellen Rollenverteilung zwischen den Geschlechtern übernehmen. Dadurch wird die frei disponible Zeit eingeschränkt.

Wie schon in anderen Untersuchungen festgestellt, ist das Erziehungsverhalten türkischer Eltern stark heimatorientiert. Das kommt auch in der Aufgabenzuweisung an die Töchter zum Ausdruck.
Uber die Hälfte der Mädchen hat regelmäßig jüngere Geschwister zu beaufsichtigen. Die Zahl derjenigen, die keine Geschwister zu betreuen haben, erscheint zwar ebenfalls relativ hoch, das heißt aber nicht, daß sich in diesen Familien die traditionelle Rollenstruktur verändert hat. Denn es ist bekannt, daß viele türkische Eltern nicht alle ihre Kinder mit nach Deutschland bringen; insofern wären keine Geschwister zur Betreuung da. Hinzu kommt, daß einige Geschwister der befragten Mädchen nur geringfügig jünger sind als diese selbst. Die Häufigkeit, mit der diejenigen, die Geschwister zu beaufsichtigen haben, dies tun müssen, deutet vielmehr darauf hin, daß die traditionellen Verhaltensregeln noch in selbstverständlicher Weise gehandhabt werden.
Noch deutlicher als bei der Geschwisterbetreuung wird die Verpflichtung der Mädchen zur Ubernahme der Erwachsenenrolle bei der Mithilfe im Haushalt. Fast alle sind damit täglich oder zumindest mehrmals wöchentlich betraut; einige sind sogar allein für den Haushalt verantwortlich.

Dadurch wird klar, daß die frei disponible Zeit im starken Maße eingeschränkt wird. Genauso wie die Schularbeiten muß man die genannten Tätigkeiten in die Obligationszeit einbeziehen (demi-loisir-Tätigkeiten). Inwieweit der Haushaltseinkauf als Obligations- oder als frei disponible Zeit zu betrachten ist, ist schwer zu entscheiden, da dies vom persönlichen Erleben der Mädchen abhängt. Es ist durchaus denkbar, daß diese an sich zweckbestimmte Tätigkeit mit der Aufnahme von Kontakten zu Gleichaltrigen verbunden wird. Es läßt sich also feststellen, daß die traditionelle Rolle des türkischen Mädchens im Familienverband erhalten geblieben ist.

Hypothese 2:
Verbote und Gebote der Eltern orientieren sich an heimatlichen Normen und schränken die Bewegungsfreiheit der Töchter zusätzlich ein.

Daß Mädchen größeren Beschränkungen seitens der Eltern unterliegen als Jungen, zeigt sich schon an der Statistik: In Köln leben nur halb so viele türkische Mädchen wie Jungen. Ein großer Teil der Mädchen muß also in der Türkei zurückgeblieben oder wieder dorthin zurückgeschickt worden sein. Auf diese Weise hoffen die Eltern ihre Töchter weitestgehend vor "schlechten Einflüssen" zu bewahren.
Einschränkungen drücken sich ebenfalls aus in Behinderungen beim Aufbau von peer-group-Kontakten, insbesondere zum anderen Geschlecht. Das führt auch zu Verboten solcher Verhaltensweisen, die nicht unmittelbar dem Aufbau von Kontakten dienen, die aber dazu verwendet werden könnten. Es sind sogar Fälle bekannt, wo Mädchen aus diesem Grunde vom Schulbesuch abgehalten werden, insbesondere vom Besuch der Berufsschule. In der Erhebung geben 3/4 der Mädchen an, sich nie nach Einbruch der Dunkelheit außerhalb des Hauses aufzuhalten. Auch das hängt sicherlich mit der Furcht der Eltern zusammen, ihre Töchter könnten unerwünschte Kontakte anknüpfen. Weiterhin fällt auf, daß 16- und 17jährige Mädchen sich im stärkeren Maße als die jüngeren gemäß den heimatlichen Normen verhalten und über geringeren Spielraum verfügen. Diese Tatsache dürfte kaum auf die persönlichen Wünsche der Mädchen zurückzuführen sein, sondern muß ihren Grund in einer verstärkten Kontrolle durch die Eltern haben. Wie sonst wäre zu erklären, daß Jungenfreundschaften und Tanzbesuche seltener werden, während die Beliebtheit von Verwandtenbesuchen zunimmt?

Entsprechend den heimatlichen Normen versuchen die Eltern, ihre heiratsfähigen Töchter ganz besonders zu behüten.
Zur Durchsetzung ihrer Forderungen verwenden sie als Sanktionsmittel Schläge, strengen Hausarrest, Liebesentzug und das Zurückschicken in die Heimat.
Da die Freizeit durch zweckgebundene Tätigkeiten und durch Verbote und Gebote der Eltern stark beschnitten wird, sind die Möglichkeiten für variable Freizeitaktivitäten von vornherein eingeschränkt.

Hypothese 3:

In der Türkei ist gerade bei Mädchen eine Jugendphase nur ansatzweise ausgebildet. Unter dem Einfluß der deutschen Kultur wird diese stärker ausgeprägt. Durch die mit der Jugendphase verbundenen Neuorientierungen entsteht vor allem ein Bedürfnis nach peer-group-Beziehungen, das aber nur unzureichend befriedigt wird.

Eine Ausdehnung der Jugendphase wird zum einen durch die längere Schulausbildung gefördert. Zum zweiten verschiebt sich das Heiratsalter nach oben. In der Untersuchung wird das an der für türkische Verhältnisse geringen Anzahl von Verlobungen deutlich; dabei muß man aber damit rechnen, daß in Wirklichkeit bereits mehr Mädchen von den Eltern verlobt bzw. versprochen worden sind.
Die Freizeitaktivitäten sind zwar zum Teil an traditionellen Normen orientiert, z.B. Aussteuererstellung und Verwandtenbesuche, auf der anderen Seite aber nehmen jugendgemäße Freizeitaktivitäten einen hervorragenden Platz im Leben der türkischen Mädchen ein, wie z.B. Musikhören, Fernsehen, Lesen. Schon daran wird eine Orientierung an deutschen Gleichaltrigen deutlich. Der Wunsch nach peer-group-Kontakten, der ein Charakteristikum der Jugendphase darstellt, tritt ebenfalls deutlich hervor: Fast alle Mädchen sind an einer Freizeitgruppe interessiert. Auch die Häufigkeit der Angaben in bezug auf Freundinnen und Freunde läßt eine starke peer-Orientierung erkennen. Aber die geringere Anzahl der Besuche von Freundinnen gegenüber Besuchen von Verwandten sowie der häufige Besuch bei Verwandten gegenüber der geringeren Häufigkeit von Spaziergängen mit Freundinnen deuten darauf hin, daß in der Reali-

tät peer-orientierte Kontakte gegenüber familienorientierten zurückstehen. Den Ergebnissen der Untersuchung ist auch zu entnehmen, daß zwar Einzelkontakte zu Gleichaltrigen bestehen, daß aber Kontakte zu Gruppen von Gleichaltrigen äußerst selten sind, da die Bildung von Mädchengruppen, von gemischtgeschlechtlichen und gemischtethnischen Gruppen aus vielfältigen Gründen auf große Hindernisse stößt.
Es bleibt also festzuhalten, daß sich bei den türkischen Mädchen zwar formal eine ausgedehntere Jugendphase entwickelt hat, daß aber eine eigene Jugendsubkultur, die den türkischen Mädchen Orientierungsmöglichkeiten bieten könnte, nicht existiert. Die Eltern messen einer Jugendphase in ihrem Erziehungsverhalten keinen eigenen Stellenwert zu.

Hypothese 4:
Zahlreiche Freizeitaktivitäten deutscher Jugendlicher bedeuten für türkische Mädchen zusätzlichen Konfliktstoff. Sie schränken sich darum in ihrem Freizeitverhalten selbst ein, um Konflikten mit Eltern und gleichaltrigen Deutschen auszuweichen.

Fast alle untersuchten Mädchen sind als Schulkinder in die Bundesrepublik eingereist und somit in der Türkei enkulturiert worden. Für die Verbundenheit mit der türkischen Kultur sind die Beliebtheit der Sendungen für Türken im Fernsehen, das Hören türkischer Musik und türkischer Rundfunksendungen, der Besuch von türkischen Filmen und das Lesen türkischer Zeitungen und anderer Schriften ein deutliches Zeichen. Die türkischen Mädchen sind also durch heimatliche Normen geprägt, die durch die Eltern ständig aktualisiert werden.
Verschiedene Freizeitaktivitäten deutscher Jugendlicher stehen zu diesen Normen im Widerspruch, z.B. Tanzen und andere Tätigkeiten, die im Zusammenhang mit jugendlicher Gruppenbildung stehen. Im Kontakt mit Deutschen müssen sich infolgedessen notwendigerweise Konfliktsituationen ergeben. Der Wunsch, solche Konflikte zu vermeiden, kommt vor allem in der starken Ablehnung von interethnischen Freizeitgruppen zum Ausdruck, in der geringen Teilnahme

an Freizeitveranstaltungen und auch dadurch, daß sich türkische Mädchen besonders stark auf individuelle Freizeittätigkeiten beschränken. Bei den Freizeitaktivitäten in Kontakt mit anderen stehen dagegen die traditionell erlaubten Verhaltensweisen wie Verwandtenbesuche und Familienausflug im Vordergrund.
Ursachen für Konflikte können auch in den durch die islamische Religion geprägten Ernährungsgewohnheiten liegen. Die Weigerung der Mädchen, Schweinefleisch zu essen und Alkohol - vor allem Wein - zu trinken, können von deutschen Jugendlichen als Anlaß zur Diskriminierung benutzt werden.
Das Freizeitverhalten türkischer Mädchen ist darum durch Unauffälligkeit und Zurückhaltung gekennzeichnet.

Hypothese 5:

Türkische Mädchen kopieren solche Freizeitaktivitäten deutscher Jugendlicher, die der Kontrolle der Eltern entzogen sind oder von ihnen geduldet werden. Auf diese Weise verarbeiten sie deutsche Kultureinflüsse und bemühen sich um Anerkennung bei deutschen Gleichaltrigen.

All diejenigen Freizeitaktivitäten deutscher Mädchen, die individuell ausgeführt werden können, erfreuen sich auch bei Türkinnen großer Beliebtheit. Auffallend ist der außerordentlich hohe Fernseh- und Radiokonsum, die Attraktivität der Pop-Stars und die große Verbreitung der Zeitschrift "Bravo"; türkische Mädchen stehen hier den deutschen in nichts nach, ja sie übertreffen dabei zum Teil ihre deutschen Altersgenossinnen. Auch moderne Tänze werden mit Begeisterung aufgenommen; der Besuch von Tanzveranstaltungen kommt aber nur für die wenigsten in Frage.
In der Wahl der Kleidung und der gesamten äußeren Erscheinung sind sie meist nicht von Deutschen zu unterscheiden. Auch Türkinnen kaufen ihre Kleidung und den sonstigen persönlichen Bedarf erstaunlich häufig selbst, zumindest treffen sie ihre eigene individuelle Wahl. Erkennt man türkische Frauen sehr häufig an den Kopftüchern, so ist das bei türkischen Mädchen nur noch sehr selten der Fall. Auch ihre Berufswünsche entsprechen denen der deutschen Mädchen. Verwandtenbesuche sind zwar häufig, finden aber

nicht die ungeteilte Zustimmung. Weiter ist der Wunsch, deutsche Jugendgruppen und Cliquen zu kopieren, in hohem Maße vorhanden, und die Vorstellungen über deren Programmgestaltung orientieren sich an deutschen Vorbildern. Türkische Mädchen entwickeln für alle Freizeitaktivitäten Interesse, die auch die deutschen interessieren. Darin drückt sich auch ein Bemühen um Anerkennung bei den deutschen Gleichaltrigen aus.
Der Realisierung der vielen verschiedenen Wünsche sind jedoch durch die elterlichen Normen enge Grenzen gesetzt. Deshalb können die Mädchen auch keinen einheitlichen Freizeitstil entwickeln. Es entsteht vielmehr eine Mischung zwischen einem stark familienzentrierten und einem low-level-Freizeitstil, während ein auf außerfamiliäre Kontakte zentriertes Freizeitverhalten ('community-centered') kaum zustande kommt.

Hypothese 6:
Türkische Mädchen geraten durch die unterschiedlichen und zum Teil entgegengesetzten Anforderungen der deutschen und der türkischen Kultur in einen Kulturkonflikt. In der Jugendphase kann sich der Kulturkonflikt zu einer Identitätskrise ausweiten.

Wie sich aus den Ergebnissen zu Hypothese 4 ergibt, unterliegen die Freizeitaktivitäten aufgrund der heimatlichen Normen auch einer Selbsteinschränkung, während die Mädchen entsprechend Hypothese 5 das Freizeitverhalten der Deutschen zu kopieren versuchen. Sie geraten dadurch in einen Widerspruch, der am deutlichsten bei den 16- und 17jährigen zu Tage tritt. Während deutsche Mädchen, an denen sich die Türkinnen orientieren, immer größere Freiheiten genießen und selbständiger werden, erfahren sie immer größere Einschränkungen und schränken sich schließlich auch selbst ein, indem sie ihre Wünsche unterdrücken und diese gar nicht mehr wahr haben wollen. Auf diese Weise versucht man, den Konflikt zu bewältigen, der durch die Konfrontation mit entgegengesetzten Kultur- und Normanforderungen entsteht. Im Prinzip wird aber dadurch der innere Konflikt der Mädchen verschärft und eine Identitätsfindung außerordentlich erschwert. Seinen Ausdruck findet dieser Identitätskonflikt in widersprüchlichem Verhalten. Das assimi-

lierende Verhalten der Mädchen entspricht ihrer Rolle als Jugendliche; beobachten sie dieses Verhalten jedoch bei anderen türkischen Mädchen, so lehnen sie es ab und nehmen den anderen gegenüber die Rolle des Erziehers und Kontrolleurs ein, der die türkischen Normvorstellungen bewahrt. Sie wissen also zum einen nicht, was sie wollen, zum anderen wissen sie nicht, was sie sollen. Ihnen fehlen somit erstrebenswerte Lebensvorstellungen, auf die sie hinarbeiten können. Unterstützung bei dieser Identitätskrise erfahren sie kaum, da sie über keine echte Vertrauensperson verfügen. Ihren Eltern, denen solche Konflikte unbekannt und unverständlich sind, können nicht die Funktion von Vertrauenspersonen einnehmen. Gleichaltrige stehen im gleichen Konflikt und stellen eher eine zusätzliche Kontrollperson dar als konkrete Hilfe. Türkische Mädchen sind darum auf sich allein gestellt. Eine Strategie zur Bewältigung ihres Konflikts zu entwickeln, dürfte schon darum außerordentlich schwer sein. Hinzu kommen die Statusunsicherheit als Ausländer in der Bundesrepublik und die schlechten Berufschancen der ausländischen Jugendlichen, insbesondere der Mädchen. Auch die Möglichkeit,einen deutschen Mann zu heiraten, ist für Türkinnen kaum gegeben,
so daß eine totale Orientierung auf ein Leben in der Bundesrepublik faktisch ausscheidet. Türkischen Mädchen bleibt nur die Einpassung in den traditionellen sozialen Verbund mit geringen Emanzipationschancen und gleichzeitig die Entwicklung möglichst unauffälliger Anpassungsformen an die deutsche Gesellschaft.Sie stehen ihrer Zukunft mit einer relativen Gleichgültigkeit gegenüber, da sie ahnen, daß sie wenig für eine eigenständige Entwicklung tun können. Diese resignative Haltung findet ihren Ausdruck in den Worten, die man oft von türkischen Mädchen hört: "Da kann man nichts machen; das ist so."

3.4. Überlegungen zur Freizeitarbeit mit türkischen Mädchen

Auch wenn die Freizeitsituation der türkischen Mädchen konfliktträchtig und schwer veränderbar ist, ist es doch notwendig, Überlegungen anzustellen, wie der Freizeitbereich der Mädchen zu einem konfliktvermindernden, positiv erfahrbaren Lebensbereich wird, in dem Hilfen zur Selbstverwirklichung gegeben werden.
Das klassische Mittel der Einflußnahme auf Jugendliche ist die Bildung von Gleichaltrigengruppen in Vereinen und Verbänden sowie in offenen Jugendeinrichtungen. Prinzipiell sind auch türkische Mädchen für solche Maßnahmen ansprechbar, wie aus dem großen Wunsch nach Freizeitgruppen hervorgeht. Allerdings erfüllen die bestehenden Gruppen und Verbände nicht die Voraussetzungen, unter denen türkische Mädchen als Mitglieder gewonnen werden können. Die angestrebte Integration der Türkinnen in deutsche Jugendgruppen ist bisher in keiner Weise verwirklicht worden. Sogar in speziell für Ausländer eingerichteten Gruppen trifft man türkische Mädchen äußerst selten an. Woran das liegt, sollte diese Arbeit deutlich gemacht haben. Die spezielle sozial-kulturelle Situation der jungen Türkinnen erfordert die Suche nach neuen Lösungen.
Es muß ein Kompromiß gesucht werden zwischen den Normvorschriften der türkischen Kultur, deren Normen durch die Eltern ständig aktualisiert werden, und den Anforderungen, die die deutsche Jugendsubkultur an das Verhalten junger Mädchen stellt. Ferner ist ein Kompromiß zu finden zwischen dem Wunsch der Türken, ihre eigene nationale Identität zu bewahren, und dem Wunsch der Deutschen, die Ausländer, die auf Dauer in der Bundesrepublik leben wollen, voll in unsere Gesellschaft zu integrieren.
Angesichts dieser schwierigen Aufgabe ist es nicht möglich, perfekte Lösungen zu bieten. Erkenntnisse dieser Arbeit und praktische Erfahrungen lassen aber den folgenden Vorschlag für die Gruppenarbeit mit türkischen Mädchen als sinnvoll erscheinen.

Freizeitgruppen für türkische Mädchen sollten geschlechtlich nicht gemischt sein. Die Teilnahme deutscher Mädchen ist von großer Wichtigkeit, doch sollten diese auf jeden Fall in der Minderheit bleiben.[1] Der Ausländeranteil braucht keineswegs nur aus Türkinnen zu bestehen. Inhaltlich sollte man sich zumindest anfangs mit sogenannten nützlichen Dingen wie Kochen, Backen, Handarbeiten aller Art beschäftigen. Zusätzlich könnten Hausaufgabenhilfen speziell für Mädchen sinnvoll sein. Es wäre gut, wenn zur selben Zeit, in der die Mädchengruppe tagt, auch eine Gruppenstunde für Kinder stattfinden könnte, damit die Mädchen von der Last der Geschwisterbetreuung befreit würden.

Eine so konzipierte Gruppenarbeit bietet folgende Vorteile:

- Sie widerspricht nicht grundsätzlich den Vorstellungen der türkischen Kultur, so daß die Eltern nichts Wesentliches dagegen einwenden können. Eine reine Mädchengruppe birgt in den Augen der Eltern keine Gefahr. Die Inhalte sind dem traditionellen Rollenbild der türkischen Frau angepaßt, die Gruppe ist nicht nur zum Vergnügen da, sondern kann dort auch etwas lernen; das ist wichtig, da Spielen für die türkische Frau etwas ganz und gar Verwerfliches ist.
- Die Mädchen selbst vermeiden auf diese Weise einen Kulturkonflikt. Sie können sich kulturkonform verhalten und trotzdem den traditionellen Rahmen des Familienverbandes überschreiten.
- Die Anwesenheit deutscher Mädchen zwingt die Ausländerinnen zur Auseinandersetzung mit der deutschen Kultur und zur Rücksichtnahme auf deutsche Lebensgewohnheiten. Dadurch, daß die Türkinnen in der Mehrheit sind, besteht nicht die Gefahr, daß sie sich "überanpassen", ohne diese Anpassung in ihrem Innern nachvollziehen zu können. Sie brauchen weniger Angst vor Diskriminierung durch die Deutschen zu haben, da nicht sie in eine Gruppe Deutscher, sondern umgekehrt die deutschen Mädchen in die Ausländergruppe integriert werden wollen.

---

1) Dies steht im Gegensatz zu der Ausländerstudie der Stadt Köln, nach der nur Einrichtungen gefördert werden sollen, bei denen der Ausländeranteil 33% nicht übersteigt, Köln-Studie, S. 198

- Für die Deutschen bringt das den Vorteil, daß sie mit anderen Lebensweisen konfrontiert werden und gezwungen sind, den Ausländern partnerschaftlicher als bisher zu begegnen. Sie haben (auch) eher die Möglichkeit, den Absolutheitsanspruch ihrer eigenen Werte aufzugeben, denn die Gefahr, daß sie ihre eigene Identität einbüßen oder diskriminiert werden, besteht nicht, da sie sich jederzeit des Rückhalts der sie umgebenden Gesellschaft versichern können.

Eine so konzipierte Gruppenarbeit könnte einen Ansatzpunkt bieten, den Freizeitbereich für türkische Mädchen aus seiner Rolle als konfliktverstärkendem Bereich zu lösen und zu einem Erfahrungsfeld werden zu lassen, in dem Probleme, die in anderen Lebensbereichen wie Familie und Schule entstehen, aufgefangen werden können. Sie kann ferner Anstöße für die Emanzipation der türkischen Frau liefern und ein partnerschaftliches Zusammenleben von Türken und Deutschen fördern.

Literaturverzeichnis

Abadan, Nermin: Verhaltenskonflikte des türkischen akademischen Nachwuchses; in: Soziale Welt, Göttingen 1972, S. 288-303.

Abdullah, Muhammad S.: Die islamische Frau zwischen Tradition und Emanzipation; in: Mensch, Welt, Staat im Islam, hrsg. v. Michael Fitzgerald, Adel Th. Khoury, Werner Wanzura, Graz/Wien/Köln 1977.

Afetinan, A.: The Emanzipation of the Turkish Woman, Hrsg. UNESCO, Paris 1962.

Akpınar, Unal: Angleichungsprobleme türkischer Arbeiterfamilien. Eine empirische Untersuchung in Westberlin, Westberlin 1974.

-/López-Blasco, Andrés/Vink, Jan: Pädagogische Arbeit mit ausländischen Kindern und Jugendlichen, München 1977.

-: Sozialisationsbedingungen in der Türkei; in: Materialien zum Projektbereich 'Ausländische Arbeiter', Sonderheft 1, Hrsg. Arbeitsgemeinschaft katholischer Studenten- und Hochschulgemeinden (AGG),Bonn 1976.

Aktion Jugendschutz, Landesarbeitsstelle NW e.V.: Kinder- und Jugendalkoholismus, Protokoll einer Arbeitstagung vom 22.9.1975 in Dortmund.

Allensbach, Institut für Demoskopie: Junge Käufer, Allensbach 1967/68.

Alman, Wolf: Hochzeit in Akköy; in: Merian 12/XIX Dez.'66, Troja, Ephesus, Milet, S. 84-88.

Ansay, Tuğrul: Die Eheschließung der Türken in der Bundesrepublik Deutschland; in: Die Welt des Islams, 1974, S. 26-38.

-/Gessner, Volkmar (Hrsg.): Gastarbeiter in Gesellschaft und Recht, München 1974.

Arbeiterwohlfahrt Bundesverband e.V.: Außerschulische Arbeit mit Kindern ausländischer Arbeitnehmer, Praxisheft 15, Bonn 1976.

Arbeiterwohlfahrt Bundesverband e.V.: Koranschulen in der Bundesrepublik. Eine Dokumentation, unveröffentlichtes Manuskript.

Arbeitsgemeinschaft katholischer Studenten- und Hochschulgemeinden (AGG) (Hrsg.): Protokoll der Sitzung der Bund-Länder-Kommission vom 4.8.1976; in: Materialien zum Projektbereich 'Ausländische Arbeiter' Nr. 15/76, Bonn, Januar 1977.

Arbeitsgruppe "Schulprobleme ausländischer Kinder in der Bundesrepublik": Thesen und Forderungen. Gutachten zur Schul- und Berufsbildung und zur sozialen Integration ausländischer Kinder in der Bundesrepublik, aus der Reihe: Bildung und Wissenschaft, Band 101, hrsg. vom Kommissariat der deutschen Bischöfe - Katholisches Büro Bonn, Bonn 1973.

Arbeitskreis für ökonomische und soziologische Studien Wien (Hrsg.), Gastarbeiter: Wirtschaftliche und soziale Herausforderung, Wien 1973.

Arbeitsring Ausland für kulturelle Aufgaben e.V.: Einstellungen türkischer Arbeitnehmer zur Bundesrepublik Deutschland, München/Istanbul 1975.

Atsız, Ayşim/Atsız, Yağmur: desORIENTiert, WDR Fernsehen 3. Programm, am 31. März 1977, 24.45 h.

Balic, Smail: Der Islam; in: Christen und Moslems in Deutschland, hrsg. v. Ständige Arbeitsgruppe für christlich-islamische Beziehungen und für Kontakte zu anderen Weltreligionen, Essen 1977.

Başbakanlık Devlet Istatistik Enstitüsü (Republik of Turkey Prime Ministry State Institute of Statistics, Hrsg.): Genel Nüfus Sayımı - Nüfusun sosyal ve ekonomik nitelikleri 25.10.1970 (Census of Population-Social and Economic Characteristics of Population), Ankara 1977.

Bauer, Gudrun: Literaturbericht zur Situation der weiblichen Jugendlichen in der Bundesrepublik Deutschland, München 1970.

Bayerisches Staatsministerium des Innern (Hrsg.): Drogen, Alkohol, Nikotin. Dokumentation über eine Repräsentativerhebung bei Jugendlichen in Bayern, München 1974.

Belpeer, Simone: Die mohammedanischen Mädchen, hrsg. v. Internationalen Katholischen Kommission für Wanderungsfragen/Katholisches Komitee für innereuropäische Wanderungen, Genf o.J.

Bibliographie: Ausländische Arbeiter und ihre Familien, Januar 1975 bis Oktober 1976, von Ruth Pfriem und Jan Vink, Institut für Sozialarbeit und Sozialpädagogik/Projektgruppe Bonn, Bonn 1977.

Bibliographie der sozialwissenschaftlichen Literatur über Türkei-Iran-Afghanistan, Hrsg. Nina Berger u.a., Kölner Zeitschrift für Soziologie und Sozialpsychologie, Sonderheft 13, 1969, S. 788-796.

Bibliographie, Orientalische, hrsg. v. August Müller, später v. Ernst Kuhn, jetzt v. Lucian Scherman, Bd. I-XXV, Berlin 1887 ff.

Bibliographie: Soziale Randgruppen, von Karstedt, Susanne, nrsg. v. Arbeitskeis Junger Kriminologen, Hamburg 1975.

Bildungswerk Europäische Politik (Hrsg.): Arbeitsplatz Europa, Europäische Schriften Heft 11, Köln 1966.

Bingemer, Karl/Meistermann-Seeger, Edeltrud/Neubert, Edgar: Leben als Gastarbeiter. Geglückte und mißglückte Integration, 2. Aufl., Opladen 1972.

Blücher, Viggo Graf: Freizeit in der industriellen Gesellschaft, Stuttgart 1956.

-: Generation der Unbefangenen, Düsseldorf 1966.

-: Junge Menschen 1964, Bielefeld 1966.

Bodenbender, Wolfgang (im Bundesministerium für Arbeit und Sozialordnung): Zwischenbilanz der Ausländerpolitik, Bonn 1976.

Borris, Maria: Ausländische Arbeiter in einer Großstadt, 2. Aufl., Frankfurt/M. 1974.

Bousquet, Georges Henri: L'éthique sexuelle de l'Islam, Nouvelle ed. révuee et augmentée de la morale de l'Islam et son éthique sexuelle, Paris 1966.

Bozbağ, Ali F.: Das kemalistische Entwicklungsmodell und seine Bedeutung für die politische, wirtschaftliche und soziokulturelle Entwicklung der Türkei, Dissertation, Frankfurt/M. 1970.

Brandt, Franz: Situationsanalyse nichterwerbstätiger Ehefrauen ausländischer Arbeitnehmer in der Bundesrepublik Deutschland, Hrsg. der Bundesminister für Jugend, Familie und Gesundheit, Bonn 1977.

Brusten, Manfred/Hohmeier, Jürgen (Hrsg.): Stigmatisierung 1 und 2. Zur Produktion gesellschaftlicher Randgruppen, Neuwied und Darmstadt 1975.

Bundesanstalt für Arbeit (Hrsg.): Ausländische Arbeitnehmer 1972/73, Nürnberg 1974.

-: Repräsentativuntersuchung '72 über die Beschäftigung ausländischer Arbeitnehmer im Bundesgebiet und ihre Familien- und Wohnverhältnisse, Nürnberg 1973.

Bundesministerium für Arbeit und Sozialordnung (Hrsg.): Verzeichnis der Betreuungs- und Beratungsstellen für ausländische Arbeitnehmer, Stand Juni 1974, Bonn 1975.

Bundesverwaltungsamt (Hrsg.): Merkblätter für Auslandstätige und Auswanderer, Türkei, Nr. 38, 2. Beilage.

Buschfort, Hermann: Ist eine integrierte Ausländerpolitik für Bund, Länder und Gemeinden möglich? Rede des Parlamentarischen Staatssekretärs vor dem Landesbeirat für ausländische Arbeitnehmer NRW am 1.12.1975 in Bocholt.

Busse, Heribert: Tradition und Akkulturation im islamischen Modernismus (19./20. Jahrhundert); in: Saeculum Bd. 26, 1975, S. 157-165.

Cahun, Léon: Introduction à l'histoire de l'Asie, Paris, Colin, 1896.

Chavanne, Edouard: Documents sur les Tou-Kioue occidentaux, Paris 1941.

Cimilli, Nükhet: Das Schul- und Bildungssystem in der Türkei; in: Deutsch für Ausländer, AV information. Deutschunterricht für Kinder und Jugendliche anderer Muttersprache, Heft 4, 3. Jg. 1974, S. 16-18.

Claessens, Dieter: Familie und Wertsystem, 3. überarb. und erw. Aufl., Berlin 1972.

de Haan, Eberhard: Aspekte der kulturellen Integration ausländischer Arbeitnehmer in der Bundesrepublik Deutschland; in: Arbeitnehmer im Ausland, Hrsg. Deutsche UNESCO-Kommission, Köln 1974.

Der Bundesminister für Arbeit und Sozialordnung (Hrsg.): Vorschläge der Bund-Länder-Kommission zur Fortentwicklung einer umfassenden Konzeption der Ausländerbeschäftigungspolitik, II a5 - 24 200/22, Bonn 1977.

Der Bundesminister für Jugend, Familie und Gesundheit (Hrsg.): Zweiter Familienbericht, Bonn 1975.

Der Koran: Übersetzung von Rudi Paret, Stuttgart/Berlin/Köln/Mainz 1962.

Der Minister für Arbeit, Gesundheit und Soziales des Landes Nordrhein-Westfalen: Maßnahmen zur Eingliederung ausländischer Arbeitnehmer, Düsseldorf 1972.

Der Regierungspräsident Köln (Hrsg.): Ausländische Schüler und Lehrer an deutschen Schulen in der Stadt Köln, Schriftenreihe des Regierungspräsidenten Köln Nr.13, Mai 1976.

Der Spiegel, "Wir marschieren nicht schnell genug." Spiegel-Gespräch mit Djihan al-Sadat über die Emanzipation der arabischen Frau, Nr. 41 vom 6.10.1975, S. 150-154.

Deutscher Caritasverband: Sozialdienst des Caritasverbandes für ausländische Mitbürger; in der Reihe: Unser Standpunkt - Denkschriften, Informationen, Gutachten des Deutschen Caritasverbandes, Nr. 6, Freiburg 1975.

Deutscher Gewerkschaftsbund (DGB): Ausländische Arbeitnehmer,(Hrsg.) DGB-Bundesvorstand, Düsseldorf o.J.

Diakonisches Werk der Evangelischen Kirche in Deutschland (Hrsg.): Die 2. Generation - Jugendliche Ausländer in der Bundesrepublik Deutschland, Stuttgart 1976.

Diekershoff, Karl-Heinz/Kliemt,Gundolf/Diekershoff,Sibylle: Lese- und Fernsehgewohnheiten von Vierzehn- bis Siebzehnjährigen; in: Medien- und Sexualpädagogik, 1. Jg., Heft 1, 1973.

Dirks, Sabine: La Famille musulumane turque. Son évolution au 20e siècle, Paris 1969.

Domke, Horst: Die Freizeit der Berufsschuljugend. Eine empirische Untersuchung an fünf Berufsgruppen, Dissertation, Erlangen/Nürnberg 1970.

Dumazedier, Joffre: Current Problems of the Sociology of Leisure, UNESCO International Social Science Journal, Vol. XII, No. 4, 1960.

Erikson, Erik H.: Einsicht und Verantwortung, Die Rolle des Ethischen in der Psychoanalyse, Frankfurt/M. 1971.

Esencova, Enver: Connaissance des Turcs et de la Turquie; in: Hommes et Migration, esna/numero 108, Paris 1967.

Estor, Marita: Die ausländischen Arbeitnehmer - eine Frage an die Kirche und die Gesellschaft. Einleitung; in: Gemeinsame Synode der Bistümer in der Bundesrepublik Deutschland. Beschlüsse der Vollversammlung, hrsg. im Auftrag des Präsidiums der Gemeinsamen Synode von L. Bertsch SJ/Ph.Boonen/R.Hammerschmidt/J.Homeyer/F.Kronenberg/K.Lehmann, Freiburg/Basel/Wien 1976, S. 365-375.

Evangelischer Pressedienst: In der Koranschule Hiebe vom Hodscha. Dokumentation, Frankfurt/M. 22.8.1977.

Franke, Wolfgang/Wolf, Heinz E.: Empirische Untersuchung der Eigenschaftsbilder sozialer Gruppen bei jungen männlichen Strafgefangenen; in: Kölner Zeitschrift für Soziologie und Sozialpsychologie, 25, Heft 4, 1973, S. 777-813.

Frankfurter Allgemeine Zeitung: Stockschläge für türkische Kinder beim Lernen der Suren, 1.6.1977, S.8.

Füruzan (Füruzan Selçuk): Frau ohne Schleier, Türkische Erzählungen, Wien 1976.

Gardet, Louis: Islam, Köln 1968.

-: Der Islam; Enzyklopädie: Der Christ in der Welt; Reihe: Die nichtchristlichen Religionen, Bd. 4, Aschaffenburg 1961.

Gärtner-Harnach, Viola/Forschungsgruppe (Hrsg.): Psychologische Untersuchung der Schulsituation der Kinder ausländischer Arbeitnehmer, Mannheim 1977.

Geiselberger, Siegmar (Hrsg. im Auftrag des Bundesvorstandes der Jungsozialisten): Schwarzbuch: Ausländische Arbeiter, Frankfurt/M. 1972.

Gemeinsame Synode der Bistümer in der Bundesrepublik Deutschland: Die ausländischen Arbeitnehmer - eine Frage an die Kirche und die Gesellschaft. Beschluß; in: Gemeinsame Synode der Bistümer in der Bundesrepublik Deutschland. Beschlüsse der Vollversammlung, hrsg. im Auftrag des Präsidiums der Gemeinsamen Synode von L.Bertsch SJ/Ph.Boonen/R.Hammerschmidt/ J.Homeyer/F.Kronenberg/K.Lehmann, Freiburg/Basel/ Wien 1976, S. 375-410.

Giesecke, Hermann (Hrsg.): Freizeit und Konsumerziehung, Göttingen 1968.

Glasneck, Johannes: Kemal Atatürk und die moderne Türkei, Berlin 1971.

Göbel, Edith: Mädchen zwischen 14 und 18, Berlin/Darmstadt/Dortmund 1964.

Gökalp, Altan: Böle, "la soeur aînée". Les filles de l'exil en Anatolie; in: Turcia 7, 1975, S. 65-72.

Goffman, Erving: Stigma. Über Techniken der Bewältigung beschädigter Identität, Frankfurt/M. 1967.

Grenard, Fernand: Mission scientifique en Haute-Asie: le Turkestan et le Tibet, Paris (Leroux) 1898.

Gürpınar, Nihat Y.: Die Entwicklung des türkischen Eherechts seit der Rezeption des Schweizerischen Zivilgesetzbuches, (Diss.) Göttingen 1966.

Haarmann, Ulrich: Die Pflichten des Muslims - Dogma und geschichtliche Wirklichkeit; in: Saeculum Bd. 26,1 1975, S. 95-111.

Habermas, Jürgen: Soziologische Notizen zum Verhältnis von Arbeit und Freizeit; in: Konkrete Vernunft, Festschrift für Erich Rothacker, Bonn 1958.

Hansen, Henny Herald: The Kurdish Woman's Life, Kopenhagen 1961.

Havighurst, Robert James/Feigenbaum, K.: Leisure und Life style, Amer. J. Sociol. 1959.

Hoffmann-Nowotny, Hans-Joachim: Gastarbeiterwanderungen und soziale Spannungen; in: Gastarbeiter, hrsg. v. Helga Reimann und Horst Reimann, München 1976.

-: Migration, Ein Beitrag zu einer soziologischen Erklärung, Stuttgart 1970.

-: Soziologie des Fremdarbeiterproblems, Stuttgart 1973.

Hohmann, Manfred (Hrsg.): Unterricht mit ausländischen Kindern, Düsseldorf 1976.

Hollander, Arie Nicolas Jan den: Der Kulturkonflikt als soziologischer Begriff und als Erscheinung; in: Kölner Zeitschrift für Soziologie und Sozialpsychologie, 7. Jg., 1955.

Holtbrügge, Heiner: Türkische Familien in der Bundesrepublik, Erziehungsvorstellungen und familiale Rollen- und Autoritätsstruktur, Duisburg 1975.

Honert, Winfried/Wesener, Michael: Band schreckt die Deutschen; in: Kölner Stadtanzeiger, 7.6.77, S.15.

Horn, Imme: Das Fernsehverhalten von Drei- bis Dreizehnjährigen; in: Medien- und Sozialpädagogik, 1.Jg., Heft 1, 1973.

-: Jugend und Fernsehen, ZDF Schriftenreihe Medienforschung, Heft 14, Mainz 1975.

Huber, Berthold: Zur neuen Konzeption des Ausländer- und Arbeitserlaubnisrechts; in: Zeitschrift für Rechtspolitik (ZRP), 10.Jg., Heft 5, 1977, S. 112-119.

-: Die Entwicklung des Ausländerrechts im Jahre 1976; in: Neue Juristische Wochenschrift, Heft 35/1977, S. 1557-1563.

Hurst, Margret: Integration und Entfremdung; in: b:e (betrifft: Erziehung), 6/73, S. 35 ff.

Hyman, Herbert H./Payaslioglu, Arif/Frey, Frederick W.: The Value of Turkish College Youth; in: The Public Opinion Quarterly, Vol. XXII, No. 3, Princeton University, 1958, S. 275-291.

Institut für Arbeitsmarkt- und Berufsforschung der Bundesanstalt für Arbeit (Hrsg.): Literaturdokumentation zur Arbeitsmarkt- und Berufsforschung, Sonderheft 3: Ausländische Arbeitnehmer, Literatur und Forschungsprojekte, Nürnberg 1974.

Institut für Sozialarbeit und Sozialpädagogik (Hrsg.): Bibliographie. Ausländische Arbeiter und ihre Familien, Januar 1975 bis Oktober 1976, von Ruth Pfriem und Jan Vink, Bonn 1976.

Institut für Sozialarbeit und Sozialpädagogik (Hrsg.): Informations-Dienst zur Ausländerarbeit 0/77, Bonn 1977.

Jäschke, Gotthard: Die Frauenfrage in der Türkei; in: Saeculum X, 1959.

-: Die Imam-Ehe in der Türkei; in: Die Welt des Islams, N.S. Jg.4, 1956, S. 164-201.

-: Zur Form der Eheschließung in der Türkei. Eine rechtsvergleichende Untersuchung; in: Die Welt des Islams II, 3, 1953, S. 144-214.

-: Kemal Atatürk, ein großer Revolutionär und Diplomat; in: Zeitschrift für Kulturaustausch, Heft 2/3, Stuttgart 1962, S. 129-136.

Johansen, Ulla: Die guten Sitten beim Essen und Trinken; in: Sociologicus, 23/1, 1973, S. 41-70

Julien, Stanislas Aignan: "Documents historiques sur les Tou-Kioue", extrait du Journal Asiatique, Paris 1877.

Kaiser, Günther: Gastarbeiterkriminalität und ihre Erklärung als Kulturkonflikt; in: Tugnul Ansay/ Volkmar Gessner: Gastarbeiter in Gesellschaft und Recht, München 1974.

Kaltwasser, Ute: Lächeln versteht jeder, Kölner Stadt-Anzeiger vom 29.8.77.

Karabuda, Barbro: Türkei ohne Schleier, Hamburg/Berlin 1959.

Karpf, Monika: Einstellung zur Sexualität und Sexualverhalten türkischer Studenten und Studentinnen, Magisterarbeit Heidelberg 1975.

Karst, Uwe Volker: "Freizeitpädagogik - Begründung für eine junge Wissenschaft" und "Freizeitpolitik - Freizeitplanung - Freizeitberatung"; in: Bericht über die Fortbildungstagung der Revierarbeitsgemeinschaft für Kulturelle Bergmannsbetreuung, Kronenburg/Eifel 1976, S. 3-15.

Karstedt, Susanne: Bibliographie. Soziale Randgruppen, hrsg. v. Arbeitskreis Junger Kriminologen, Hamburg 1975.

-: Soziale Randgruppen und soziologische Theorie; in: Stigmatisierung 1. Zur Produktion gesellschaftlicher Randgruppen,(Hrsg.) Manfred Brusten/Jürgen Hohmeyer, Neuwied und Darmstadt 1975, S. 169-196.

Kazamias, Andreas M.: Education and the Quest for Modernity in Turkey, Chikago 1966.

Keilhacker, Margarete: Kino und Jugend, 15- bis 18jährige in ihrem Verhältnis zu Kino und Film, München 1960.

Keliner, E.U.: Der ausländische Jugendliche in der Berufsschule; in: Blätter der Wohlfahrtspflege 2/75.

Kemperdick, W.: Untersuchung des Zusammenhangs zwischen Interesse und Aktivität - aufgeführt am Beispiel des Fernsehens, Bonn 1972.

Khoury, Adel Th.: Zum islamischen Gesellschaftssystem; in: Moslems und Christen - Parnter? hrsg. v. Michael Fitzgerald/Adel Th. Khoury /Werner Wanzura, Graz/Wien/Köln 1976, S. 84-106.

Kienitz, Friedrich Karl: Geschichte der deutsch-türkischen Beziehungen; in: Zeitschrift für Kulturaustausch, Stuttgart 12.Jg. Heft 2/3, 1962, S. 199-203.

Klingen-Troost, Gaby: Lesehäufigkeit und Verbreitung von Kioskzeitschriften bei 11- bis 15jährigen Hauptschülern einer Großstadt; in: Medien und Sexualpädagogik, 2. Jg. Heft 2, 1974, S. 14-18.

Knoll, Karl: Die Gesellung der deutschen Jugend in der Gegenwart, Dissertation München 1962.

Koch, Herbert R.: Gastarbeiterkinder in deutschen Schulen, Königswinter 1970.

Kohl, Oberamtsrat im Ministerium für Arbeit, Gesundheit und Soziales NRW: Soziale Eingliederung ausländischer Arbeitnehmer und Konsolidierung der Ausländerbeschäftigung - ein Widerspruch?; in: Bericht über die Fortbildungstagung der Revierarbeitsgemeinschaft für Kulturelle Bergmannsbetreuung, Kronenburg/Eifel 1976, S. 30-45.

Kongar, Emre: Altındağ' da Kentle Bütünleşme (Städtische Integration in Altindag); in: Amme Idaresi Dergisi (Zeitschrift für Öffentlichkeitsverwaltung), Ankara 1973, Nr. 3, S. 129; zitiert nach Akpinar, S. 43.

Koschnick,Hans: Ausländerpolitik in der Sicht der Städte; in: Die demokratische Gemeinde, Bonn-Bad Godesberg September 1977.

Kosswig, Leonore: Hochzeitsbräuche in Anatolien; in: Oriens, Leiden 1961, Vol. 13-14, S. 240-250.

Kreiser, Klaus/Diem, Werner/Majer, Hans Georg (Hrsg.): Lexikon der Islamischen Welt, Bd. 1-3, Stuttgart/ Berlin/Köln/Mainz 1974.

Kreutz, Henrik: Soziologie der Jugend, München 1974.

Küçüközkan, Ilhan: Die Frau im Islam, Referat, gehalten auf dem Seminar "Frau im Islam", Bendorf Mai 1976.

-: Die Rolle der ausländischen Lehrer für die Erziehung der ausländischen Kinder, Vortrag vom 17.9.76/ unveröffentlichtes Manuskript 1976.

Kündig-Steiner, Werner: Die Türkei, Tübingen/Basel 1974.

Kunkel, Klaus: "Die Deutschen halten uns für blöd...", Köln 1975.

Kurz, Ursula: Partielle Anpassung und Kulturkonflikt; in: Kölner Zeitschrift für Soziologie und Sozialpsychologie, 17. Jg., 1965, S. 814-832.

Langenohl-Weyer, Angelika/Tiedt, Friedemann/Wennekes, Renate: Situation der Familien ausländischer Arbeitnehmer in Nordrhein-Westfalen am Beispiel Duisburgs. Maßnahmenkatalog, hrsg. v. Ministerium für Arbeit, Gesundheit und Soziales Nordrhein-Westfalen, Düsseldorf 1977.

-: Situation der Familien ausländischer Arbeitnehmer in Nordrhein-Westfalen am Beispiel Duisburgs. Maßnahmenkatalog, hrsg. v. Ministerium für Arbeit, Gesundheit und Soziales Nordrhein-Westfalen, Düsseldorf 1977.

Levchine, A. de : Déscription des hordes et des steppes de Kirghiz-Kazak, Paris 1940.

Lierhaus, Marianne: Die Bedeutung der Zeitschrift "Bravo" für 14- bis 17jährige Sonderschülerinnen; in: Medien und Sexualpädagogik, 1.Jg., Heft 3, 1973.

Loeper, Charlotte von : Probleme der Frauen von Wanderarbeitnehmern im Aufnahmeland; Referat während der UIOF-Studientage in Genf: "Familienprobleme der Wanderarbeitnehmer", 17.-19.10.1974.

López-Blasco, Andrés: Zur Berufsausbildung der ausländischen Jugendlichen, Referat am 7.5.1976 in Freising; in: AGG Materialien Nr. 14, Bonn 1976.

Makal, Mahmut: Mein Dorf in Anatolien, Ein Bericht, Frankfurt/M. 1971.

Malaschofsky, Alfred: Probleme der Alphabetisierung in der Türkei; in: IBB-Bulletin, hrsg. v. Institut für Bildungs- und Beratungsforschung, Wien 1969.

Maletzke, Gerhard: Fernsehen im Leben der Jugend, Hamburg 1959.

McRae, Verena: Die Gastarbeiter. Stichwörter zur Gesellschaftsordnung, 2. Aufl., Stein/Nürnberg 1972.

Mehrländer, Ursula: Beschäftigung ausländischer Arbeitnehmer in der Bundesrepublik Deutschland unter spezieller Berücksichtigung von Nordrhein-Westfalen, 2. Aufl., Opladen 1972.

-: Soziale Aspekte der Ausländerbeschäftigung, Bonn-Bad Godesberg 1974.

Meistermann-Seeger, Edeltrud: Grundsätzliche Fragen und Probleme der Ausbildung und der kulturellen Integration ausländischer Arbeitnehmer in der Bundesrepublik Deutschland unter besonderer Berücksichtigung der Jugendlichen; in: Arbeitnehmer im Ausland, Deutsche UNESCO-Kommission, Köln 1974.

Ministerium für Arbeit, Gesundheit und Soziales des Landes NRW (Hrsg.): NRW International, MAGS-Informationen für ausländische Arbeitnehmer in Nordrhein-Westfalen, Türkische Ausgabe, 1/1976, 2/1976, 1/1977.

-: Situation der Familien ausländischer Arbeitnehmer in Nordrhein-Westfalen am Beispiel Duisburgs. Gesamtbericht der Untersuchung, Düsseldorf 1977.

-: Situation der Familien ausländischer Arbeitnehmer in Nordrhein-Westfalen am Beispiel Duisburgs. Maßnahmenkatalog, Düsseldorf 1977.

Molling, Rainer/Reinig, Dorothea/Schäfer, Horst: Hippie Okul, Bericht über ein außerschulisches Projekt mit türkischen Kindern in Frankfurt-Bockenheim, Frankfurt/M. 1975.

Müller, Hermann (Hrsg.): Ausländerkinder in deutschen Schulen, Stuttgart 1974.

- (Hrsg.): Gutachten zur Schul- und Berufsbildung der Gastarbeiterkinder, Bochum 1972.

Münster, Ruth: Geld in Nietenhosen, Stuttgart 1961.

Narlıoğlu, Urhan: Spannungen im Verhältnis des türkischen zum deutschen Familienrecht, Dissertation, München 1965.

Nave-Herz, Rosemarie: Beruf, Freizeit, Weiterbildung, Darmstadt 1976.

Nave-Herz, Rosemarie: Das Dilemma der Frau in unserer Gesellschaft: Der Anachronismus in den Rollenerwartungen Neuwied/Berlin 1972.

-: Soziologische Aspekte der Frühehe; in: Kölner Zeitschrift für Soziologie und Sozialpsychologie, 19.Jg. Heft 3, 1967, S. 484-507.

Nazif, Umran: Die Ehre der Fatma; in: Wilfried Brands, Die Pforte des Glücks u.a. Erzählungen, Tübingen/ Basel 1969.

Neidhardt, Friedhelm: Die junge Generation, Opladen 1967.

-: Jugend im Spektrum der Wissenschaft, München 1970.

Neumann, Ursula/Reich, Hans H.: Türkische Kinder - deutsche Lehrer, Düsseldorf 1977.

Noth, Albrecht: Zum Verhältnis von Recht und Geschichte im Islam; in: Saeculum, Bd. 26, 1975, S. 341-347.

Ökumenische Kontaktstelle für Nichtchristen im Erzbistum Köln: Über den Umgang mit islamischen Mitbürgern, Faltblatt im Auftrag der Ökumenischen Bistumskommission.

Opaschowski, Horst W.: Pädagogik der Freizeit, Grundlegung für Wissenschaft und Praxis, Bad Heilbrunn 1976.

Pazarkaya, Yüksel: Der Kulturschock - die Begegnung des ausländischen Arbeitnehmers mit einer ihm fremden Kultur; in: Zeitschrift für Kulturaustausch, 24. Jg. 1974, 3.Vj., S. 22-26.

Planck, Ulrich: Die ländliche Türkei, Soziologie und Entwicklungstendenzen, Frankfurt/M. 1972.

Rademacher, Manfred/Seidel, H.: Ausländer in Deutschland. Deutsche im Ausland, 3. neubearbeitete Aufl., Düren 1975.

Reimann, Helga und Horst (Hrsg.): Gastarbeiter, München 1976.

Renner, Erich: Erziehungs- und Sozialisationsbedingungen türkischer Kinder, Rheinstetten 1975.

Roper, Joyce: The Woman of Nar, London 1974.

Schelsky, Helmut: Die skeptische Generation, Düsseldorf 1960.

Scheu, Ursula: Wir werden nicht als Mädchen geboren, wir werden dazu gemacht, Frankfurt/M. 1977.

Scheuch, Erwin K. /Meyersohn, Rolf (Hrsg.): Soziologie der Freizeit, Köln 1972.

Schilling, Johannes: Freizeitverhalten Jugendlicher. Eine empirische Untersuchung ihrer Gesellungsformen und Aktivitäten, Weinheim/Basel 1977.

-: Jugend und Freizeit, Eine kritische Analyse empirischer Arbeiten, 2. Aufl., Tübingen 1974.

Schimmel, Annemarie: Das Gelübde im türkischen Volksglauben; in: Die Welt des Islams, 6, 1961, S.71-90.

-: Religiöses Leben in der mordernen Türkei; in: Zeitschrift für Kulturaustausch, 12. Jg., Heft 2/3, Stuttgart 1962, S. 195-197.

Schmidt-Kufeke, Lisa: Zur Problematik der Kinder ausländischer Arbeitnehmer in der Bundesrepublik Deutschland; in: Blätter der Wohlfahrtspflege 2/75, S.35-38.

Schmitz-Scherzer, Reinhard: Sozialpsychologie der Freizeit, Bericht über den Stand der Freizeitforschung in Soziologie und Psychologie, Stuttgart/Berlin/ Köln/Mainz 1974.

- (Hrsg.): Freizeit, Frankfurt/M. 1974.

Schrader, Achim/Nikles, Bruno W./Griese, Hartmut: Die zweite Generation, Sozialisation und Akkulturation ausländischer Kinder in der Bundesrepublik, Kronberg 1976.

-: Ausländische Kinder in deutschen Schulen - Materialien aus den Grundauszählungen der Befragungen, Duisburg 1973.

Schulz, Wolfgang: Freizeitverhalten als pädagogisches Problem (1965); in: Freizeit und Konsumerziehung, hrsg. v. Hermann Giesecke , Göttingen 1968.

Sigusch, Volkmar/Schmidt, Gunther: Veränderungen der Jugendsexualität zwischen 1960 und 1970; in: Inhaltsprobleme der Sexualpädagogik, Sexualpädagogik II, hrsg. v. W. Fischer u.a., Heidelberg 1971, S. 62-86.

Spencer, Robert F.: Aspects of Turkish Kinship and social Structure; in: Anthropological Quarterly, 33, S. 40-50.

Spuler, Berthold: Der Islam in der Gegenwart; in: Saeculum Weltgeschichte, Bd. 7, 1975, S. 320-333.

Stadt Köln (Hrsg.): Ausländerstudie für die Stadt Köln (Entwurf), 1976.

Statistisches Amt Köln: Computer-Bogen vom 25.9.1976.

Statistisches Bundesamt Wiesbaden (Hrsg.): Ausländer 1976, Stuttgart/Mainz 1977.

-: Eheschließungen, Geburten und Sterbefälle von Ausländern 1975; in: Wirtschaft und Statistik, Heft 3, Stuttgart 1977, S. 154-158.

-: Ausländer im Bundesgebiet; in: Wirtschaft und Statistik, Heft 1, 1976, S. 20-25.

Steinhaus, Kurt: Politische und soziale Grundlagen der türkischen Revolution, Dissertation, Marburg/Lahn 1968.

-: Soziologie der türkischen Revolution, Frankfurt/M. 1968.

Stirling, Paul: The Domestic cycle and the distribution of power in Turkish villages; in: Mediterranean Countrymen, Paris, La Haye, 1963.

-: Turkish Village, London 1965.

Strzelewicz, Willi: Jugend in ihrer freien Zeit, München, Göttingen 1965.

Taeschner, Franz: Ein Beitrag zur Kenntnis der anatolischen Hochzeitssitten; in: Die Welt des Islams, Jg. 5, 1958, S. 105-110.

-: Kulturelle Traditionen in der alten Türkei; in: Zeitschrift für Kulturaustausch, Stuttgart, Jg. 12, Heft 2/3, 1962, S. 136-141.

Thomsen, Vilhelm: Inscription de l'Orkhon déchiffrées, Helsingfors 1895.

Timur, Serim: Türkiyede Aile Yapisi (Familienstruktur in der Türkei), Ankara 1972.

Tramsen, Gisela: Gastarbeiterinnen im Schuldienst - Türkenklasse, Wuppertal 1973.

Tümertekin, E.: Changing picture of female participation in Turkish agriculture. The Professional Geographer, Washington D.C. 1964, 16., S. 17-20.

Turhan, Mümtaz: Die Bedeutung einiger Faktoren für den Kulturwandel; in: Kölner Zeitschrift für Soziologie und Sozialpsychologie, 8.Jg., 1956, S. 224-242.

T.C. Başbakanlık Devlet Planlama Teşkilatı (Hrsg.): Staatliches Planungsamt des Ministerpräsidenten der Türkischen Republik): Türk Köyünde Modernleşme Eğilimleri Araştırması (Untersuchung zu den Modernisierungstendenzen im türkischen Dorf), Ankara 1970.

Verband Bildung und Erziehung (Hrsg.): Gutachten zur Schul- und Berufsbildung der Gastarbeiterkinder, Köln o.J.

Weber, Erich: Das Freizeitproblem, München/Basel 1963.

Weber, Monika: Die Stellung der Frau in der traditionellen islamischen Familie Algeriens; Referat, gehalten auf dem Seminar "Frau im Islam", Bendorf Mai 1976

Werner, A. Jugend und Freizeit; in: Jugend zwischen Auflehnung und Anpassung, Hans-Georg Wehling, Stuttgart 1973

Wesener, Michael: Tödlicher Aberglaube, Kölner Stadt-Anzeiger vom 8.6.1977, S. 12.

Wildermann, Hanns: Der Kampf der Dromedare; in: Merian, Heft 12/XIX (Troja, Ephesus, Milet), Hamburg 1966, S. 90-94.

Wilpert, Czarina: Zukunftserwartungen der Kinder türkischer Arbeitnehmer, Berlin 1976.

Wolfram, Ursel/Rohr, Hans-Gottfried von: Die Ausländerbevölkerung in Nordrhein-Westfalen, Dortmund 1976.

Yasa, Ibrahim: Traditions of some atypical cases of marriage in Turkey; Siyasal Bilgiler Fakültesi Dergisi (Ankara) Cilt: XXIV, Say 1, 1-19.

Yilderak, Nurretin: Wirtschaftlicher und sozialer Strukturwandel in dem ostanatolischen Landkreis Muş seit 1945, unveröffentlichter Forschungsbericht, 1972.

Zielinski, Johannes: Freizeit und Sozialerziehung; in: Handbuch der Sozialerziehung, hrsg. v. Ernst Bornemann/Gustav von Mann-Tiechler, 2. Bd., Freiburg 1964; S. 234-244.

Zieris, Ernst: Ausländischer Arbeitnehmer - Sozialer Außenseiter auf dem Wohnungsmarkt; in: Das Düsseldorfer Reformprogramm zum Ausländerrecht, hrsg. v. Georg Albrecht, Düsseldorf 1976.

-: Betriebsunterkünfte für ausländische Mitbürger in Nordrhein-Westfalen, 2. Aufl., Opladen 1974.

-: So wohnen unsere ausländischen Mitbürger, Bericht zur Wohnungssituation in Nordrhein-Westfalen. Hrsg. Der Minister für Arbeit, Gesundheit und Soziales des Landes Nordrhein-Westfalen, 3. Aufl., Düsseldorf 1972.

-/Harmens, Lars: Kennst Du mich? Kinder ausländischer Arbeitnehmer erzählen ihre Erlebnisse in Deutschland, Aachen 1976.

Ergänzung zum Literaturverzeichnis - neuere Literatur über ausländische, insbesondere moslemische Frauen -

Eine vollständige Ergänzung der wichtigeren neuen Veröffentlichungen an dieser Stelle würde zu weit führen. Ich möchte mich daher auf weiterführende Hinweise z.B. Bibliographien beschränken.

Münscher, Alice: Ausländische Frauen, Annotierte Bibliographie,München 1980. Bezug: Deutsches Jugendinstitut, Saarstr.7, 8000 München 40.

Müller, Iris: Zur Stellung der Frau im Islam, in: Cibedo-Dokumentation 6/7 März/Juni 1980. Bibliographische Liste und Kurzdarstellungen. Bezug: Christlich-islamische Begegnung - Dokumentationsleitstelle, Ursulaplatz 29, 5000 Köln 1.

Bock, Ulla/Witych, Barbara: Thema: Frau. Bibliographie der deutschsprachigen Literatur zur Frauenfrage 1949-1979. Bezug: AJZ-Druck und Verlag GmbH, Heeper Str. 132, 4800 Bielefeld 1.

Laqueur, Klaus/Schneider-Gürkan, Ülku/Szablewski, Petra: "... ich habe mich selber gekauft." Türkische Frauen in der Bundesrepublik. Frankfurt 1981. Zur Arbeit mit türkischen Frauen. Im Anhang eine kommentierte Auswahlbibliographie. Bezug: Pädagogische Arbeitsstelle des Deutschen Volkshochschul-Verbandes-Projekt Ausländer, Holzhauserstr. 21, 6000 Frankfurt am Main 1.

Meyer, Birgit: Außerschulische Bildungsarbeit mit türkischen Frauen. Münster 1981. Bezug: Verband der Initiativgruppen (VIA), Theaterstr.10, 5300 Bonn 1 oder bei der Autorin Heerweg 1, 5303 Bornheim.

Institut für Sozialarbeit und Sozialpädagogik: Ausländische Arbeiter und ihre Familien - Bibliographien Neuerscheinungen

Materialien Nr. 1	1975-1976
Materialien Nr. 2	1976-1977
Materialien Nr. 7	1978
Materialien Nr. 13	1979
Materialien Nr. 14	1980
Anfang 1982	1981

X-Info: Verlagsverzeichnis der Express Edition GmbH, Kottbusser Damm 79, 1000 Berlin 61 mit Schwerpunkt Türkei.

Wiethold, Beatrix: Kadınlarımız - Frauen in der Türkei, Hamburg 1981

Weische-Alexa, Pia: Deutschunterricht mit türkischen Hausfrauen. Ein Bericht aus der Unterrichtspraxis in: Deutsch lernen. Zeitschrift für den Sprachunterricht mit ausländischen Arbeitnehmern 1/79, S. 43-51.

Weische-Alexa, Pia: Türkische Frauen zwischen anatolischem Dorf und europäischer Großstadt; in: Dossier Europa Emigrazione 1/1980, S. 41/42.

dieselbe: Gruppenarbeit mit türkischen Frauen; in: Schwalbacher Blätter Nr. 127 Heft 3 vom 1.9.1980, S. 110-122.

dieselbe: Sozial-kulturelle achtergronden van Turkse. families in een westerse geïndustrialiseerde maatschappij. Beitrag für ein Projekt der Universität Nijmegen/Niederlande, 36 Seiten, Oktober 1980.

A N H A N G

Türkischer Feiertagskalender

Die religiösen (islamischen) Feiertage

		1981	1982	1983	1984
Opferfest	Kurban-Bayramı	10.10.	30. 9.	19. 9.	7. 9.
Neujahrsfest	Hicri Yilbası, 1. Muharrem 1401	30.10.	19.10.	8.10.	27. 9.
Geburtstag des Propheten	Veladet Kandili		9. 1.	29.12. 1982	18.12. 1983
Beginn des Fastenmonats	Ramazan-ı-şerif		24. 6.	13. 6.	1. 6.
Ende des Fastenmoants	Şeker-Bayramı		23. 7.	12. 7.	29. 7.*

*Aufgrund der Mondkonstellation kann sich das Ramadanfest um 24 Stunden verschieben.

Nationale Feiertage

1. Januar	Neujahr	Yilbaşı
23. April	Kinderfest zur Parlamentseröffnung 1924	Çocuk-Bayramı
1. Mai	Frühlingsfest	Bahar-Bayramı
19. Mai	Sportfest (Landung Atatürks in Samsun	Spor-Bayramı
27. Mai	Tag der Verfassung von 1960	Anayasa-Bayramı
30. August	Fest der Befreiung von 1922	Zafer-Bayramı
29. Oktober	Tag der Republik	Cumhuriyet-Bayramı

Aussprache türkischer Buchstaben

â, î, û	= lange Vokale in Fremdwörtern und zur Unterscheidung sonst gleichgeschriebener Wörter
c	= dsch z.B. hoca hodscha
ç	= tsch wie in Tschako
ğ	= stimmloses g, kaum hörbarer Reibelaut zwischen h und g; verschwindet oft, z.B. in Niğde = Nihde
ı	= dumpfklingendes i, ähnlich dem deutschen Endungs-e in Rose und Lehrer; groß geschrieben I (das dem deutschen i entsprechende i wird groß İ geschrieben).
j	= stimmhaftes sch wie im französischen journal
r	= Zungenspitzen-r
s	= stimmloses s wie in Rasse
ş	= wie das deutsche sch
v	= wie das deutsche w in Wasser
y	= wie das deutsche j in Jagd
z	= stimmhaftes s wie in Rose

U M F R A G E Ü B E R D A S F R E I Z E I T V E R H A L T E N T Ü R K I S C H E R M Ä D C H E N A B 1 3 J A H R E N I N D E R B U N D E S R E P U B L I K D E U T S C H L A N D

Diplomarbeit an der Pädagogischen Hochschule
Rheinland, Abteilung Köln

Fach : Soziologie

Dozentin : Frau Prof. Dr. Nave-Herz

Bearbeitung: Pia Weische-Alexa
Manderscheider Str. 29
5000 Köln 41

Schule:.................... Alter:.................

I. 1. Wie lange leben Sie schon in Deutschland?

- weniger als 2 Jahre ☐
- 2 bis 4 Jahre ☐
- 4 bis 6 Jahre ☐
- 6 bis 8 Jahre ☐
- mehr als 8 Jahre ☐

2. An welchem Ort wohnen Sie in Deutschland? ....

3. An welchem Ort wohnen Sie in der Türkei? ....

4. Wo sind Sie geboren? ....

II.a)1. Wie lange sind Sie in der Türkei zur Schule gegangen? ....

2. Wie lange sind Sie in Deutschland bereits zur Schule gegangen? ....

3. Wie lange werden Sie in Deutschland voraussichtlich noch zur Schule gehen? ....

b)1. Welchen Beruf haben Sie gewählt oder werden Sie voraussichtlich ergreifen? ....

2. Wer bestimmt Ihren Beruf?

- mein Vater ☐
- meine Mutter ☐
- meine Eltern zusammen ☐
- meine Eltern und ich ☐
- ich alleine ☐
- andere ☐

3. Welchen Beruf würden Sie am liebsten ergreifen oder hätten Sie am liebsten ergriffen? ....

III. 1. Wie viele Brüder haben Sie? ....

2. Wie viele Schwestern haben Sie? ....

3. Wie alt sind Ihre Brüder? ....

4. Wie alt sind Ihre Schwestern? ....

5. Betreuen Sie Ihre Geschwister?

- täglich ☐
- mehrmals wöchentlich ☐
- einige Male im Monat ☐
- nie ☐

6. Welche Arbeit erledigen Sie im Haushalt?

- Ich versorge den ganzen Haushalt allein ☐
- Ich helfe meiner Mutter täglich ☐
- mehrmals wöchentlich ☐
- einige Male im Monat ☐
- Ich brauche nicht im Haushalt zu helfen ☐

7. Gehen Sie für die Familie einkaufen?

- täglich ☐
- mehrmals wöchentlich ☐
- einige Male im Monat ☐
- nie ☐

IV. (Mehrfachnennungen möglich)

1. Hören Sie gern Musik? ja ☐ nein ☐

2. Hören Sie WDR oder Südwestfunk?

- täglich ☐
- mehrmals wöchentlich ☐
- einige Male im Monat ☐
- nie ☐

3. Hören Sie Radio Luxemburg?

- täglich ☐
- mehrmals wöchendlich ☐
- einige Male im Monat ☐
- nie ☐

4. Hören Sie Schallplatten oder Musikkassetten?
   - täglich ☐
   - mehrmals wöchentlich ☐
   - einige Male im Monat ☐
   - nie ☐

5. Wem gehören die Schallplatten oder Kassetten?
   - meinem Bruder ☐
   - Freundinnen ☐
   - mir selbst ☐
   - Anderen ☐

V. 1. Sehen Sie gern fern? ja ☐ nein ☐

2. Sehen Sie die Sendungen für Türken?
   - ja, immer ☐
   - ja, manchmal ☐
   - nein ☐

3. Sehen Sie Jugendsendungen?
   - täglich ☐
   - mehrmals wöchentlich ☐
   - einige Male im Monat ☐
   - nie ☐

4. Sehen Sie das Abendprogramm?
   - täglich ☐
   - mehrmals wöchentlich ☐
   - einige Male im Monat ☐
   - nie ☐

5. Sehen Sie Spätfilme?
   - täglich ☐
   - mehrmals wöchentlich ☐
   - einige Male im Monat ☐
   - nie ☐

VI. 1. Lesen Sie gerne? ja ☐ nein ☐

2. Lesen Sie türkische Zeitungen? täglich ☐
mehrmals wöchentlich ☐
einige Male im Monat ☐
nie ☐

3. Lesen Sie Bravo oder eine andere Jugendzeitschrift? jede Woche ☐
etwa 1 mal im Monat ☐
einige Male im Jahr ☐
nie ☐

4. Lesen Sie deutsche Illustrierten? jede Woche ☐
etwa 1 mal im Monat ☐
einige Male im Jahr ☐
nie ☐

5. Was lesen Sie sonst? ....

VII.a) Für Berufstätige:

1. Wieviel Geld verdienen Sie etwa im Monat? bis zu 200 DM ☐
200 bis 400 DM ☐
400 bis 600 DM ☐
600 bis 800 DM ☐
mehr als 800 DM ☐

2. Wieviel behalten Sie von Ihrem Lohn für sich selbst? weniger als 50 DM ☐
50 bis 100 DM ☐
100 bis 200 DM ☐
200 bis 400 DM ☐
mehr als 400 DM ☐

3. Bekommen Sie noch von anderen Geld? ja, von den Eltern ☐
von anderen Verwandten ☐
von Sonstigen ☐
nein ☐

VII.b) <u>Für Schülerinnen:</u>

1. Wieviel Geld steht Ihnen im Monat etwa zur Verfügung?
   - weniger als 10 DM ☐
   - 10 bis 20 DM ☐
   - 20 bis 50 DM ☐
   - mehr als 50 DM ☐

2. Von wem bekommen Sie dieses Geld?
   - vom Vater ☐
   - von der Mutter ☐
   - vom Bruder ☐
   - von der Schwester ☐
   - von Sonstigen ☐
   - selbstverdient ☐

VII.c) <u>Für alle:</u>

1. Kaufen Sie Ihre Kleidung und was Sie sonst benötigen selbst?
   - ja ☐
   - ja, manchmal ☐
   - nein ☐

2. Wessen Geld wird dazu verwendet?
   - eigenes ☐
   - von Eltern/Verwandten ☐
   - teils - teils ☐

VIII. 1. Wie oft kommen Verwandte oder Bekannte zu Ihrer Familie zu Besuch?
   - mehrmals wöchentlich ☐
   - einige Male im Monat ☐
   - einige Male im Jahr ☐
   - nie ☐

2. Wie oft besuchen Sie mit der Familie Verwandte oder Bekannte?
   - mehrmals wöchentlich ☐
   - einige Male im Monat ☐
   - einige Male im Jahr ☐
   - nie ☐

3. Bekommen Sie gerne Besuch und machen Sie gerne Besuche mit der Familie?	sehr gerne	☐
	es geht	☐
	nicht so gerne	☐
4. Wie oft gehen Sie mit der Familie auf Sonntagsausflüge, zum Picknick usw.?	1 mal in der Woche	☐
	1 bis 2 mal im Monat	☐
	einige Male im Jahr	☐
	nie	☐
5. Gehen Sie ins Kino?	1 mal in der Woche	☐
	1 bis 2 mal im Monat	☐
	einige Male im Jahr	☐
	nie	☐
6. Gehen Sie zu Tanzveranstaltungen?	1 mal in der Woche	☐
	1 bis 2 Mal im Monat	☐
	einige Male im Jahr	☐
	nie	☐
7. Wer begleitet Sie? (Mehrfachnennungen möglich)	Vater	☐
	Mutter	☐
	Bruder	☐
	Schwester	☐
	Freundin(nen)	☐
	Freund	☐
	Sonstige	☐
	niemand	☐

IX. 1. Haben Sie türkische Freundinnen? ja ☐ nein ☐

2. Haben Sie deutsche Freundinnen? ja ☐ nein ☐

3. Kommen türkische Mädchen zu Ihnen nach Hause?

- täglich ☐
- mehrmals wöchentlich ☐
- einige Male im Monat ☐
- nie ☐

4. Kommen deutsche Mädchen zu Ihnen nach Hause?

- täglich ☐
- mehrmals wöchentlich ☐
- einige Male im Monat ☐
- nie ☐

5. Gehen Sie mit Ihren Freundinnen nachmittags spazieren?

- täglich ☐
- mehrmals wöchentlich ☐
- einige Male im Monat ☐
- nie ☐

6. Sind Sie nach Einbruch der Dunkelheit noch außer Haus?

- täglich ☐
- mehrmals wöchentlich ☐
- einige Male im Monat ☐
- nie ☐

X. 1. Wenn Sie an den gestrigen Tag zurückdenken, können Sie beschreiben, wie er ablief?

Aufstehen um ....Uhr

Arbeit ☐ Schule ☐

von........ bis......

Geben Sie bitte an, wie Sie die restliche Zeit verbracht haben (z.B. mit Hausaufgaben, Haushaltsarbeit, Schallplattenhören, Spazierengehen usw).

2. Verläuft jeder Wochentag so? ja ☐ nein ☐

3. Wenn nicht, was ist sonst hauptsächlich anders?

4. Was ist am Verlauf des Wochenendes anders als am Alltag?

XI. 1. Sind Sie verlobt?	ja, in der Türkei	☐
	ja, in Deutschland	☐
	nein	☐
2. Haben oder hatten Sie einen Freund?	ja ☐ nein	☐
3. Ist er Türke, Deutscher, oder anderer Nationalität?	Türke	☐
	Deutscher	☐
	anderer Nationalität	☐
4. In welchem Land lebt er?	in der Türkei	☐
	in Deutschland	☐
5. Haben Sie schon Ihre Aussteuer?	ja	☐
	nein	☐
	zum Teil	☐
6. Fertigen Sie Ihre Aussteuer selbst in Handarbeit an?	ja	☐
	nein	☐
	zum Teil	☐
7. Wo verbringen Sie Ihren Urlaub?	immer in der Türkei	☐
	häufiger in der Türkei als in Deutschland	☐
	häufiger in Deutschland als i. d. Türkei	☐
	immer in Deutschland	☐

XII. 1. Trinken Sie Bier, Raki oder Ähnliches?	ja ☐	nein ☐	
2. Trinken Sie Wein?	ja ☐	nein ☐	
3. Gibt es Speisen, die Sie nicht essen würden?	ja ☐	nein ☐	
4. Welche?	....		

XIII. 1. Wie alt ist Ihr Vater?
- jünger als 30 Jahre ☐
- 30 bis 40 Jahre ☐
- 40 bis 50 Jahre ☐
- älter als 50 Jahre ☐

2. Wie lange lebt er schon in Deutschland?
- weniger als 2 Jahre ☐
- 2 bis 4 Jahre ☐
- 4 bis 6 Jahre ☐
- 6 bis 8 Jahre ☐
- mehr als 8 Jahre ☐

3. Als was arbeitet Ihr Vater? ....

4. Welchen Beruf hat er in der Türkei ausgeübt? ....

5. Wie lange ist er etwa zur Schule gegangen, bzw welchen Schulabschluß hat er? ....

XIV. 1. Wie alt ist Ihre Mutter?
- jünger als 30 Jahre ☐
- 30 bis 40 Jahre ☐
- 40 bis 50 Jahre ☐
- älter als 50 Jahre ☐

2. Lebt sie auch in Deutschland? ja ☐ nein ☐

3. Wenn ja, wie lange schon? ....

4. Ist Ihre Mutter berufstätig? ja ☐ nein ☐

5. Wenn ja, als was arbeitet Ihre Mutter? ....

6. War sie in der Türkei auch berufstätig? ja ☐ nein ☐

7. Wenn ja, wo hat sie gearbeitet? ....

8. Wie lange ist Ihre Mutter etwa zur Schule gegangen? ....

XV.

1. Kennen Sie Freizeitangebote für türkische Mädchen?
   ja ☐
   nein ☐

2. Haben Sie schon einmal an so einer Veranstaltung teilgenommen?
   ja ☐
   nein ☐

3. Möchten Sie gerne bei einer Freizeitgruppe mitmachen?
   ja ☐
   nein ☐

4. Wenn ja, sollten nur türkische Jugendliche teilnehmen oder auch deutsche?
   nur Türken ☐
   auch Deutsche ☐

5. Sollte die Gruppe nur für Mädchen sein, oder sollten auch Jungen teilnehmen?
   nur Mädchen ☐
   auch Jungen ☐

7. Was möchten Sie gerne in einer Freizeitgruppe unternehmen?